암점
暗點

암점 1

예술에서의 보이지 않는 것

제1판 제1쇄 2017년 6월 30일

지은이 박준상
펴낸이 우찬제 이광호
펴낸곳 ㈜문학과지성사
등록번호 제1993-000098호
주소 04034 서울 마포구 잔다리로7길 18(서교동 377-20)
전화 02) 338-7224
팩스 02) 323-4180(편집) / 02) 338-7221(영업)
전자우편 moonji@moonji.com
홈페이지 www.moonji.com

ISBN 978-89-320-3012-8 03100

이 도서의 국립중앙도서관 출판예정도서목록(CIP)은 서지정보유통지원시스템 홈페이지(http://seoji.nl.go.kr)와 국가자료공동목록시스템(http://www.nl.go.kr/kolisnet)에서 이용하실 수 있습니다.(CIP제어번호: CIP2017013472)

암점 1
暗點

예술에서의
보이지 않는 것

박준상

문학과지성사

머리말

이 책은 원래 한 권으로 기획되었었다. 하지만 문학에 대한 텍스트들과 다른 예술들(미술·연극·사진·영화·무용)에 대한 것들이 혼재되어 하나로 묶이기 어렵다는 사실을 발견하고, 문학과지성사 인문팀 김현주 편집장과의 의논하에—보다 정확히는 김 편집장의 판단하에—텍스트들 전체를 두 권으로 정리했다. 1권에는 문학 이외의 다른 예술들에 대한 것들이, 2권에는 문학에 대한 것들이 들어갔다. 그러나 모두가 거의 예외 없이 공통의 몇몇 주제들로 엮여 있고, 서로서로 연결되어 있는 것처럼 보인다. 예술이론서도 문학이론서도 평론집도 아닌 이 책의 의도는 그 주제들을 살펴봄으로써 몇몇 경험들·상황들을 해명해보는 데에 있다.

*

암점暗點은 망막에서 시세포가 없는 시야 결손 지점을 의미하지만, 이 책에서는 물론 그러한 일반적인 의미가 아니라 일종의 은유적 의미로 쓰였다. 말하자면 여기서 암점은 눈으로부터 몸으로 이동(장소 이동, 은유, 즉 메타포가 본래적으로 의미하는 바)한다. 이 단어는 여기서 보이지 않는 대상이 아니라, 주객 분리 이전 또는 이후에—따라서 우리의 어떤 조건하에서—볼 수 없게 되는 동시에 보이지 않는 것, 보다 정확히, 볼 수 없게 되기에 보이지 않는 것을 가리킨다. 이 책의 제목으로 나간 이 표현은 회화와 시의, 빈센트 반 고흐와 파울 첼란의 공동 영역을 찾다가 주어졌으며(그 과정은 「불협화음不協和音」의 후반부에 기술되어 있다), 이 책 곳곳에서 반복적으로 나타난다.

몸은 여기서 일반적인 의미에서의 몸(감각기관들의 총체)을 나타내기도 하지만, 궁극적으로는 나의 내부의, 나의 외부의, 내부이자 외부의 몸을 의미한다. 몸은 감각기관들로 축소되어 고정될 수 없으며—감각 정보들의 저장소가 아니며—, 감각기관들에 근거하지만 그것들을 벗어나서 나의 내부를 외부에 갖다놓는 동시에 외부가 내부로 들어오게 한다. 그러한 내부와 외부의 교차의 움직임은, 일종의 유체성流體

性은 음악적이고, 그러한 의미에서 몸은 느낌의 움직임(안과 밖의 소통)의 몸, 음악적인 몸(존재가 울리는 소리통), 음악의 장소(장소 없는 장소, 가리킬 수 없는 장소, 느낌의 추상적 장소)이다. 몸은 나의 내부의 몸이지만, 그러한 한에서 또한 공간으로, 사물 하나로, 어느 타인에게로 향해 나아가 '거기에' 존재한다. '거기와' **관계한다**. 몸이 없다면 나는 어떠한 외부와도 관계할 수 없다.

천대받고 차별받고 방치되고 과도한 노동에 시달리는 인간들이, ―일반적인 의미에서의―몸들이 현재 헤아릴 수 없이 많다는 것은 사실이다. 마찬가지로 여기서 조명된 몸이, 음악적인 몸이, 외부와의 관계를 추진하는 흐르는 몸이 심각한 위기에 놓여 있으며, 그 사실을 우리는 여기서 보여주고자 했다. 그 몸은, 마치 피 흘리며 쓰러져서 방기된 어느 누구의 몸처럼, 지배주의적이거나 전체주의적인 관념들의 폭력 아래에서(관념이 몸을 고문한다), '돼지우리'와도 같은 너무나 협소한 곳에서(이 책의 마지막 텍스트 「문학의 미종말未終末」은 한 시인의 돼지에 대한 성찰을 따라가고 있다) 고립되어 있고, 거기서 신음하고 있다.

이 책의 또 다른 공통 주제는 타자이다. 어느 시점 이후로 우리는 타자에 주목해왔고, 타자가 어떠한 동일성의 범주에도 포섭될 수 없으며, 나와 전적으로 분리되어 있다는 사실을, 한마디로 타자의 타자성을 강조해왔다. 그러나 타자와 나 사이에 어떠한 공동 영역도 없는가? 이러한 물음은 이 책에서 또한 5·18에 대한 물음과 겹쳐지며, 몇몇 텍스트(특히 「타자: 공동의 몸」과 「죽음과 마주하는 무감각」)에서 구체적으로 표명되었다. 이 책에서 타자는 '다름과 차이'의 영역에 방치되지 않고, 오히려 가장 급진적인 '공동의 인간'으로 제시된다. 타자는 나와 함께 전前의식적인, 전언어적인 공동 영역에, 몸의 영역에 가장 깊숙이 들어와 있는 자로 제시된다. 타자는 자주 나와는 '전적으로' 다른 자로, 그러한 의미에서 초월적인 자로 간주되어왔다(에마뉘엘 레비나스). 물론 타자는 나의 의식에 대해 초월적이지만, 이는 타자가 나와 함께 전의식적이고 전관념적인 몸의 공동 영역 내에 놓여 있다는 사실을 전제해야만 정당화될 수 있다. 말하자면 타자는 절대 타자가, 나와 '전적으로' 다른 자가, 나와의 분리 속에서 나에 대해 초월적인 자가 아니며, 다만 나와의 어떤 공동 영역 내에서 내재적으로 초월적인 자일 뿐이다. 따라서 타자에 대한 긍정은 타자에 대한 자유주의적인, 더 나쁘게는 산술적인 긍정(백이면 백 사람 모두를 인정하고, 그들의 다양성들을 '무책임하게' 존중하는 것)이 전혀 아니고, 우리의 밑바닥의 몸의 공동 영역에 대한, 급진적인 공존共存에 대한, 비의식적이고 전의식적인, 결국 음악적인 긍정이다.

*

이 책에는 문학과 다른 예술들의 현장에서의 여러 작업에 대한 평문 성격의 텍스트들이 들어가 있다. 그러나 필자는 어떠한 영역에서도 전문가가 아니다. 그러한 텍스트들을 쓰게 되었던 동기는 자발적이지 않았으며, 이 책에서 조명된, 현장에서 활동하는 작가 분들의 권유들이었다. 그분들(김경주 시인·안애순 감독·양혜규 작가·이성복 시인·함정식 작가)과 공유했던 지점들을 되돌아보면서, 자신의 창조의 길에 잠시 동안의 동반자로 불러준 각 작가 분께 감사의 인사를 전한다.

비평으로 분류될 텍스트들을 쓰기 시작하게 되었던 동기가 자발적이지는 않았지만, 그러한 텍스트들을 쓰는 과정에서 마주하게 되는 의의는 작지 않았다. 방금 호명했던 작가들뿐만 아니라, 이 책에서 언급되었지만 만나본 적이 없는 다른 작가들은 중요해 보이는 경험들 속으로 들어갈 수 있게 하는 사례들 또는 계기들을 제공해주었다. 분명 관건은 이러저런 이론을 검토(검증)하는 데에 있지 않았고, 주목을 요하는 경험들 속으로 들어가는 데에 있었다. 그들 모두는 이론들로부터 벗어나, 그러한 경험들과 가능한 직접적으로 대면할 수 있게 해주었다. 우리로 하여금 그럴 수 있게 하는 능력, 그것이 예술과 문학의 능력일 것이다.

이 책을 이끌어갔던 욕망들 가운데 하나는 그러한 예술과 문학의 능력에 의존해서 인용에서 인용으로 이어지는 이론의 역사로부터 벗어나고자 하는 것이다. 그러나 그러한 욕망은 물론 소위 '독창성'에 대한 욕망은 아니다. '독창성'(가령 '한국적 독창성')에 대한 욕망은 이론적인 것을 추구하는 또 하나의 강력한 욕망에 지나지 않으며, 여기서 문제되는 것은, 이론의 영역에서의 수많은—정신분석의 용어를 빌려 말하자면—'대타자들'을 앞에 내세워 전개되는, 관념에서 관념으로 이어지는 역사로부터 벗어나고자 하는 욕망이다. 또한 '대타자들'의 권위에 의존해서 말하는 손쉬운 관행적 방식으로부터, 그러한 방식을 따름으로써 논의들을 쉽게 관념화시키는 위험으로부터 벗어나고자 하는 욕망이다. 필자의 이론에 대한 경계와 의심은, 근본적으로 여느 일반인의 이론에 대한 무관심과 맥락을 같이한다.

그러나 누구인들 모든 이론으로부터 벗어나서 삶의 살아 있는 현장 안으로 직접 들어가 그것을 코앞에 마주하면서 말하고 싶은 '불가능한' 욕망에 한번쯤 이끌려보지 않았겠는가? '불가능한' 욕망, 왜냐하면 어느 비전문가의 경우라 할지라도, 그가 언어를 습득해서 사용하는 존재인 한에서, 언어를 통해 전수받은 과거(역사)의 관념들에—설사 그것들이 많지도 다양하지도 않다 하더라도—의존해서만 사유를 전개할 수 있는 존재인 한에서, 그는 결코 모든 이론적인 것으로부터 자유롭지는 않기 때문이다. 그러나 문제는 다시 언어 위에 놓이게 된다. 하나의 명제나 주장의 타당성은 결코 그 자체에서만으로는—가령 구문론적·논리적 차원에서만으로는, 어쨌든 언어적 차원에서만으로는—확보될 수 없고, 그 명제나 주장이 어떤 경험의 실상을 드러낼 수 있는가 아닌가에 달려 있다. 마찬가지로 하나의 이론에서 궁극적으로 중요한 것은 그 자체의 어떠한 것에도 있지 않으며, 어떤 경험적 실상 안으로 들어가서, 그것을 드러내는 힘이다.

이 책에서의 입장은—물론 이 책 자체 내에서 결코 확인될 수도 확신될 수도 없지만—이렇게 제시될 수 있다. 이론들에 입각해서 경험들을 읽는 것이 아니라, 경험들에 입각해서, 경험들을 드러내기 위해 이론들(그것들은, 필자의 눈에는, 전반적으로, 매우 넓은 의미에서 '현상학적'으로 보이는데—'현상학'이 무엇보다 먼저 '사태 자체'로 향하는 태도를 대변한다면—그렇다면 그것들은 '이론들'이라고 전적으로 규정될 수는 없을 것이며, 다만 하나의 태도로 수렴될 것이다)을 읽는 것이다. 결국 경험들에 입각해서, 경험들 안으로 더 깊이 들어가보기 위해—이론들 내부에서, 그 외부에서, 결국 그 한계에서—어떤 태도를, 나 자신을, 나아가 우리 자신을 읽는 것이다.

*

여기서 다시 김현주 편집장부터 도움을 주신 분들을 기억해보고자 한다. 김 편집장은 이 책의 형태를 결정했을 뿐만 아니라 여러 작가분들이 각자 보내주었던 자신의 작품의 이미지들 가운데 책 속에 들어갈 것들을 선택했고 배치했다. 선택되어 배치된 이미지들을 필자는 아직 보지 못했고 보여 달라고 요구하지도 않았는데, 이는 김 편집장에 대한 필자의 신뢰와 연대의 마음을 대변한다. 이 자리를 빌려 책의 기본적인 틀 전체를 짜주었던 김 편집장께 감사드린다. 또한 정성을 기울여 독특한 장정으로 책을 갈무리해준 조슬기 디자이너께 감사의 말씀을 전한다.

우연한 기회로 머물렀었던 인천아트플랫폼의 최병국 관장, 그리고 양종남 팀장을 비롯한 사무실의 모든 분들께, 드러나지 않게 작가들을 후원해주는 이 분들 모두께 감사와 우정의 인사를 전한다. 그들의 말없는 지지 아래, 이곳에서 이 책의 마지막 텍스트가 씌어졌고, 모든 텍스트가 검토되었다. 인천아트플랫폼이 위치한 인천의 구 중심지는, 근대 문물이 최초로 유입되면서 다양한 동서 문화가 교차했던 곳이자, 일제의 자본 수탈의 거점지 한 곳이었으며, 한국전쟁 이후로 전국의 노동자들이 모여 만들었던 집단 이주터였다. 여기에서는, 곳곳에 서 있는 19세기 말부터 주로 20세기 초중반의 건물들을 중심으로, 시간의 오래 묵은 때들이 충적되어 그대로 공간적으로 현전하는 기이한 상황과 때때로 마주할 수밖에 없게 된다. 그 상황 한가운데에서 발하는 빛처럼, 이 머리말을 마무리하고 있는 지금, 인천아트플랫폼의 이미지가 눈앞을 스쳐 지나간다.

마지막으로, 늘 마음속에 남아 있는 오랜 친구, 이 책을 준비하면서 마음속에 자주 떠올랐던 친구, 대구예술발전소 소장 남인숙에게 그 마음속을 전한다.

2017년 5월

박준상

차례

I

원음악源音樂

예술의 '그 이상'

어떤 음악을 들을 때, 나는 무엇을 듣고 있는 것일까? 어떤 시詩를 읽을 때, 어떤 그림이나 사진을 볼 때, 나는 무엇을 읽고 무엇을 보고 있는 것일까? 그때 물론 나는 한 곡의 음악을 듣고 있으며, 한 편의 시를 읽고 있고, 한 폭의 그림을 보고 있다. 당연하고 옳은 대답이다. 왜냐하면 그 대답이 동어반복에 따라 주어졌기 때문이다(음악을 들을 때, 나는 음악을 듣는다). 그러나 그 대답은 우리가 '예술작품'이라고 부르는 것을 단순화하고 있다. 아마 그 속에는 예술작품에 대한 일반적 편견이 자리 잡고 있는지도 모른다. 즉 그렇게 대답하면서 우리는 암암리에 예술작품을 하나의 대상으로 여기고 있는 것이다. 그러나 예술작품은 하나의 대상에, 즉 들리는 그것, 읽히는 그것, 보이는 그것에 불과한 것일까? 다시 물어본다면, 예술작품은 귀에 들리는 음들의 집적, 읽히는 글자들의, 또는 보이는 선들·색들의 집적인가? 한 곡의 음악에서, 한 편의 시에서, 한 폭의 그림에서 우리가 진정 듣거나 읽거나 보기를 원하는 것은 무엇일까? 아마 예술작품을 경험한다는 것은 그러한 물리적으로 감각되거나 언어의 도움으로 이해되는 집적(물)들을 수용하는 것에 지나지 않지는 않을 것이다. 예술작품과 마주하면서 나는 단순히 이해 가능한 것들뿐만 아니라 단순한 감각적인 것들 그 너머를, '그 이상'을 찾을 것이다.

예술작품이 전해주는 '그 이상'은 대상화된 단순한 감각적인 것들 안에 담겨서 '고체화'되어 있지 않다. 그것은 어떠한 보이는 고정된 자리도 갖고 있지 않고 가리켜 지정할 수도 없는 것이지만, 그렇다고 없지 않고, 다만 '있다'. 그 사실을 음악이든 회화든 분야를 불문하고 모든 탁월한 예술작품이 증명한다. 아마 언젠가 어디에선가 그럴 수밖에 없는, 다를 수는 없고 바로 그럴 수밖에 없는 필연적인 한 예술작품이 귀에 들리는 것이나 보이는 것 '그 이상'으로 나아간 적이 있을 것이다. 아마 나는 들리는 것 '그 이상'을 듣고, 보이는 것 '그 이상'을 본 적이 있을 것이다. 그러나 '그 이상'은 또한 읽히는 것과 명제들로 규정되는 의미 그 이상이며, 언어와는 다른 차원에 놓여 있을 것이고, 절대적으로 언어와 대립하지는 않는다 하더라도 결코 언어 내에 온전하게 들어앉지도 않을 것이다. 그것은 설사 조용히 잔잔하게 전달되는 경우라 하더라도 언어로 규정되지 않는 역동성을 갖고 있을 것이다. 그것은 음들을 매개로 전해지든, 문자들을 매개로 전해지든, 아니면 선들과 색들을 매개로 전해지든 모든 경우에 흡사한 방식으로, 내면의 흔적으로, 내면의 스크래치 또는 떨림으로 주어진다. 거기에 물음이 있다. 왜 어떤 시에서 최종적으로 현전하는 것은, 거기서 내가 마지막으로 흡입하는 것은, 어떤 음악에서 마지막으로 '울리는', 하지만 들리지 않는 것과, 어떤 회화나 사진에서 최후에 '다가오는', 하지만 보이지 않는 것과 비슷한가? 그것은 어디에도 고정되어 주어지지는 않지만 그렇다고 없는 것은 아니고, 단지 '있다'. 어떤 예술작품에서 마지막으로 현전하는 것은 보이는 것, 읽히는 것 또는 들리는 것을 매개로 주어지지만, 그 자체는 보이지 않고 읽히지 않으며 들리지 않는다. 그렇다고 그것이 경험 불가능하지는 않다. 부재의 현전, 현전의 부재, 아마 그것을 우리는 '신비'라는 단어로 정의할 수 있을는지 모른다. 그것은 신비이지만 신비가 아니다. 그것이 신비라면 감각 내에 실증적으로 주어지는 규정된 것이 아닌 동시에 언어로 규정될 수 없는 언어 이전이나 언어 이후 또는 언어의 잉여·초과이기 때문이며, 그것이 신비가 아니라면 이 세계 너머의 어떠한 예외적인 것도 어떠한 심미적인 것도 아니고, 다만 예술 이전의 존재 일반 또는 경험 일반의 근거이기 때문이다.

언어 · 사회 · 과거

어쨌든 우리는 지금 철학에서, 그 이전에 일반적으로 '감각'이라고 불러왔던 것, 자주 이성적인 것 이하라고, 또는 이성의 기준들·법칙들에 부합되지 않거나 그것들 이전이라고 여겨져왔던 것을 문제 삼고 있다. 여기서 문제는 그것의 핵심에 다시 접근해보고 그 존재론적·미학적 위치를 다시 가늠해보는 데에 있다. 하지만 먼저 이렇게 물어보자. 철학에서뿐만 아니라 그 이전에 일반적으로 우리가 자주 구분하는 감각과 이성, 또는 감각적인 것과 이성적인 것(지성적인 것) 양자는 어떠한 점에서 다른 것일까, 양자를 구분하는 기준은 무엇일까? 플라톤으로 거슬러 올라가서 본다면, 전자는 물질적이고 현세적인 사물들의 영역이고, 후자는 관념적이고 초월적이며 정신적인 이데아들의 영역이다. 플라톤은 후자를 모든 존재의 토대이자 근거로 보았지만 그것이 우리의 경험 속에서 완전히 파악되지 않는다고 여겼다(실체로서의 이데아). 그에 따라 우리는 그것을 독단으로부터 가정된 것이라고 비판하였으며, 이후에 칸트는 '저 너머'의 모든 형이상학적 실체를 의문에 부치면서 감각의 영역과 이성의 영역(지성이 구성하는 영역)을 우리 바깥에서가 아니라 우리 내부에서 구별하였다. 즉 칸트에게서 전자는 우리 외부의 어떠한 장소도 아니고 다만 사물들을 수동적으로 받아들여 감각하는 우리 능력의 영역일 뿐이고, 마찬가지로 후자도 우리의 어떤 바깥도 아니고 다만 우리가 능동적으로 판단하고 사고하는 능력의 영역일 뿐이다. 이러한 칸트의 견해를 따라가본다면 우리에게 어떤 것을 감각하는 능력이 있고 또한 사고하는 능력이 있는 것은 사실이지만, 실제로 두 능력이—칸트가 본대로—칼로 자른 듯 구분되고 그 구분이 우리의 본성을 구성하는 선천적 틀에 근거하고 있는 것인지 알 수 없게 된다.

우리는 사물들을 감각하고 받아들일 뿐만 아니라 사물들에 대해 사유하고 추론하고 판단한다. 또한 칸트에 의하면 두번째 작용은 첫번째 작용을 전제하고 이루어진다. 그 두가지 작용, 즉 감각적 작용과 이성적 작용이 있는 것은 사실이지만, 칸트가 말하고 있는 바와 같이 그 구분의 기준이 인간의 본성에 따르는 것인지는 알 수 없다. 감각적 작용이 근거한다고 여겨지는 감성적 영역 자체(감성계)와 이성적 작용이 발원한다고 여겨지는 지성적 영역 자체(지성계)가 실제로 인간 본성의 두 영역인지는 알 수 없다. 간단히, 우리는 인간 본성의 선천적 틀이 어떻게 짜여 있는지 경험할 수 없는 것이다. 칸트는 감각적 작용과 이성적 작용이 서로 다른 원천들 각각에 근거하고 있기에 선명하게 구분된다고 보지만, 우리는 그 원천들로 거슬러 올라가볼 수 없다. 그것들은 경험 불가능한 것이다.

그렇기 때문에 인간의 여러 능력들(감성·지성·판단력 등)을 구별하고 그 상호 관계들을 탐구하는, 칸트의 근대적 인식론이 현대에는 설득력을 잃고 거의 사라진 것으로 보인다. 칸트에 의하면 인간이 단순히 수동적으로 받아들인 감각적인 것의 영역이 있고, 그것과 본질적으로 구분되는 영역이, 즉 인간이 사유를 통해 능동적으로 구성해내는 영역이 있다. 그에게 전자는 사유 이전의 감각적인 것의 무규정적 영역이고, 후자는 사유의 법칙에 따라 틀 지어진 영역이며, 그렇게 두 영역이 구분되는 이유는 바로 인간 본성이 둘로 나뉘어져 있기 때문이다. 그러나 현대 철학에서, 선천적인 인간 본성이라는 것은 의심스럽게 되고, 사유는 정신의 자율적 작용이 아니라 어떤 물질적 토대 없이는 불가능하게 된다는 견해가 지배적이게 된다. 여기서 사유의 그 물질적 기초는 바로 기호들, 즉 언어이다. 여러 현대 철학자들이 그 사실을 확신했고 또 강조했다.[1]

1 니체는 "만일 우리가 언어의 구속 내에서 사유하기를 원하지 않는다면, 우리는 사유를 그치게 된다"(Nietzsche, *Werke*, VIII-1, Walter de Gruyter, 1974, p. 197)라고 말한다. 또한 페르디낭 드 소쉬르의 경우 "심리적으로 우리의 사유는 단어들을 통해 표현되지 않으면 형태 없고 불분명한 덩어리에 불과하다"(F. de Saussure, *Cours de linguistique générale*, Payot, 1972,

즉 사유는, '정신' 또는 '이성'이라 부르는 것의 작용에 따라 어떤 것을 판단하고 파악하는 것이 아니라, 또는 그것 이전에, 단어들과 문장들을 통해 어떤 것을 헤아리고 규정하고 정의하는 것이다. 사유는 글을 쓰거나 말을 해서, 그렇지 않다면 침묵 가운데 머릿속에서라도 단어들을 조립해서 사물들·타인들과 사건들·현상들을 포착하려는 시도이다. 언어가 사유에 선행한다. 내가 어떤 것을 생각한다는 것과 그것을 가장 잘 드러내어 밝히고 표현할 수 있는 단어들을 찾아간다는 것은 결코 분리될 수 없다. 생각한다는 것은 단어들을 붙들고 있다는 것, 단어들에 집착하고 있다는 것, 또는 단어들에 끌려다니고 있다는 것이며, 생각이 없다는 것은 그것들을 놓아버린다는 것이다.

서양 철학의 전통에서 그리고 칸트에게서도 이성적인 것(지성적인 것 또는 예지적인 것)은 사유된 것, 사유에 포착된 것, 사유를 거쳐 구성된 것을, 감각적인 것은 사유 이전 또는 그 이하의 것을 의미했다. 한편 현대 철학의 언어에 대한 성찰의 중요한 결과를 따라가 다시 구별한다면, 전자는 언어로 규정된 것을, 후자는 언어 이전이나 언어 이하 또는 언어의 여분·잉여를 가리킨다. 그러나 언어로 규정된 모든

p. 155)라고 분명히 밝힌다. 그리고 모리스 메를로-퐁티에게서 "사유는 '내적인' 어떠한 것이 아니며, 세계와 단어들 바깥에 있지 않다"(M. Merleau-Ponty, *Phénoménologie de la perception*, Gallimard, 1945, p. 213).

것이, 모든 언어가 이성적일 수는 없으며, 그것이 이성적이기 위해서 조건이 필요할 것이다. 칸트가 이성적인 것을 인간 본래의 본성에 기초한 하나의 정신 작용에 부합하는 것이라 볼 때, 그는 이미 이성적인 것의 확고한 토대를 믿고 있었다. 그러나 철학에서 이성적인 것의 기준이었던 사유를 소쉬르처럼 언어에 종속시키면서 언어를 어떠한 초월적 또는 (초)자연적 근거 위에 정초하지 않고 다만 "사회적 사실fait social"로 간주한다면, 이성적인 것은 결코 절대적이거나 완전한 어떤 것이 될 수 없다. 이성적인 것은 사회라는 지평 내에서 구성되며, 언어로 규정된 어떤 것이 이성적이기 위해서 그것은 사회적 관습이나 합의에 부합해야 한다. 이성적인 언어 구성의 조건은 사회적 관습과 법칙과 동의同意이다. 소쉬르는 이렇게 썼다. "이제 기호의 자의성을 안다면 우리는 왜 사회적 사실만이 하나의 언어 체계를 창조할 수 있는가를 보다 잘 이해하게 된다. 가치들을 정립하는 데 집단이 반드시 필요한데, 가치들은 오로지 관습과 일반적 동의에 따라서만 있게 되기 때문이다. 개인 혼자서는 어떠한 가치도 정립할 수 없다."[2]

사실 서양 사상의 태동기에서부터 이성과 **로고스**(말, 언어)는 동근원적으로 여겨져왔다. 그러나 만일 **로고스**로서의

2 F. de Saussure, *Cours de linguistique générale*, p. 157.

언어가 어떠한 초월적 존재 또는 (초)자연적 존재나 인간의 선천적 본성에 근거해 창조된 것이 아니라 다만 한 집단의 관습과 합의에 의해 구성된 사회적·문화적 산물에 불과하다면, 이성적이라고 여겨지는 모든 것은 비非선천적·비보편적인 것이, 따라서 비절대적인 것이 될 수밖에 없다. 그렇다고 언어에 근거하고 있는 이성적인 것이 각 개인에 따라 상대적이고 주관적이라고 말해서도 안 된다. 그것은 한 집단의 사회적·문화적 관습들·기준들·규칙들에 의존하고 있는 동시에 내재적이고, 그러한 의미에서 그 집단에서 정립된 가치들의 객관성을 갖고 있다. 다만 그 객관성이 어떠한 초월적인 존재에도 어떠한 (초)자연적인 존재에도 어떠한 선천적인 본성에도 토대를 두고 있지 않을 뿐이다. 그것은 그 집단에서 형성되고 선택되고 전수되고 공유된 객관성일 뿐이다.

소쉬르의 기본적인 가르침에 따르면, '사과'라는 단어는 우리가 먹는 붉거나 푸르거나 노란 둥근 '그것'을 가리켜야 할 어떠한 초월적 필연성도 갖고 있지 않다. 만약 둥근 '그것'을 애초에 우리가 다른 어떤 기호로 부르기로 결정했다면, 그 기호(예를 들어 결코 가능하지 않지만 '배')가 '그것'을 지시하고 있을 것이다. 내가 한 단어로 '그것'을 올바르게—이성적으로—지칭하는 것이 문제가 될 때부터, 나는 먼저 사회적 협약을 따라야 하며 사회적 합의에 호소해야만 한다. 또한 모든 문장의 가장 기본적인 구조이자, 모든 문장이 환원되는 형식인 주술구조에 대해 생각해보자. 'A는 B이다'가 함의하고 있는 바는, 주어 A가 술어 B에 속한다는 것이다. 그러나 일상 언어를 예로 들어본다면, 한 명제에서 주어 A가 술어 B에 종속된다는 것은, 단순히 논리적 관계만을 나타내지 않으며, 그 명제의 발화자와 더불어 주어가 사회적으로 보아 타당한 사실이나 가치나 기준에 종속된다는 것이다. 나는 물론 '해가 떠오른다'라고 단순하게 말할 수 있다. 그 명제는 단순한 하나의 사실 판단에 지나지 않을는지 모르지만, 그것이 타당해지기—이성적이기—위해서는 타인(들)이 있어야 하며 사회적 동의를 얻어야 한다. 그 명제를 제출하면서 스스로 이성적이기 위해 나는 보이는 해에게 호소할 수 없으며 나 자신이 속해 있는 집단의 사람(들)에게 호소해야 한다. '홍길동은 키가 크다'라는 명제가 올바른 것이 되기 위해서, 한 시대와 한 지역의 수많은 사람들을 비교해서 큰 키의 기준이 정확하지는 않더라도, 암암리에라도 이미 결정되어 있어야 한다. 그 문장의 타당성은 발화자의 그 기준에 대한 인식 여부에, 그리고 지시 대상의 사회적 보편에 대한 부합 여부에 달려 있다. 하나의 명제를 말한다는 것은 그 발화자가 자신과 더불어, 자신의 책임하에 지시 대상을 사회적 장에 갖다놓는다는 것이다. 도덕적·미적·정치적 또는 정신적·철학적 가치를 담고 있는 명제의 경우 문제는 약간 복잡해진다. 예를 들어 '홍길동은 선善하다'라는 명제를 생각해보

자. 그 명제의 타당성은 '홍길동은 키가 크다'라는 명제의 타당성보다 훨씬 더 논란거리가 될 수 있다. 왜냐하면 그 명제가 나타내는 가치가 단순한 양적 가치가 아니고 질적 가치이기 때문이며, 그것이 타당할 수 있기 위해 수신되어야 하는 집단들(사회 내의 여러 '사회들')의 경험들과 기준들이 보다 세분화되고 보다 다양할 수 있기 때문이다. 의심할 바 없이 그 명제도 사회적 합의에 호소하고 있으며 다른 종류의 명제들보다 더 그렇다. 내가 말하고 쓴다는 것은 자신뿐만 아니라 어떤 것을 사회적 보편에 종속시키고자 한다는 것, 종속시킨다는 것, 즉 이성적인 것이 되도록 한다는 것이다. 내가 언어를 사용한다는 것은 어떤 것의 일회적 현전을, 내 앞에 어떤 것 또는 어떤 자가 **여기 지금**hic et nunc 나타난다는 사건 자체를 제거하고 그것을 집단이나 사회라는 공간에 넘겨준다는 것이다. 내가 언어를 매개로 어떤 것을 판단하고 이해하고 표현할 때, 나는 그것을 일회적 현전으로부터 끄집어내서 사회적 공간으로, 보다 정확히, 사회적 가치들·기준들이라는 **사회적·의식적 관념들의 공간**으로 넘겨주게 되는 것이다.

또한 언어는 현재 또는 순간을 결코 포착할 수 없고 기억된 것만을, 의식에 재-현re-présentation된 것만을 나타낸다. 적어도 언어가 사유를 위해 사용되고 있는 한 그렇다고 말할 수 있다—아마 단순히 사유만을 위해 봉사하지 않는 언어인 시詩가 있을 것이지만, 그 문제로 이후에 돌아가보자. 철학 일반에서 우리는 표상représentation이 사유의 조건이라고 말한다. 즉 우리가 어떤 것을 생각할 수 있는 때는, 그것이 **여기 지금**, 이 순간 현전présence할 때가 아니고 오로지 그 현전이 물러가고—사라지고, 또는 지나가고—이후에 의식에 재-현될 때라는 것이다. 우리는 이미 과거가 되어버린 것을, 즉 '죽어버린' 것을 의식에 되돌릴 때에만 사유할 수 있다는 것이다. 왜 그러한가? 언어만이 표상을 만들어낼 수 있고, 따라서 사유는 실제로는 표상이 아니라 언어에 의존할 수밖에 없으며, 언어는 이미 지나가 과거가 되어버린 것만을, 간단히 '죽은' 것만을 잡을 수 있기 때문이다. 현재형이나 미래형으로 씌어진 문장들의 경우도 마찬가지이다. 그 경우에도 내가 무엇을 언어로 생각해서 표현한다는 것은, 나의 내면을 스치고 지나가버린 어떤 과거의 현전(재-현)에만, 즉 현재였던 것이 죽어 남긴 거죽에만 의존할 수밖에 없다는 것이다. (분명 앙드레 브르통André Breton과 필립 수포Philippe Soupault 같은 초현실주의자들은 그 사실로부터 그리고 사회적 관념들의 공간으로부터 시를 해방시키기 위해 생각하지 않고 글 쓰는(?) 자동기술법écriture automatique을 시도했다.) 언어에 매달린다는 것은 과거에 매달린다는 것이고, 언어에 집착한다는 것은 어떠한 경우라도 과거에 집착한다는 것이다. 언어는 순간·지금·현재가 사라진 자리에서만 작동한다. 내가 언어를 사용해서 또는 언어에 실려 가서 생각하기 시작했다는 것은, 나를 스치고 지나가버린 어떤 일회적 현전을 과거에 묶어둔다는 것, 즉 그것을 죽은 것으로 방부해둔다는 것이다. 결국 언어는 그 일회적 현전을 사회라는 공간에 종속시킬 뿐만 아니라 과거라는 시간에 종속시킨다.

원음악: 존재의 리듬 또는 예술의 근원

언어가 이성적인 것을 결정한다면, 이성적인 것은 과거에 들러붙어 있다—따라서 다른 어떠한 언어보다도 사회적이고 역사적인 언어인 철학은 현재의 사건의 한복판에 제대로 개입할 수 없고, 헤겔이 『법철학』 서문에서 말한 대로 "미네르바의 올빼미는 황혼이 내리면서 날개를 펴기 시작한다." 이성적인 것에 못미치는 것은 무엇인가? 다시 묻는다면, 언어 이전 또는 언어 이하에 무엇이 있는가, 언어의 잉여 또는 언어의 초과에 무엇이 들어와 있는가? 감각적인 것이, 어떤 감각들이, 어떤 정념들이 들어와 있다. 언어 이전, 언어 바깥은 진공이 아니며, 거기서 어떤 것이 우리를 스치고 지나가며, 설사 그것이 언어의 규정을 받는다 하더라도 언어로부터 새어 나와 멀리 달아난다. 아마 거기에 우리 모두가 철학과 이론들을 공부했든 하지 않았든 '언어의 불완전성'을 경험했고 경험하고 있는 이유들 가운데 하나가 있으리라. 그러나 바로 지금 이 순간에, 즉 **현재**에, 언어가 사회적 공간과 과거에 넘겨줄 수밖에 없는 일회적 현전이 언어의 초과로서의 감각적인 것에 기입된다. 그러나 비결정적으로, 비규정적으로, 즉 어떠한 보편의 틀에도 끼워 맞추어지지 않은 상태로, 또한 과거가 되기 이전에, 되돌릴 수 없게, 재-현될 수 없게, 기억될 수 없게.

여기서 예술의 문제로 되돌아가보자. 모든 예술가는 순간과 싸운다. 시인이든, 소설가든, 화가든, 작곡가나 연주자든, 사진작가든 모든 예술가는 시간과 싸우고 있다. (우리는 사진작가를 예로 들면서 '결정적 순간instant décisif'을 말하는 사진작가 앙리 카르티에-브레송Henri Cartier-Bresson을 떠올리게 되는데, 그의 작업 과정을 살펴본다면 사진뿐만 아니라 다른 모든 예술의 창조의 비밀에 다가갈 수 있을는지 모른다. 이 점에 대해 이후에 다시 언급해야 할 것이다.) 어느 시인은 식사하다 말고 급히 수첩에 뭔가를 끼적거려야만 하고, 어느 작곡가는 침대에 누워 휴식을 취하다가 벌떡 일어나서 급히 음표들을 받아 적어놔야 하며, 어느 재즈 연주자는 말할 것도 없고 규정의 틀을 보다 충실히 따라야 하는 어느 클래식 연주자도 연주할 때 반드시 순간의 흐름을 타야만 하고 (그 증거가 그들이 연주에 몰입할 때 짓지 않을 수 없는 표정들과 드러내지 않을 수 없는 몸짓들이다), 일반적으로 '조형예술'이라 불리는 회화나 사진에 종사하는 많은 예술가들은 각자 아름다운 사물 또는 개성 있는 모델 하나나 멋진 풍경 하나를 기계적으로 충실하게 옮겨놓는 것(재현)에 만족하지 못하고 무엇을 그리려고 하는지는 모를지라도 한순간을 포착해야 하며, 그렇게 하지 못할 경우 그의 작업은 결코 만족할 만한 형태로 이루어지지 않고 그 순간은 다시 돌아오지 않는다—그렇기 때문에 많은 화가들이 각자 자신이 마주했던 공간이 그대로 남아 있는데도 공들여 그려놓았던 그림을 자주 찢어버리는 것이다.

활동하는 분야를 불문하고 모든 예술가는 각자 알게 모르게 시간과의 싸움에 들어가 있다. 흔히 시간예술을 대표한다고 여겨지는 음악뿐만 아니라 모든 예술은 시간예술이다. 모든 예술은 시간을 표현하고자 하며, 설사 공간예술로 여겨지는 회화나 사진의 경우라 하더라도 궁극적으로는 공간이 아니라 시간을 표현하고자 한다. 우리가 흔히 '영감'이라고 부르는 것은 예술가의 시간과의 싸움을 가리키는 단어이다. 예술적 영감은 하늘에서 떨어지는 선물이 아니고 일종의 싸움이다. 모든 예술은 사격과 비슷하다. 모든 예술은 시간의 포착에 모든 것이 달려 있다는 점에서 사격과 유사하다. 그리고 그 사실이, 예술의 분야를 불문하고, 많은 예술가들을 창조의 고통으로 내모는 원인을 설명해준다. 즉 그들은 보이지 않고 규정되지 않기에 붙잡을 수 없는 것을, 즉 시간을 붙잡아야 하는 불가능성과 마주하고 있는 것이다.

한 사람은 식사하다 말고, 또 한 사람은 휴식을 취하거나 건반을 두드리다 말고, 다른 한 사람은 하늘을 바라보다 말고 도대체 무엇을 찾고 있는 것일까? 물론 그들은 각자 아름다운 한 단어와 한 문장을, 감동을 줄 수 있을 것 같은 멜로디 하나를, 또는 멋진 이미지 하나를 찾는다. 그러나 그 모든 것은 각각 그들이 각자 찾고 있는 것의 대상 또는 결과일 뿐이다. 엄밀히 말해 그들은 각자 하나의 대상을 찾고 있는 것이 아니라, 대상화될 수 없는 어떤 것을, 시간적인 것을, 오직 시간의 분출 속에서만 따라 나오는 것을, 공간이 시간화된 '그것' 또는 시간이 공간화된 '그것'을 찾고 있다. 말하자면 존재의 리듬을, 원음악源音樂을. 그들은 어떠한 대상도 찾고 있지 않으며, 다만 '그것'에 수동적으로 들어가 있다. 그들은 각자 내부에 고유하게 지속적으로 남아 있을 주관적이고 개인적인—아마도 자신의 독특한 개성을 표현해줄 수 있을—어떤 감정에 빠져 있는 것도 아니다. 그들은 객관과 주관이 아직 분화되기 이전의 미결정의 지대에서 열림의 사건 자체, 열림이라는 사건 자체에, 즉 탈존脫存에 맡겨져 있다. 그들은 언어에 고착되어 의식의 대상이 되기 이전에 현시되는, 따라서 다시 되돌려 기억할 수 없는 순간에 나타나는, 공간이나 사물이나 타인의 일회적 현전과 접목되는 사건 가운데, 존재의 사건이자 탈존의 사건 가운데 놓여 있다. 원음악은 그 존재와 탈존의 사건의 표식이다. 그것은 존재와 탈존이 근본적으로 비가시적일뿐더러 음악적이라는 사실에 대한 증거이다. 그것은 보는 행위에 따라 나오는 보이지 않는 것, 설탕이 물에 녹듯이 내면에 녹아 퍼져 나가는 비고체적인 것이다. 다시 말해 언어가 작동하기 이전 또는 이후에 정념의 수준에서 내면을 스치고 지나가는 흔적, 스크래치 또는 떨림. 원음악은 언어적 규정 이전에, 의식의 발효 이전에, 따라서 주객 분리 이전에 전개되는 열림의 사건을, 명사화(대상화, 고정화)된 대상이 아닌 그 이전의 동사적 사건 자체를 증명한다. 그것은 예술 이전의 경험 일반의 비명사적·비의식적 근거이지만 결국 모든 예술의 모태이자 모든 예술이 궁극적으로 표현하고자 하는 '그것'이다. 원음악은 사물 하나나 타인이 대상으로 고정되고 주체가 그 대상의 소유자로 정립되기 이전에 전개되는 보이지 않고 들리지 않는 동사적 사건 또는 행위(관계의 사건 또는 열림의 행위)가, 즉 시간적 사건이 모든 경험의 근거라는 사실의 징표이다. 나아가 그것은 예술가들을 창조로 내모는 그들의 주인이고, 그들이 각자 자신의 작품에 언어나 이미지나 음으로 구체화하고자 하는 들리지 않는 음악, 말하자면 그들이 각자 거기에 마지막으로 새겨놓고자 하는 보이지 않는 시간적인 것이다. 그것은 존재의 숨결이자 탈존의 숨결, 언어 이전의, 따라서 의식과 인식 이전에 감지되는 생명이다. 우리가 이 문화적 사회에서 구획

·정리되고 위계질서화된 관념들 속에 매몰되어 있기 이전 또는 이후에 그 **사회의 배면 또는 차이('반대'가 아닌 배면 또는 차이)인 자연** 가운데 있다는 사실을 증명해주는 생명, 또한 우리 자체가 문명화·사회화·의식화되기 이전 또는 이후의 존재들임을 입증해주는 생명, 단순한 생물학적 생명이 아니라 경험 가운데 구체적으로 들어오지만 언어로 붙잡을 수 없고 다만 감각과 정념을 건드리는 보이지 않고 들리지 않는, 그러나 경험되는 생명.

모든 필연적 예술 가운데 그 생명이 개입하고 있다. 그 가운데 예술가인 어느 주체·개인이 아니라, 한 익명적 인간의 탈존이(왜냐하면 여기서 주객 분리 이전의 어떤 자가 문제되기 때문이다), 따라서 시간이 각인되어 있다. 하나의 작품에서, 그것이 속하는 분야를 불문하고, 우리는 마지막에 무엇을 흡입하는가? 마지막에 우리는 시집 한 권에서 보이는 글자들을 읽지 않으며, 음악 한 곡에서 귀에 들리는 음들을 듣지 않고, 사진이나 그림 하나에서 물리적으로 보이는 선들·색들·형들을 보지 않는다. **작품**은 항상 거기에 있고 고정되어 있는 문자들의, 음들의, 또는 선들·색들·형들의 집적이 아니다. 마지막에 또한 우리는 작품이 주는 어떤 의미 또는 궁극적 의미를 캐내기 위해 다시 언어로 돌아가지도 않는다. 작품이 주는 의미들에 대한 해석은 필연적이지만, 그렇다고 언어로 번역 가능한 의미들 속으로 작품이 환원되지 않는다.

작품은 언제 어디에서나 누구에게나 감동을 줄 수 있도록 미리 준비된 대상이 아니며, 항상 어떤 메시지나 교훈을 줄 준비를 하고 있는 준準철학이 아니다. 설사 그 안에서 철학적이라 부를 수 있는 의미들을 우리가 뽑아낼 수 있다 하더라도 그렇다. 반 고흐의 그림은, 말러의 교향곡은, 이중섭의 그림과 김수영의 시는 항상 거기에 있지 않으며 **어느 순간 바로 나에게** 다가온다. 작품은 항상 동일하게 거기에 있지 않으며, 반드시 그것이 현전하는, 현시되는 순간이 있다. 그 현전이, 시간화된 공간이, 그 순간이, 그 시간이 그 작품의 **작품**이다. **작품**은 언제 어디서나 손에서 되찾을 수 있는 고정된 고체가 아니라 어느 순간 다가오는 유체流體이다. **작품**이 다가오는 순간이 있다. 한 편의 시가, 한 곡의 음악이, 한 폭의 그림이 다가오는 순간이 있다. 그 점에서도 음악뿐만 아니라 모든 예술은 시간예술이다. 그 순간에 나는 보이는 글자들을 읽지 않고 들리는 음들을 듣지 않고 보이는 이미지를 보지 않을뿐더러, 그것들이 남긴 관념들·의미들도 읽지 않는다. 작품에서 의미들이 그 순간을 보장하는 것이 아니라 그 순간이 의미들을 보장한다.[3] 왜냐하면 의미들의 토대인 언어는 그 순간 앞에서는 무력하고 오직 과거에만 접근할 수 있기 때문이

3 거기에 우리가 이미 정립된 하나의 이론적 틀에 작품을 끼워 맞추는 '학문적' 평론보다는 그 순간에 다가간 증거를 확인할 수 있는 '살아 있는' 평론을 신뢰하는 이유가 있다.

다. 그때, 그 순간 나는 읽히지 않는 것을 읽거나, 들리지 않는 것을 듣거나, 보이지 않는 것을 본다. 읽히지 않고 들리지 않고 보이지 않는 것, 정확히 말해 읽어서 남은 읽을 수 없는 것, 들어서 남은 들을 수 없는 것, 보아서 남은 볼 수 없는 것, 즉 시간으로서의 작품, 공간화된 시간, 작품에 스며든 원음악. 글자들과 음들과 이미지에 갇혀 있다가 다시 거기서 풀려나온 생명의 움직임, 또는 익명의 누군가(작가도 아니고 독자나 감상자인 '나'도 아닌 제3자, 작가와 '내가 접목되어 창조된 어느 누구, '내'가 알지 못하지만 아는 어느 누구)가 다가오고 있다는 사건 자체, 들리지 않지만 들리는 누군가의 숨결, 보이지 않고 들리지 않는 에너지의 전달.

절도의 정념과 침묵

이성적인 것은 한 집단이나 여러 집단이나 한 사회의 기준에 부합되는 언어이며, 감각적인 것은 그러한 언어 그 이전, 그 이후 또는 그 이하, 그 잉여·초과이다. 그렇다면 감각적인 것은 언어로 구성되어 질서 지워진 문화 세계의 반대편에 놓여 있을 '자연'을 드러내는 자유로운 감정의 격양이나 분출을 의미하는가? 아마 그러한 감정의 움직임이 사회적 기준들을 무시하거나 파괴하려는 여러 낭만주의자들에게서 강조되어왔을 것이다. 그러나 감정의 강도 자체는 아무것도 보장해주지 못한다. 사회를 부정하려는 강렬한 감정에 대한 찬양이 적지 않은 예술가들이나 예술가형의 인간들에게서 나타나기는 하지만 감정의 강렬함 자체는 아무것도 증명하지 못한다. 그렇다고 그것을 무조건적으로 무시해서도 안 되며 다만 그것이 어떠한 근거에서 나오고 있는가를 문제 삼아야 한다.

감각적인 것은 언어의 접근을 완전히 불허하는 것도 아니고 언어에 대해 절대적으로 초월적인 것도 아니다. 그것은 다만 존재론적으로 언어에 선행할 뿐이다. 어떠한 것도 절대적으로 언어 너머에 있을 수 없으며, 언어의 완전한 부재(진공으로서의 침묵) 가운데에서만 알려질 수 있는 것은 아무것도 없다. 언어가 있기 때문에 침묵을 이해할 수 있고, 침묵이 있기 때문에 언어를 이해할 수 있다. 우리에게 오직 언어를 전제한, 언어가 배경에 놓여 있는 침묵만이 문제가 될 수 있다. 그 침묵으로 우리를 바로 감각적인 것의 핵심이며 모든 예술이 궁극적으로 도달하고자 하는 원음악이 인도한다. 그러나 원음악은 예술과 연루되기 이전에, 예술의 재료들(언어·음·이미지)로 표현되기 이전에 모든 경험의 밑바닥에 놓여 있는 사건(즉 공간과 사물들과 타인들로 열리는 열림의 사건)의 표식이다—시간의 공간화, 시간의 내적 산종散種 또는 시간의 내적 융해融解. 그것은 '내'가 '나' 아닌 공간과의,

'나' 아닌 것과의, '나' 아닌 타인과의 관계에 들어간다는 사건을, '외부에 스스로를 갖다놓는다existere'는 사건을 증명한다. 앙리 카르티에-브레송은 자신의 경험과 사진 작업을 염두에 두고 이렇게 말했다. "사건은 그 특유의 기능에 의해 형태의 유기적 리듬을 촉발시킨다."[4] "나에게 사진은 현실 속에서 그 표면과 선과 가치들의 리듬을 인식하는 것이다."[5] "어떤 일들이 일어나는지에 대해 민감하고 우리가 느끼는 것에 솔직하기만 하면 충분하다. 요컨대 우리가 감지하는 것과의 관계 위에 자리 잡기."[6]

여기서 카르티에-브레송은, 사건이 보이는 것에 속하지 않으며, 보이지 않는 측면인 리듬을 포함하고 있고, 그렇기 때문에 사진은 그 리듬을 표현해야 하고, 이는 사진작가 자신이 스스로 감지하는 것과의 관계 위에 놓일 때 가능하다는 사실을 지적하고 있다. 경험의 기저에 놓여 있는 사건은 완전히 언어화·의식화될 수 없는 측면이 있기에 경험의 '대상'이 될 수 없지만, 그 측면은 완전한 진공이 아니고 리듬(우리는 그것을, 사건의 리듬을 '원음악'이라고 불렀다)을 통해 전달된다. 예술은 무엇보다 먼저 그 보이지 않고 언어로 포착되지도 않는 리듬을 포착하려는 시도이며, 그러한 한에

4 앙리 카르티에-브레송, 『영혼의 시선』, 권오룡 옮김, 열화당, 2006, p. 28.
5 같은 책, p. 31.
6 같은 책, pp. 27~28.

서 궁극적으로는 언어 바깥에서 언어에 의존하지 않고—언어를 버리면서—사건을 온전하게 보존하는 동시에 표현하려는 시도이다. 따라서 문학의 경우라면 사건을 보존하기 위해 언어로 언어를 버려야 하는 모순이 관건일 수밖에 없다. 공간이나 사물이나 타인과 함께 관계에 들어가는 사건이, 예술 이전의 사건이 그 자체로 언어를 초과하기 때문에, 그 사건이 그 자체로 표현되기 위해서는 철학적·이론적 설명만으로는 부족하고 예술이 요청된다. 사건 자체가 마지막에 언어의 공백을, 즉 침묵을 요구하며, 언어예술인 문학을 포함해서 모든 예술은 궁극적으로 침묵에 도달하고자 한다. 그렇다고 그 침묵은 언어 너머에서, 즉 사회라는 공간 바깥에서 질서와 기준과 규칙을 무시하는 자유로운 무제약적 감정에 부합하지 않는다. 그 침묵은 그 사회적 질서·기준·규칙을 부정하지 않으며 다만 그것들을 침묵으로 이끈다. 다시 말해 그 침묵은 그것들을 자신 안으로 환원해서 중립화(자연화)시킨다. 그것은 비언어적이기에 사회적·문화적 공간(정확히 말해, 앞에서 본 대로 **사회적 관념들의 공간**)에 묶여 있지 않은 자연적인 것이기는 하지만 하나의 제약 가운데 들어가 있다. 즉 그 침묵에 도달하기 위해서 우리는 "관계 위에 자리" 잡아야 하는 것이다. 우리는 관계에 들어가 있는 타자를 "감지"하고 주목해야 하는 것이다. 거기에 사건에 대한 충실성이 있다. 거기에 언어 너머에서 솟아나지만 그렇다고 무제약적이지는 않은 정념이, 절도의 정념이 있다.

카르티에-브레송은 그 정념에 이르기 위해 요구되는 것이 예술가나 개인으로서의 "자기 자신을 잊어버리"는 것이라고 본다. "나의 정념ma passion은 사진 '자체'가 아니라 자기 자신을 잊어버리고 피사체의 정서와 형태의 아름다움을 찰나의 순간에 기록하는 가능성, 다시 말해서 보이는 것이 일깨우는 기하학을 향한 것이다."[7]

문제는 자기 자신을 지우고 관계 위에 자신을 놓는 데에 있다. "요컨대 우리가 감지하는 것과의 관계 위에 자리 잡기." 그러나 자기 자신을 양도하는 것이 아니다. **도덕적이거나 윤리적인 견지에서 나를 비우고 포기하라는 것이 전혀 아니다**. 사건이, 관계의 사건 자체가 주객 비분리의 익명적 장소라면, 거기서, **도덕도 윤리도 문제되지 않고 다만 탈존이 문제되는** 거기서 나는 의도적으로 의식적으로 자신을 잊어버

7 같은 책, p. 19. 『영혼의 시선』에 서문을 쓴 제라르 마세Gérard Macé는 이 '자기 자신을 없앰'을 카르티에-브레송의 창조의 윤리라고 본다. "가장 가벼운 짐은 배움을 통해 습득되지는 않지만, 일단 우리가 그것을 이해하고 나면 어디나 지니고 다닐 수 있는 오래된 가르침이 된다. 이것 덕분에 앙리 카르티에-브레송은 인물로서의 자기 자신을 없앨 수 있었고, 순간을 더 잘 포착하기 위해 자신을 지움으로써 스냅사진에 의미를 부여했다"(제라르 마세, 「가장 가벼운 짐」, 같은 책, p. 9). 참고로 『영혼의 시선』의 원 제목은 '사생寫生의 이미지적인 것l'imaginaire d'après nature'이다. '사생'으로 옮긴 '다프레 나튀르d'après nature'는 풀어서 '자연 그대로의' 또는 '있는 그대로의'라고 새길 수 있다.

릴 수 없기 때문이다. 거기서 나는 다만 잊혀지거나 지워질 수 있을 뿐이다. 따라서 관건은 내가 시간을 붙잡을 수 있는가에, 아니 시간에 들어갈 수 있는가에, 사건 또는 관계에 들어갈 수 있는가에, 즉 정념을 절도로 이끌 수 있는가에 있다—이는 우리가 흔히 말하는 '감정의 절제'와는 다르다. 절도의 정념은 문화적·사회적 세계에 흡수되지 않는, 그 세계에 대한 차이(반대나 초월이 아닌 차이)로서의 자연적인 감각적인 것에 부응한다. 따라서 그것은 언어의 차단을, 즉 침묵을 전제한다. 그 침묵은 진공의 침묵 또는 언어의 절대 타자로서의 침묵이 아니고, 사건의 리듬인, 즉 사건의 징표인 원음악을 듣는 행위이다. 원음악을 들음으로써만 나는 나 자신으로부터 벗어나(탈脫) 관계 가운데 놓인다. 삶에서나 예술에서나 중요한 것은 어떠한 감정의 고양도 아니고, 들리지 않는 것을 듣는 것이며, 그것만이 모든 경우에 어떤 감정을 주관적이고 자의적으로, 나아가 자기도취적으로 흐르지 않도록 제어한다. 또는 이렇게 말할 수 있다. 모든 강렬한 감정의 진정성은 바로 들리지 않는 것을 듣는 데에 있다.

불협화음不協和音

빠져나가 달아나는 것이 아니라면 무엇을 잡을 것인가,
어두워져가는 것이 아니라면 무엇을 볼 것인가,
말하면서 찢겨져 나가는 것이 아니라면,
죽어가는 것이 아니라면 무엇을 갈망할 것인가?
—이브 본푸아

피로 물든 반 고흐의 얼굴이
자신의 풍경화들 가운데
내게 다가오는 것을 보았다.
—앙토냉 아르토

일치와 언어

의식이 추구하고, 의식을 만족시키는 진리가 있다. 즉 표상 그리고 주어진 사실(사물·현상) 사이의, 관념 그리고 현실 사이의 일치adæquatio라는 것이 있다. 그러나 그 진리는, 일치는 정확히 또는 실제적으로 무엇을 의미하는 것일까? 그것은 하나의 사실과 그것에 대한 언어(단어들)를 통한 규정 사이의 일치를, 말하자면 오직 문장의 가장 기본적인 형식인 주술구조(주어와 술어의 결합 구조)에 의존해서만 할 수 있는 판단의 정합성(사실에 대한 정합성)을 말한다.

칸트의 경우를 생각해보자. 칸트는 개념들을 언어와 연관시키지 않고 선천적으로 우리의 지성에 내재되어 있다고 보았다. 그러나 "지성은 개념들을 그것들을 가지고 판단하는 것 외에는 달리 사용할 수 없다." 즉 "우리는 지성의 모든 활동들을 판단들로 환원할 수 있고, 그래서 지성 일반은 판단하는 능력이라고 표상될 수 있으며",[1] 또한 칸트에게서 판단의 모델이 주어와 술어의 결합이라는 것이 부인될 수 없다. 그렇다면 그가 말하는 판단이란 사실상 언어를 통한 판단일 수밖에 없다. 그 증거는 『순수이성비판』에서 칸트 스스로 판단의 실질적인 과정을 오직 여러 언어 분석들(문장들에 대한 분석들)의 과정으로만 보여줄 수밖에 없다는 데에 있다. 칸트와 동시대인인 요한 고트프리트 헤르더Johann Gottfried Herder가 지성과 인식의 문제를 다루면서 그것을 언어적 차원과 결부시키지 않은 점에 대해 칸트를 강하게 비판했다는 사실을 기억해야 할 것이다. 일치는 존재의 본질을 꿰뚫고 들어가는 정신이나 이성의 '신비한' 작용에 따라 나오지 않으며, 다만 단어들을 구성해나가면서 우리가 존재를 규정하기 위해 내리는 판단들 가운데 옳은 것(진리, 정합성을 갖는 것)일 뿐이다.

언어는 세계를 '나'의 의식 안으로 옮겨놓으며, '나'의 의식에 여과시키고, 의식 안에서 번역한다. 우리는 언어 덕분에 세계를 대상 세계로 축소시켜 정립하는 동시에 스스로를 판

1 칸트, 『순수이성비판』, 백종현 옮김, 아카넷, 2006, p. 288.

단의 주체들로 정립한다. 언어는 우리와 세계를 주객 관계에, 주체와 대상의 관계에 갖다놓는다. 나아가 언어의 궁극적 작용은, 세계와 사물들과 인간들(즉 그 모든 것들) 그리고 그것들에 대한 관념들 사이의 일치 여부를 판단할 수 있게 하는 데에, 그 모든 것들을 판단에 종속시키는 데에 있다. 언어를 통한, 언어에 의해 이루어지는 판단이 우리로 하여금 일상의 삶을 영위할 수 있게 해줄 뿐만 아니라 학문 일반을 구축할 수 있게 해준다. 그 언어적 판단은 우리 인간에게 피할 수 없는 필연적인 것이자, 스스로를 보존하기 위한 보호 작용이며, 설사 어떤 한계를 갖는다 할지라도, 자신의 힘을 실현시키는 정당한 활동이다. 따라서 그 판단이 전제하는 동시에 굳건히 하는, 흔히 이분법적이라 여겨지는 인간(우리, 나)과 세계 사이의 주객 관계는 일차적으로는 어떠한 도덕적·규범적 비판의 대상이 될 수 없으며, 인간의 존재론적 조건(언어를 사용하는 인간)에 따라 필연적인 것이 될 수밖에 없다.

의식의 시간, 현재(재-현재)

우리는 언어의 도움으로 관념들을 정립할 뿐만 아니라, 그것들이 사실들과 일치하는가를 규정한다(판단). 우리는 언어에 근거해서 세계를 의식과 결부시키고, 세계에 주어지는 사물들을 이해하며, 그 본질들을 결정하고(사물들의 동일성들을 규정), 그에 따라 사물들을 통제하고 관리한다. 그 과정은 인간이 세계에 대해 주체로 서는 동시에 세계가 인간의 대상으로 정립되는 것, 즉 세계가 의식에 지속적으로 현전하는 것, 사물들에 대한 올바른 판단(일치)들을 지속적으로 확증하는 것이다. 물론 어떤 경우 하나의 판단은 설사 올바르다고 여겨졌다 할지라도 어느 시점 이후로 틀린 것으로 결정 날 수 있지만, 설사 그렇게 되기 위해서라도 그것은 그 대상을 의식에 지속적으로 되돌려놓을 수 있어야만, 의식에 반복적으로 다시 현전시켜—재再현재화시켜, 즉 재현·표상re-presentation시켜—놓을 수 있어야만 한다. 하나의 사물이 대상화되어 의식에 줄곧 다시 현전되는 시간, 그것은, 현상학이 말해주고 있듯, 끊임없는 현재이다. 한 사물이 의식의 대상으로 정립되는, 즉 그 동일성이 끊임없이 포착되는 시간, 마찬가지로 의식(주체)이 발효되고 작동하는 시간, 그것은 현재이다. 설사 그 사물이 변화하고 생성하며, 또한 우리도 그렇다고 가정하고 예상할지라도, 그 변화나 생성이 알 수 없는 어떤 것으로 남지 않기 위해서는 의식에 포착되어야 하며, 그러한 한에서 현재에 들어와야 한다. 무엇인가 '보인다는 것', 즉 어떤 것이 대상으로 의식된다는 것, 그것은 현재에 그것을 되돌려 현전화시킬 수, 재현(표상)할 수 있다는 것이다. **의식의 현재는 끊임없이 반복되는 현재, 재再-현재일 수밖**

에 없다.

공간의 시간화: 의식의 현재가 아닌 몸의 현재

우리는 여기서 왜 사물에 대한 비언어적인 탐색이 회화에서 이어져왔는가라는 물음을 던져보고자 한다.

한 화가에게서 사물의 나타남의 근본적 측면들을 이미지로 고정시켜놓는 것이 예술의 목적으로 설정될 수 있다. 그 경우 결국 주로 정물화나 풍경화가 관건이 되겠지만, 우리의 관심이 정물화나 풍경화에 고정되어 있는 것은 아니다. 정물화나 풍경화는 말할 것도 없고 모든 회화가 근거하고 있는 동시에 시작되는 지점인 보이는 것에 대한 탐색 자체, 또는 사물의 보여짐(나타남·드러남)에 대한 탐색 자체가 문제가 된다—추상화조차도 그러한 탐색에서 출발하는데, 어떠한 추상화도 단지 의식에만 남아 있을 어떤 관념으로부터 유래하지 않을뿐더러, 그것을 표현하는 것을 궁극적 목표로 삼지 않는다. 왜 언어가 아니라 이미지로 사물을 포착하려는 시도가 이어져왔는가?

물론 하나의 사물은 의식에 포착될 수 있고 이름 붙일 수 있는 동시에 정의할 수 있는, 우리가 그 동일성을 지속적으로 확인할 수 있는 하나의 대상이다. 그러나 사물 하나(가령 접시 하나, 해바라기 한 송이)를 반복해서 그리고 있는 한 화가의 경우, 분명 그가 그것의 동일성을 우리에게 알려주거나 확증해주기 위해(이를 위해 그린다는 것은 난센스일 것이다!) 그렇게 하는 것은 아닐 것이다. 그가 그렇게 한 사물과 관계한다는 사실은, 나아가 수많은 화가들이 각자 나름의 방식대로 사물의 나타남의 궤적을 뒤쫓고 있다는 사실은 사물의 존재가 의식적·언어적 규정에 의해 남김없이 규명될 수 없다는 사실을 증명한다. 왜 그것을 그리는가?

그 물음에 이렇게 역설적으로 답할 수 있다. 보지만 보지 않기 위해서, 오히려 보여지기 위해서. 사물 하나를 본다는 것과 그것을 의식적으로 이해하고 규정(고정)시킨다는 것은, 그것에 대해 거리를 설정하고 그것을 대상으로 전환시키는 동시에 보는 '나' 또는 이해하는 '나'가 주체로 서는 동일한 능동적 행위로 귀결된다. 그러나 한 화가가 하나의 사물을 향해 나아가고 있을 때, 그가—그것의 나타남 자체를 표현하고자 한다면, 그것의 '존재'와 만나고자 한다면—필연적으로 뒤로 물러서야만, 물러나야만 하는 순간이 있다. 그 순간은, 설사 순간적일지라도 그가 그 사물이 강요하는 수동성에 빠져야만 하는 지점(또는 시점, 또는 시점으로서의 지점, 지점으로서의 시점)이다. 보이는 그 사물이 보이지 않는 흔적으로 전환되어 자신 안에 침투하는 과정을 용납해야만 하는 지점, 거기서 사실 그는 보이는 것이 남긴 보이지 않는 것에 의해 만져지며—보다 정확히 그의 보는 행위는 결국 만지는 행위로 귀결되고, 그러한 만짐은 그 자신이 만져지는 역逆-행위와 구분되지 않으며—, 그것에 노출된다. 그는 자신 밖의 그것에 자신을 갖다두며, 그 순간 그의 존재와 그것의 존재는 공동 영역에, 주객 비분리의 지역에 이미 들어가 있다. 그가 그것을 보는 만큼, 그가 그것을 보는 데에 따라 그는 그것에 의해 보여진다—바로 그렇기 때문에 많은 화가들이 사물들을 그리면서 그것들이 자신들을 본다는 느낌을 받는다고 말하는 것이다. (우리는 분명 여기서 봄과 만짐에 대한 메를로-퐁티의 관점을 따라가고 있다.)

'내'가 사물을 보는 것이 그것을 만지는 것이 되고, 그에 따라 '내'가 만져진다. 말하자면 '나'와 사물은, 서로가 서로를 만지는 것과 서로가 서로에 의해 만져지는 것이 구분되지 않는(사실 그러한데 만짐의 감각인 촉각의 특성은 능동적인 접촉'함'과 수동적인 접촉'당함'이 구별되지 않는 데에 있다) 공동 영역 내에 들어가 있다. '나'와 사물 사이의 그러한 상호작용을 전제하지 않는다면, 사물은 '나'와 거리를 두고 멀리 놓여 있는 영원한 대상에 지나지 않게 될 것이다. '나'와 사물의 관계가 단지 주체와 대상의 관계만이 아니라는 사실, 그 사실은 사물이 그 자체가 연장延長(공간을 점유하고 있음)되어 있는 바깥의 공간으로부터 떨어져 나와 비고체적인 것으로, '내' 몸을 건드리는 동시에 '내' 몸 안에서 퍼져 나가

흩어져가는 유체적流體的인 것으로 전환된다는 사실을 전제한다. 그 전환, 공간적인 것의 시간적인 것으로의 전환, 보이는 것의 보이지 않는 것으로의 변형, 리듬의 생성, '그것이 있다'라는 사건 자체, 우리는 이와 다르게 존재에 대해 말할 수 없다.

몸의 시간: 시간의 타자성

어떠한 화가도 공간적인 것(연장된 것)을 오직 그 자체로, 즉 공간적이기만 한 대상 자체로 완벽하게 모방imitatio할 수 없다. 모든 그림 각각에는, 설사 그것을 그린 자가 완벽한 모방을 목적으로 삼았다 할지라도 필연적으로 빠져들어가 있을 수밖에 없었던 시간의 흔적이 간직되어 있다. 나아가 화가의 작업의 핵심은 공간적인 외현apparence을 충실하게 모방(복제, 재현)하는 데에 있지 않고, 그것이 시간적인 것으로 전환되는 현시現示의 궤적을 뒤쫓는 데에 있다. 현시는 공간적인 것이 남긴 시간적인 것이 몸(의식이 아닌 몸)에 침투해 몸을 만지는 작용이며, 현시의 시간은 의식의 반복될 수 있고 동일한 현재(재-현재)가 아니라, 반복 불가능하며 비균질적이고 일회적인, 기억될 수 없는 몸의 현재(의식 내의 현전과는 다른 몸 안의 현전)이다. 모든 화가는 현시를 현시시켜야 한다는 임무로부터 자유로울 수 없다. 화가에게서 현시의 임무는, 일직선상의 시간(마르틴 하이데거의 표현을 빌리면 '시계의 시간')을 기준으로 한 번도 의식에 고정된 적이 없기에 재현될 수도 없는 어떤 것을 이미지로 표현하는 행위에 있다. 여기서 어떤 것이 한 번도 의식에 포착되지도 않고 되돌릴 수도 없다는 것은 과장이 아니다. 화가들은 그렇게 의식에 (재)현재화되지 않으며, 기억에 들어온 적이 없고, 결국 일직선상의 균질적 시간으로부터 벗어난 것과 마주해 싸움을 벌이고 있기 때문에, 그리고자 하는 대상들(사물들 또는 모델들)이 그대로 변함없이 공간에 고정되어 있음에도 불구하고 종종, 자주 화폭을 찢어버리는 것이다. (여기서 누구보다도 알베르토 자코메티Alberto Giacometti를 기억해볼 필요가 있다. 그는 자신의 모델들에게 대단히 '폭력적'이었는데, 몇 주씩 이어지기도 했던 초상화 작업에서 그들에게 손끝 하나 움직이지 못한 채 장시간 돌처럼 같은 자리에 박혀 있도록 강요했다고 한다. 게다가 그는 작업을 이어가면서 끊임없이 담배를 피우고 습관적으로 혼자서 욕을 내뱉기도 했다. 그러한 그 앞에서 긴장했던 모델들이 마치 시체처럼 그 자리에 그대로 남아 있었음에도 불구하고, 그의 아틀리에 전체가 고정된 화면처럼 변화 없었음에도 불구하고 그는 왜 그랬을까? 도대체 무엇을 찾고자, 그리고자 했던 것일까?)

사물은 그것을 인식함으로써, 그것에 이름을 붙임으로

써 우리의 의식에 끊임없이 되돌릴 수 있는(표상·재현할 수 있는) 대상이기만 한 것은 아니다. 우리가 시선을 고정시켜 그것을 계속 바라보고 있을 때, 사물은 어느 순간 대상으로 머무르지 않고, 공간과 우리의 의식으로부터 동시에 풀려나와 우리 안으로 파고들면서 그 자체의 타자성의 계기를 우리에게 '말해준다'. 그것은 어떠한 종류의 것이든 느낌을 남기고, 우리는 필연적으로, 어쩔 수 없이 그것을 감지한다. (그 느낌이 미약하든 강렬하든, 좋든 싫든, 그것을 내가 받는 것은 어쩔 수 없는 일이다! 나의 인식으로도 의도로도 의지로도 생각으로도 좌지우지할 수 없는 일이다. 어쨌든 내가 그 느낌을 만들어낸 것은 아니다.) 다시 말해 사물은 그 자체 내에, 보다 정확히, '나'와의 관계 가운데 어느 순간 '나' 자신을 반드시 수동성에 빠뜨리는 계기를 포함하고 있다. 사물이 남긴 '나'의 몸으로 스며들어오는 보이지 않는 것, 어떤 흔적, 사물과 '나'의 공동 영역의 표식, 즉 관계의 표식이 '나'로 하여금 어쩔 수 없이 어떤 느낌을 감지하게 만들고, '나'를 설사 순간적이라 할지라도 수동성에 묶어둔다—이는 '내'가 마주한 것이 사물인 경우에도 그렇지만, 인간(타인)인 경우에는 말할 것도 없다. 그 흔적은 의식에 고정되지 않으며, 다만 몸 안에서 움직이고 퍼져 나간다. 그것은 의식에 고정되지 않기에 인식의 대상도, 의지의 대상도, 믿음의 대상도 아니다. 왜냐하면 그것은 그러한 대상으로 응고되기 이전에, 고체화되기 이전에 물러나 사라져버리기 때문이다. 그것은 '나'의 어떠한 능동적 작용에도 붙들려 동일한 것으로 남지 않으며, 마치 밀물과 썰물의 움직임처럼, 마치 한 곡의 음악처럼 왔다가 물러나 멀어져간다. 거기에 의식의 영원한 현재로 되돌릴 수 없는, 또한 일직선상의 시간에 하나의 점으로 놓일 수 없는, 또한 그러한 양적·균질적 시간과는 질적으로 다른 진정한 의미에서의 시간의 궤적이, 의식의 (재)현재와는 근본적으로 다른 몸의 현재의 움직임이 있다. 모든 타자성의 기원에 놓여 있는, 시간의 타자성이 있다.

순간적 떨림들과 편린들

노발리스는 회화에 대해 "풍경이 갖는 영혼(음조)"[2]이라고 정의했다. 하나의 정물화나 풍경화에, 하나의 회화 이미지에, 보이는 사물들 '그 이상'이 담겨 있다. '그 이상'은 거기에 담겨 있다기보다는 차라리 음조처럼 그 이미지 위로 흐르거나 바깥으로 '울린다'. 내가 바라보는 공간과 사물들이 어떤 순간 내 안에서 울리듯이, 내가 보고 있는 회화 하나가 거기서 울리는 것이다. 보이지 않는 흔적의 울림, 흔적은 보이지

2 Novalis, *L'Encyclopédie*, Minuit, 1966, p. 32.

않기에 부재하지만 울리기에, 즉 안에서 감지되기에 부재하지 않는다. 그렇다면 그것은 무엇을 표현하는가, 무엇을 말하는가?

노발리스의 정의대로 '영혼'을 말할 것이다. 그러나 여기서 영혼은 어떠한 개인의 인격도, 어떠한 개인의 심리 상태도, 나아가 어떠한 사유하는 주체도 가리키지 않는다. 그것은 개체적이거나 실체적인 어떠한 주체도 아니며, 다만 동사적인 행위, '나' 아닌 것에 '나' 자신을 가져다두는 행위, '나' 아닌 것과 만나 얽혀 들어가는 움직임을 가리킨다. 노발리스는 이렇게 말한다. "자기로부터 나가기 위해, 다른 존재들에 가닿거나 그것들에 의해 감응받기 위해 또 다른 길이 열린 채로 남아 있는가?"[3] 그 행위는, 그 움직임, 자기로부터 나아감

3 같은 책, p. 130. 인간에게 공간이, 데카르트가 정의한 바와는 반대로, 고정되어 있는 물질적인 것이 아니며, 언제나 보이지 않는 시간과 연관되어 있다는 사실을 최초로 분명하게 밝힌 사상가는 노발리스일 것이다. 그에 의하면, 공간은 '나'를 매개로 시간화되며, 시간은 마찬가지로 '나'를 매개로 공간에 결부되어 있다. "시간은 어떤 **내적 공간**이다—공간은 어떤 **외적 시간**이다(양자의 종합). [……] 공간과 시간의 동시적 기원"(같은 책, p. 129). 또한 몸은 단순히 연장된 물질적인 몸이 아니며, 영혼으로서 '나' 아닌 것들에 열려 관계하는 움직임이다. "공간은 시간이 되고, 마찬가지로 몸은 영혼이 된다. 한 측면의 동시 발생 과정"(같은 곳). 또한 노발리스는 다른 곳에서 영혼에 대해 이렇게 썼다. "기분이라는 단어는 음악적 특성을 가진 심적 영혼의 관계들을 가리킨다"(같은 책, p. 270). 이러한 문장들은—그가 말하는 영혼으로서의—'나'가 의식 철학이나 관념론에서 강조한 사유하는 '나'와, 즉 설사 자기가 아닌 것들과 관계한다 할지라도 결국 자기 안에 그것들을 포섭하기를 원하면서 궁극적으로는 모든 관계 바깥에서 최후의 자

은 어떤 회화 이미지에서 그려지지만, 다만 대상적 측면만을 부각시키면서 사물들을 재현하지도 않고, 다만 주체적 측면만을 부각시키면서 예술가 자신을 표현하지도 않는다. 그것은 사물의 존재도 예술가의 존재도 아닌 양자의 공동 영역(주객 비분리의 지대)을 현시시킨다. 말하자면 하나의 회화 이미지에서 사물들이 보이는 것으로 재현(모방)되어 있지만, 그 재현은 단순히 재현에 머무르지 않으며, 그 자체 내에서 보이지 않게 보이지 않는 영혼이 울리는 것이다. 왜 우리는 하나의 정물화나 풍경화에서 보이는 것을 볼 뿐만 아니라 그것을 보면서 궁극적으로는 보이지 않는 한 인간을 감지하게 되는가? 보이는 것을 보는 것보다 그 보이지 않는 것을 '보는' 것이 결국 중요할뿐더러 관건이 되지 않는가? 보이지

기 현전(자기 동일성)을 노리는 '나'와 상당히 다르다는 점을 알려준다. 노발리스에게서 영혼은 스스로 자율적으로 존재할 수 없으며, 자신이 아닌 것들과 함께 관계들을 실행시킴으로써 존재하는데, 오직 그러한 한에서만, 즉 "자기로부터 나가" 있는 한에서만 그것은 '음악적'이다(이성적 정신과는 다른 음악적 영혼). 즉 그것은 '기분'(노발리스가 제시한, 인간이 자기로부터 나가 존재한다는 사실의 표식인 '기분'이라는 표현은 하이데거가 말하는 '기분'을 환기시키며, 나아가 우리로 하여금 하이데거가 근대적 주체를 비판하기 위해 내세운 탈존을 떠올리게 한다) 내에 놓여 있으며, 어떠한 형태로든 단일한 자율적 주체가 아니고, 자기 밖과 관계함에 따라 오염된, 고정되어 있지 않고 행위하는, "적용되고 비순수하며 혼합된 실천적 영혼"(같은 책, p. 268)이다. 노발리스는 그러한 행위하는 실천적 영혼이 의식 내에 묶여서 고정된 형태로 변할 때 그것을 '정신', 즉 '이론적 영혼'이라고 부르고 있다(같은 곳).

않는 그는 누구인가?

그는 화가 자신이, 화가의 자아가 아니고 사물들과 함께 얽혀 들어가 있는 영혼이다. 즉 보이지 않는, 따라서 재현되지 않는, 다만 감지되는, 시간에 실려 현시되는 영혼, 흔적으로만 남는 영혼, 오직 사물들에 자신을 맡겨두었기 때문에, 즉 자기 스스로를 의식하고 직접적으로 드러내려는 의도(의지)로부터 벗어나 있었기 때문에 이미지 위로, 그 바깥으로 배어 나오는 탈주체적 영혼. 화가는 스스로 의식한 자기를 사물들에 대한 재현을 빌미로 직접적으로 표현함으로써가 아니라, 단지 사물들이 자신 안에 순간적으로 남기는 보이지 않는 "떨림들과 편린들"(세잔Cézanne의 표현)을 표현함으로써 영혼에 다가갈 뿐이다. 세잔이 말한 대로 화가의 '자기'란 사물들의 "인화지"에 불과하며, 회화의 과제는 "눈앞에 보이는 껍데기들"을 망각하고 순간에 사라져버리는 "떨림"(음악과 같은 시간)을 붙드는 데에 있다. "짧은 순간 사라져버리는 세상이 있어. 우리는 그 모습을 그려내야 해. 이 순간을 위해 모든 것을 잊고 그 자체가 되어야 해. 다시 말하자면 인화지가 되어야 하는 걸세. **눈앞에 보이는 껍데기들**을 잊고 진짜 눈에 보이는 것의 형체를 붙잡아야 해."[4] "나는 내 그림을 전체적으로 한꺼번에 진행한다네. 일순간에 한꺼번에

4 폴 세잔 외, 『세잔과의 대화』, 조정훈 옮김, 다빈치, 2002, p. 167.

흩어져버리는 것들을 결합시키는 거지. 그렇지 않은가? 우리가 보는 모든 것은 다 흩어져 사라져버린다네. 자연은 늘 그대로이지만 우리 눈에 보이는 것 중엔 그대로 머무는 게 하나도 없지. 그래서 예술이란 자연의 순간적 떨림들과 편린들, 변화의 모습을 보여주는 거라네. 그것을 영원히 맛볼 수 있도록 말일세."[5]

시간, 인간의 구멍

결국 회화에서 문제가 되는 것은 사물의 재현(표상)이 아니고(거기에 그려진 것이 하나의 사과, 하나의 접시, 또는 의자 하나라는 것을 누가 모르는가?), 시간적으로, 순간적으로 나타났다 사라져가는, 사물의 감각이다. 그러나 그 감각은 다만 사물만을 표현하는 것이 아니고 한 인간을 현시시킨다. 어떤 회화 이미지에서 드러난 사물의 감각의 시간성은 또한 인간의, 인간 존재의 시간성이다. 보다 정확히 말해 사물의 존재이자 인간 존재의 시간성, 간단히, 존재의, 오직 주객 비분리의 상태 내에서만 펼쳐지는 사건의 시간성이다. 오직 감각만이 그 사건의 실상을 드러낼 수 있다. 즉 회집되는 동시

5 같은 책, p. 157.

에 끊임없이 사라져가는, 멀어져가는 그것을, 또한 살아가는 동시에 끊임없이 소멸되어가는 인간의 운명을. 다시 한 번 세간의 말을 따라가본다면, "감각이 있다면 관념이나 생각이나 그것을 표현하는 말 따위는 더 이상 쓸모없어진다."[6]

사물이 대상으로 고정되어 의식에 재현되는 시간, 그것은 끊임없는 현재이며, 바로 그 현재를 중심으로 모든 시간이 양적으로 전체화·균질화되면서 일직선상에 놓이게 된다. 즉 과거는 지나간 현재가, 미래는 다가올 현재가 되는데, 그렇지만 그 모든 현재는 지금의 현재와 본질적으로 다르지 않다. 왜냐하면 지금의 그 현재는 '내'가 '나 자신'과 마주한 모든 것을 대상으로 정립할 수 있고 파악할 수 있는 지점이고, 과거와 미래도 그 현재의 지점이 확장된 동일한 장소들에 지나지 않기 때문이다. 바로 그 현재 위에서, 즉 '시간적' 시간이 아니라 '공간적' 시간 위에서 의식적 사유가 작동하고 학문과 철학이 전개된다. 학문과 철학이 내놓는 명제들은 마치 언제나, 누구에게나 타당한 '진리'인 것처럼 제시되지 않는가! 공간적 시간이 바로 관념의, 의식의 시간이다. 그러나 회화는 그 시간에 개입하면서 간섭작용을 일으켜, 안정된 그 시간의 일직선을 뒤트는 또 다른 시간을 제시한다. 그 다른 시간은 결코 의식화되지 않지만, 몸(감각)에 침투하기에 만

6 같은 책, p. 170.

져지는 양태로 감지된다. 그것은 흔적으로 남아 영혼 자체의 운명을 보여줄 것이다. 그 비균질적 시간은, 즉 의식의 (재)현재와는 다른 몸의 현재는 '나'의 모든 자발적·능동적 작용(인식·의지·믿음)을 무시하면서 스스로 왔다가 사라져간다. 스스로 오고 스스로 떠나는 것은 바로 **시간**이다. 모든 타자성의 근원으로서의 타자성을 적시摘示해주는 시간, 하나의 이미지가 아무리 아름다울지라도, 아무리 안정된 구도 위에 놓여 있을지라도 거기에 동요를 가져다주는 시간. 세계가 아무리 견고하고 아무리 이해의 범위 내에 들어오는 것처럼 보일 때라도 그 상관항인 '나'의 한계를, '나'의 구멍(유한성, 따라서 죽음, 또는 순간·현재에서의 삶)을 가리키는 그것, 따라서 세계의 총체성과 완결성을 영원히 불가능하게 만드는 빈 곳을 드러내는 그것, 그러나 그것은 삶의 한계를 가리키는 데에 따라, 또한 삶이 분출되고 있음을, 생성되고 있음을 말하지 않는가?

음악 이전의 음악

테오에게 보냈던 한 편지에서 반 고흐는 회화를 "두 보색補色을 혼합하거나 대비시켜 유사한 색조들의 신비한 떨림을 표현하는 일, [……] 별을 그려 희망을, 석양의 빛을 그려 어떤 사람의 열정을 표현하는 일"이라고 정의했고, 곧 "이런 것은 결코 사실주의의 눈속임이라고 할 수 없다. 실제로 존재하는 것을 표현하는 것이니까"[7]라고 덧붙였다—이러한 말은 우리가 방금 전에 살펴보았던, 회화가 "눈앞에 보이는 껍데기들"을 망각하고 "자연의 순간적 떨림들과 편린들"을 보여주어야 한다는 세잔의 입장과 일맥상통한다고 볼 수 있다. 반 고흐의 말대로 그 "떨림"을 형상화하는 것은 거짓이나 허위虛僞가 아닌데, 그것은 인위적인 조작이나 주관적인 상상想像을 통해 꾸며낼 수 있는 일이 아니다. 회화 이전에, 회화의 어떠한 문제와도 결부되기 이전에, 인간에게, 즉 화가를 포함한 예술가가 아닌 인간 일반에게 자신과 무관한 자연 자체(또는 '사물 자체')는 존재하지 않으며, 자연은 그 자체가 인간 안에 남기는 보이지 않지만 움직이는—'떨리는'—점들로 수축되어 변형된다. 거기에 예술 이전의 존재의 경험이 있으며, 존재의 경험은 반드시 보이지 않는 것에 대한 경험을 포함하고, 그 보이지 않는 것에 대한 경험은 결코 보이는

7 1888년 9월 3일자의 테오에게 보내는 편지. 여기에 인용된, 반 고흐에게 보낸 테오의 편지들은 『빈센트 반 고흐 편지 선집』(박홍규 옮김, 아트북스, 2009)과 프랑스어판 『테오에게 보낸 편지들』(V. Van Gogh, *Lettres à Théo*, Gallimard 'L'Imaginaire', 1988)을 참조해 인용하였다. 프랑스어판을 참고해 번역을 수정한 경우 별도의 표기를 하지 않았다. 이후로 반 고흐가 테오에게 보낸 편지들을 인용할 때, 한국어판을 참고해 본문에 발신 시점만을 괄호 안에 넣어 표기한다. 한국어판에 수록되지 않은 편지들의 경우, 프랑스어판에서 직접 인용하고 각주에 출처를 밝힌다.

것에 대한 경험(보는 경험)과 무관하지 않다. 반 고흐와 같은 화가는 인간 일반이 들어가 있는 그 존재의 경험을 그들과는 달리 이미지로 엄밀하게, 또한 '사실적으로'—즉 보이지 않는 것을 이미지 위에 보이게, 그러나 보이는 만큼 또한 보이지 않게—표현할 수 있을 뿐이다. 그러한 화가는 작품을 창조하면서 자신 안에 머무르지 않고, 독특한 어떤 예술가적 주관성이나 개성을 드러내는 것을 목적으로 설정하지도 않으며,[8] 오히려 자신의 안을 밖에 가져다놓고, 밖으로 튀어나가 있을 뿐이다. 탈존, 다시 말해 영혼의 움직임, 반 고흐의 경우에도 자기 자신이 아니라, 자기의 안이 아니라, 외부만이, 즉 자연만이, 안이자 밖이고 밖이자 안인 자연만이 중요했다. "결국 나를 감동시키는 것은 자연 안에 모두 들어 있다." "나는 있는 그대로의 사물을 좋아한다. 그걸 다시 구성하는 것보다 있는 그대로 받아들이고 싶다." 보다 정확히 이렇게 말할 수 있다. 그는 오직 자연이라는 외부로 나가 있음

8 이러한 반 고흐의 말: "라파엘리는 '개성'이라는 개념을 말하곤 했지. [……] 그는 '개성'이라는 말로 미래의 인물화의 이념을 제시했어. 거기에 나는 동의해—그러나 나는 다른 말의 정확성에 대해 아무 믿음이 없는 것처럼, 그 말의 정확성에 대해서는 그다지 믿지 않아. [……] 나는 '밭갈이 하는 농부에게는 개성이 있어야 한다'고 말하기보다는 다음과 같이 말하고 싶어. '농부는 진짜 농부여야 하고, 밭 가는 사람은 밭을 가는 사람다워야 한다'고 말하겠다. 그럴 때 그 그림은 진정으로 현대적인 성격을 띠게 된다. [……] 움직이고 있는 농부의 모습을 보여주는 것, 그게—반복하지만—진정한 현대 인물화가가 해야 하는 일이다"(1885년 7월).

으로써만 자신의 영혼을 그려낼 수 있었는데, 그러할 정도로 그는 외부에 몰입되어 있었거나, 외부로 빨려 들어가 있었다.

마찬가지로, 그만큼이나 그는 자신 안의 떨림에, 일종의 음악에, 들리는 음악 이전의 음악에 붙들려 있었다. 다시 말해 그는 외부를 보는 행위와, 내부의 떨림에 의해 외부와 더불어 자신이 자신 안에서 그려지는 작용이 구분되지 않을 정도로 존재라는 주객 비분리의 지대에 엄밀히 들어가 있었다. 그로부터 재현(모방)에 충실한 어떠한 회화보다도 더 사실주의적이고 더 잘 사실(실재)을 표현하는 반 고흐의 사실주의(리얼리즘)가 비롯된다. 그의 회화의 사실성은 단순히 그의 작품 자체에, 또는 그의 예술 자체에 근거하지 않는다. 그 사실성은—회화와 예술 이전에—우리 일반의 존재 경험 자체의 핵심이 보이지 않는 것에 우리 스스로 침투당하는 수동성에 있다는 사실에 근거한다. 즉 존재의 경험 자체가 보이지 않는 것의 시간성에 대한 경험(시간의 경험)으로 귀결된다는 사실에 근거한다. 존재 자체가 인간의 능동적·분석적 시선 내에, 또한 그 시선에 따라 이루어지는 정확한 재현 내에 결코 들어오지 않는다. 오히려 존재 자체는 오직 스스로 보이지 않음으로써만, 오직 보이지 않는 시간으로서만 스스로를 알리며, 반 고흐는 존재의 그 시간성을 가장 잘 표현할 수 있었던 사람들 중 하나였을 뿐이다.

자연, 죽음의 공간

반 고흐 자신 역시 보이는 공간과 사물들이 시간화되어 자신 안에서 보이지 않는 것으로 스며드는 경험에 들어가 있었으며, 우리는 그러한 시간성의 경험에 그의 작품의 창조 비밀이 있다고까지 말할 수 있다. 그는 공간과 공간적인 것을 보는 동시에 일종의 음악이 스며드는 것을 감당해야만, 그 음악을 들어야만 했던 것이다. "그림을 그리면서 스스로에게 말했어. 즉 작품에 가을 석양의 느낌, 신비롭고 진지한 분위기가 스며들기 전에는 그곳을 떠나지 않겠다고. 그러나 그 순간의 인상이 오랫동안 지속되는 것이 아니므로 강하고 흔들림 없는 붓질 몇 번으로 그 특징을 한 번에 다 집어넣으면서 재빨리 그려야만 했다"(1882년 9월 3일). "가을 석양의 느낌", "신비롭고 진지한 분위기"는 그가 의도적으로 만들어내지도, 만들어낼 수도 없는 것이고, 오직 그가 마주했던 풍경만이, 그 공간만이 자신에게 전해줄 수 있는 것이다. 그러나 공간이 남긴 그것은 공간적인 것(공간을 차지하고 있는 것)이 아니라, 오히려 시간적인, "오랫동안 지속되는 것이 아"닌—따라서 화가들이 붙잡고자 하면 너무나 빈번히 놓쳐버리기에 그들에게 자주 실망만을 안겨주는—, 마치 음악과도 같이 울려 퍼졌다 사라져가는 어떤 것이다. 즉 모든 들리는 음악의 모태가 되는 들리지 않는 음악, 모든 음악 이전의 존재 자체의 음악, 공간이 전해주는, 공간이 사라지면서 남기는 보이지도 않고 사실은 들리지도 않는 '말', 객관화될 수 없는 동시에 주관적(자의적)이지도 않은 '언어', 주객 비분리의 영역에서의 '말', 보다 정확히, 주객 비분리의 영역을 현시시켜주는 '말', 한마디로 반 고흐 자신이 누구인지를 알려주는 '말'. 사회로부터 그가 자주 들었던 일반적인 평가—한마디로 '개'[9]—의 말이 아닌, 생명의 무차별적 평등이라는 비밀을 폭로하는 자연의 말. 반 고흐와 같은 화가가 스스로 마주한 어떤 풍경에, 또는 어떤 사물에 사로잡힌다면, 그 이유는 단순히 그것들이 아름답거나 매혹적이거나 장엄하기 때문이 아닐 것이다. 그것들이 남긴 '음악'이 그 자신 안에서 보이지는 않지만 '만질 수' 있는 것이, 그 자신을 '만지는' 것이, 즉 그 자신을—이해할 수 있게 하는 것이라기보다는—느낄 수 있게 하는 것이 되기 때문일 것이다.

따라서 반 고흐는 궁극적으로는 그리고 싶어서 그리는

9 "그 큰 털북숭이 개는 모두를 불편하게 한다. 그리고 그 **개는 시끄럽게** 짖는다. / 요컨대—더러운 짐승이지. 좋아—그러나 그 동물은 인간의 역사를 지니고 있고, 한 마리 개이기는 하지만 인간의 영혼을 갖고 있어. / [……] 분명 그 개는 마음속으로 여기까지 온 것을 후회한다. 그들의 친절에도 불구하고, 이 집에서보다 황야에서 덜 외로웠다"(1883년 12월 15일경). 스스로를 '개'라고 여기는 이러한 반 고흐의 말은 물론 그 자신이 사회로부터 받았던 평가를 요약해주고 있지만, 그가 다만 사회와 변증법적으로 대립했던 것만은 아니다. 거기에는 사회적 존재로서의 자신에 대한 체념과 더불어 자연적 존재(자연적 생명)로서의 자신에 대한 긍정이 표현되어 있다.

것이 아니라, 그리지 않을 수 없기 때문에, 존재하기 위해서, 생존하기 위해서, 나아가 미치지 않기 위해서 그리는 것이다. "이곳(아를)에 와서 발작을 겪은 이후에 나는 더 이상 어떤 계획도 세울 수가 없고 아무것도 할 수가 없다. 건강은 확실히 좋아졌지만 **희망**이나 **어디에 도달하려는 욕망**은 완전히 부서져버렸다. 이제는 오직 필요에 의해, 심적으로 너무 많이 고통 받지 않기 위해, 마음을 다른 데로 돌리기 위해 그릴 뿐이다."[10] 사회 밖으로 내몰려 유배 상태에, 모든 것이 위태로운 상황에 놓인 그는 이제 사회에 대해 자신의 존재를 증명하기 위해서가 아니라, 이 사회를 거부(부정이 아닌 거부)하기 위해, 이 사회 외부에 자신의 공간이 남아 있을 가능성을 타진해보기 위해, 즉 자신 안에서 자신과 연결된 끈을 찾아서 붙들기 위해 그린다.

그러나 그 끈은, 설사 그가 그것을 붙잡았다고 느낄 때일지라도, 결코 믿을 만하거나 튼튼한 것이 아니게 되고, 사회 외부의 공간(말하자면 사회와는 다른 자연의 공간)은 원칙적으로 그에게 자신으로 돌아갈 수 있는 확고한 계기를 마련해주지 않는다. 결국 그 외부의 공간의 말은 침묵으로 남고, 그는 바로 그 공간에서 결정적으로 죽음을 향해 나아간다.

10 V. Van Gogh, *Lettres à Théo*, p. 385.

죽음, 그리고 광기에 사로잡힌 한 어린아이 또는 한 마리 개

반 고흐가 죽기 약 10개월 전에 그렸던 「수확하는 사람의 밀밭Champ de blé au faucheur」(생-레미, 1889년 9월 초)은 얼핏 보면 생명에 대한 일종의 순진무구한 찬가처럼 여겨질 수 있다. 이 그림이 햇빛이 내리쬐는 대낮에 노동하는 한 농부를 재현하고 있고, 이미지 전체가 그가 애호했던 노란색으로 한 점 어둠 없이 밝고 힘차게 채워져 있기 때문이다. 그러나 화가가 테오에게 보낸 당시의 한 편지를 살펴보면, 그가 그 그림에 대해 우리가 가질 수 있는 피상적인 느낌과 거의 반대되는 느낌과 의도로 그것을 그렸음을 알 수 있다. "발작하기 며칠 전에 시작한 「수확하는 사람의 밀밭」과 격투하고 있어. 이 습작은 온통 노란색으로, 엄청 두껍게 칠한 거야. 그러나 주제는 아름답고 단순해. 나는 이 밀 베는 사람 속에서—뙤약볕에서 온 힘을 다해 일하고 있는 흐릿한 인물에서—인간은 그가 베는 밀 같은 존재라는 의미로 죽음의 이미지를 보고 있다"(1889년 9월 5일이나 6일).[11]

11 또한 여기서 같은 달에 그려졌고 보다 밝은 노란색이 이미지 전체를 뒤덮고 있는 「생-폴 요양원 뒤의 밀밭Champ de blé derrière l'hospice Saint-Paul」(생-레미, 1889년 9월, 이 그림의 다른 제목은 '수확La Moisson'이다)도 같은 시각에서 눈여겨볼 필요가 있다. 반 고흐의 태양 이미지들 대부분이 자신의 한쪽 귀를 자른 이후에 나타났으며, 그가 생-레미의 요양소에 머

반 고흐, 「수확하는 사람의 밀밭」(1889년 9월 초)

「수확하는 사람의 밀밭」 그리고 그 자매작이라 할 수 있는 「생-폴 요양원 뒤의 밀밭(수확)」과 같은, 작열하는 백주白晝의 태양 아래에서 노동하는 한 농부를 보여주고 있는, 강렬한 노란색의 이미지들이 죽음을 표현하고 있다는 사실에 우리는 의아해할 수 있지만, 그것은 진실이다. 그 이미지들이 분명 삶에 대한 단순한 부정이 아닌 일종의 긍정을 표명하고 있다(하지만 이 또한 진실이다) 할지라도 진실이다. 그러나 그것들에서 재현되어 있다기보다는 차라리 현시現示되어 있는 죽음은, 죽음을 뛰어넘는, 죽음에 대한 초월로서의 생명의 힘을 말하고 있지도 않지만, 죽음 앞에서의 허무나 절망 같은 어떤 것을 말하고 있지도 않다. "그러나 이 죽음 속에는 어떠한 슬픔도 없다. 태양이 만물을 순수한 황금빛으로 물들이는 환한 대낮에 발생한 죽음이기 때문이다"(1889년 9월 5일이나 6일).

어쨌든 그 죽음은, 자아가 자기에게로 되돌아가 묶이는 데에서 발생할 허무의 감정이나 슬픔을 결코 드러내지 않는다. 대낮의 태양 아래 놓여 있는 역설적인 그 죽음은 탈

무르던 시점에서야 장엄한 형태로 부각되어 드러났다는 사실을 강조하는 조르주 바타유(G. Bataille, "La Mutilation sacrificielle et l'oreille coupée de Vincent Van Gogh", *Œuvres complètes*, I, Gallimard, 1970, p. 260)는, 반 고흐에게서 태양과 해바라기가 같은 종류의 모티프들임을 지적하면서 둘 모두를 지배하고 있는 노란색이 사실은 죽음을 상징하는 "유황색couleur de soufre"이라고 말한다(같은 책, p. 262).

반 고흐, 「생-폴 요양원 뒤의 밀밭(수확)」(1889년 9월)

인간화(탈주관화)된 죽음이다. 자연에 최대한도로 응답하는 죽음, 이미 자연 안으로 빨려 들어가 있는 죽음, 거의 자연과 같게 되어버린 죽음(낫에 잘려 나가는 밀 줄기들처럼 땅에 우수수 떨어지는 죽음들). 그것은 단순하게 하나로 규정될 수 없는 모호한 감정, 아니 모호하기보다는 텅 비어 있는 어떤 감정, 무채색(보이는 노란색이 남기는 사실상 보이지 않는 무채색)의 감정을 전해준다. 반 고흐는 테오에게 보낸 같은 일자의 편지에서 이렇게 쓴다. "드디어 수확하는 사람이 끝났다. 너의 집에 걸 만한 것이라고 생각해. 자연에 대한 위대한 책처럼 이 그림도 죽음의 이미지를 다루고 있다. 그러나 내가 표현하고 싶었던 것은 '이제 막 미소를 지으려는 순간'이다." 그 미소, 자연과 인간의 경계에 서서 짓는 미소, 자연과 인간의 경계의 흔들림 그 자체로서의 미소, 결국 죽음 앞에서의, 죽어가는 가운데에서의 긍정은 죽음에 대한 생명의 희망에 찬 승리도, 죽음을 초월하는 관념이나 의지의 힘도, 더욱이 죽음 너머의 내세來世도 내세우지 않으며, 다만 죽음과 삶의 접경지대에서의—희망에 차 있을 수도 없지만 절망에 안주할 수도 없는, 어쩔 수 없는, '필연적인'—자연적 생명의 분출을, 죽음을 극복하지도 못하지만 삶을 포기하지도 못하는 자연의 절규를 표명한다. 그러나 그것은 자연의 절규인가, 인간의 절규인가? 또한 그 절규는 세계 내에 존재하기가 불가능해진, 이 사회 내에서 최후의 막다른 골목으로 몰린 한 인간의 절규일 것이다. 동시에, 마찬가지로 존재할 것과 살아갈 것을, 삶을 붙들고 있을 것을 무차별적으로 강요하는, 무차별적으로 내리쬐는 태양(바타유: "태양은 모든 것과 흘레붙는다")을 향해 터져 나오는 응답(**인간인 동시에 자연인 존재의** 긍정)의 외침, 결국 하나로 해석될 수 없는, 미결정적인 역설적 목소리.[12] 마치 반 고흐는 죽음이 바로 옆

12 반 고흐의 태양에 대한 바타유의 언급에 의하면, "태양은 **작열**할 뿐이고, 열과 빛의 거대한 상실, **불길**, **폭발**일 뿐이다. 그 거대한 격변이 가져온 평화로운 열매들을—보호처에서—즐길 수 있는 인간들과는 멀리 떨어져 있다. 돌집과 우리의 발걸음들을 떠받치고 있는 견고성은 대지大地로부터(적어도 그 표면으로부터, 왜냐하면 용암의 화염은 땅속 깊은 곳에 있기 때문이다) 비롯된다"(G. Bataille, "Van Gogh Prométhée", *Œuvres complètes*, I, p. 498). 여기서 바타유는 반 고흐의 태양이 보여주고 있는 그 불안정성, 그 역동성, 장소와 보호처의 부재, 반反경제성("열과 빛의 거대한 상실")을 부각시키면서, 그 반대항으로 대지를 가리키고 있다.

하나 지적하자면, 그러한 반 고흐에 대한 이해는 마르틴 하이데거의 반 고흐에 대한 그것과 정면으로 대립하는데, 하이데거는 반 고흐의 구두 그림 하나에 대해 설명하면서 이렇게 말한다. "너무 오래 신어서 가죽이 늘어나 버린 신발이라는 이 도구의 안쪽 어두운 틈새로부터 밭일을 나선 고단한 발걸음이 엿보인다. 신발이라는 이 도구의 수수하고도 질긴 무게 속에는 거친 바람이 부는 드넓게 펼쳐진 평탄한 밭고랑 사이로 천천히 걸어가는 강인함이 배어 있고, 신발 가죽 위에는 기름진 땅의 습기와 풍요로움이 깃들어 있으며, 신발 바닥으로는 저물어가는 들길의 고독함이 밀려온다. 신발이라는 이 도구 가운데에는 대지의 말없는 부름이 외쳐오는 듯하고, 잘 익은 곡식을 조용히 선사해주는 대지의 베풂이 느껴지기도 하며, 또 겨울 들녘의 쓸쓸한 휴경지에서 감도는 해명할 수 없는 대지의 거절이 느껴지기도 한다"(마르틴 하이데거, 「예술작품의 근원」, 『숲길』, 신상희 옮김, 나남, 2008, p. 42). 여기서 하이데거는, 반 고흐의 작품이 담고 있는, 세계와 대지의 고요함과 평화를, 한마디로 세계와 대지에 거주할 수 있는 가능성이라는 진

에, 바로 앞에 다가와 있음에도 불구하고, 또는 그 사실을 망각한 채 미친 듯이 뛰놀고 있는 한 어린아이와 같다. 반 고흐, 또는 죽음 앞에서 광기에 사로잡힌 한 어린아이, 한 마리 개……

주변자의 몸짓, 그러나 무無에 앞서는 존재

1888년 12월 전후(그가 고갱과의 심각한 갈등 이후로 스스로 한쪽 귀를 자른 사건 전후)로부터 오베르에서 자살로

리(존재의 진리)를 강조하고 있는데, 그러한 관점은 바타유의 그것과 대치된다. 이에 대해 우리는 설사 같은 예술가(반 고흐)로부터 나온 모티프들이라 할지라도 태양과 구두는 비교할 수 없을 정도로 상이하다고 반론을 제기할 수 있을지도 모른다. 그러나 하이데거가 주목해서 본 그 구두 한 켤레가, 그가 확신하는 대로 한 농촌 아낙네의 것이 아니라, 사실은 도시인 반 고흐 자신의 것이고 그것을 재현한 구두 그림은 반 고흐의 자화상이라는 미술사학자 마이어 샤피로Meyer Schapiro의 검토 결과를 되돌려본다면, 그것은 세계와 대지에서의 거주 가능성이 아니라 그 불안정성을, 나아가 그 불가능성을 암시한다고 볼 수 있다. 설사 반 고흐 자신이 농부의 삶을 찬양했고, 그 삶을 가장 잘 대변했던 밀레를 언제나 존경했던 것이 사실이라 할지라도, 반 고흐에게서—그가 죽기 직전에 그린 「까마귀가 나는 밀밭」에서 날 것으로 표현될 것이겠지만—농부의 삶은 결코 향수 어린 정주定住 속에만 머무르지 않으며, 모든 삶이 그럴 수 있듯이, 유랑으로 나아가고 격변과 마주할 수 있으며, 나아가 파국에 이를 수도 있다. 그가 궁극적으로 그리고자 했던 것은 대지의 고요함의 잉여 또는 초과, 자연 그 자체('목가적' 자연)의 한계점, 자연의 광란 또는 광란의 자연일 것이다.

생을 마감하기까지 반 고흐가 그린 이미지들에서 많은 경우 우리는 쉽게 규정할 수 없는 모순된 감정의 흔적들과 마주하게 된다. 그 이미지들은 어떻게 보면 대단히 생명력 있고 강렬하며 단순하지만(어린아이의 천진난만함), 다른 한편 포기와 비움으로부터 나온 적막감, 마치 사물 하나처럼 현시되어 있는 절망과 비탄, 그리고 와해되어 일그러진 한 인간의 예외적 상태의 자취를 드러내 보여준다. 반 고흐의 종국의 자취는 이러한 것이다. 죽음 앞에서의 미소, 그러나 온화하지도 평안을 말해주지도 않는, 마치 사회의 외부로 밀려난 자가 다른 어떠한 행동도 취할 수 없기에 지을 수밖에 없는 것 같은 웃음, 사회 내부에서 사회적 삶을 지지하는 한 남성의 여유 있는 웃음이 아니라 **사회 외부에서**—그 너머에서가 아니라 그 밖에서—, **그러나 사회를 향해서** 보내는 유언과도 같은 긍정의 몸짓, 그것은 어차피 사회만이 인가해줄 수 있는, 즉 개인적인 동시에 대자적일—자기를 의식하고 있는 동시에 타인들을 의식하는 데에 근거하고 있을—수밖에 없는 자기 동일성을 결국 박탈당한 자의, 자아가 자기로 돌아가 확고하게 스스로를 정립할 가능성(그 가능성이 분명히 실현되려면 반드시 사회의 인준이나 인정이 반드시 필요하다)을 끝내 상실한 주변자의 몸짓이다.

그에게는 아마 사회적 인정의 말이 필요했을 것이며, 나아가 아마 그 자신이 그러한 말을 원했을지도 모르지만, 그것은 그에게 결코 확고하게 주어지지 않는다. 그렇지만 죽기 얼마 전 그는, 당대의 유력한 평론가들 가운데 한 사람이었던 알베르 오리에Albert Aurier가 쓴 자신에 대한 최초의 글이자 지극히 호의적인 평론(「고독한 화가: 빈센트 반 고흐」)을 읽고 나서, 테오에게 그가 더 이상 자신의 작품에 대한 글을 쓰지 말아주도록 부탁하는 편지를 보낸다. "또 집에 온 편지들이 있는데, 그것들을 읽을 용기가 나지 않는다. 그만큼 우울하구나. / 부탁인데 오리에 씨에게 더 이상 내 그림에 대한 글을 쓰지 말아달라고 간곡히 전해다오. 그는 나를 잘못 이해하고 있는데, 게다가 난 너무도 깊은 슬픔에 빠져 있어서 세상에 알려지는 것을 견딜 수가 없다. 그림을 그리는 일은 내 기분을 전환시켜주지만 사람들이 그것에 대해 떠들어대는 것을 듣는 일은 그가 아는 것 이상으로 나를 고통스럽게 한다."[13] 그러나 이러한 말은 반 고흐에게 자신이 누구인지를 알려줄 언어(결국 '사회적' 언어, 하지만 여기서 '사회적'이라는 단어는 췌언인데, 모든 언어는 결국 사회적이기 때문이다)가 필요 없었다는 사실을 의미하지 않는다. 다만 오리에가 썼던 자신에 대한 찬사의 평론이 그로서는 자신이 누구인지 말해줄 수 없었을 뿐이다. 그가 오만했기 때문도, 자신의

13 V. Van Gogh, *Lettres à Théo*, p. 545(1890년 4월 29일자 테오에게 보내는 편지).

작품에 대해 자신감을 가졌기 때문도 아니고,[14] 다만 자신의 작업에 지나치게 몰두하고 있었기 때문이며, 그에 따라, 또는 그만큼 사회의 주변부로 밀려나 있었기 때문이다—여기에 흔히 우리는 '예술가의 진정성'이라는 표현을 덧붙인다.

사실 반 고흐에게는 자기에게로 다가갈 수 있게 도와주는 언어가 필요했다. 그랬기 때문에 마지막 순간까지 그는 테오에게 편지 쓰는 일을 멈추지 않았던 것이다. 그가 테오에게 보낸 편지들은 그로 하여금 사회로 연결된 끈을 놓지 않게끔 해주었던 마지막 버팀목처럼 보이며, 그는 자신에게 마지막으로 남은, 그러나 사라져가는 사회적 존재 가능성(사회 내에서 존재할 수 있는 가능성, 어느 누구에게나 그렇듯이 그에게 그 가능성은 대단히 중요했고, 그는 끝까지 그것을 타진하기를 멈추지 않았다)을 붙잡고 있는 것처럼 그 편지들을 붙들고 있었던 것처럼 보인다. (그러나 그 편지들 가운데 적지 않은 경우에서 읽을 수 있는 것처럼, 그가 테오와의 대화에 언제나 만족했던 것은 아니다. 가령 그가 테오에게 남긴, 그러나 부치지 않은 1890년 7월 29일자의 마지막

14 죽기 얼마 전 테오에게 보낸 한 편지에서 그는 "그[의사 가셰]는 내게 매우 이성적으로 보이지만, 내가 내 그림에 대해 낙담하고 있는 것처럼 시골 의사라는 자신의 직업에 낙담하고 있다"(같은 책, p. 556)라고 쓴다. 이러한 종류의 자기 평가는 그가 쓴 글들에서 수없이 반복되어 나타나는데, 적지 않은 다른 예술가들과 마찬가지로 그가 어쨌든 자신의 작품과 관련해 마지막까지 확신이 없었다는 사실은 분명하다.

편지의 마지막 말은 이러한 것이다. "그래, 내 작업, 나는 거기에 내 생명을 걸었고, 나의 이성은 반쯤 무너져내렸다. 그런 건 좋다. 내가 아는 한 너는 사람들을 사고 파는 장사꾼은 아니다. 내가 보기에 너는 인간성에 따라 진정 행동하면서 입장을 결정할 수 있다. 그러나 도대체 넌 뭘 원하는 것이냐?"15)

마찬가지로, 같은 맥락에서 그에게 사회가, 자기를 되찾게 해줄, 자신에 대한 상관항으로서의 진정한 공동체가 필요했다. 그랬기 때문에 그는 고갱과의 공동 생활을 원했고 실현시키고자 시도했으며, 끊임없이 화가 공동체를 꿈꾸었고, 이는 마지막 시점에서조차 마찬가지였다—화가들의 "조합 공동체의 효용성." (18세기 말의 초기 독일 낭만주의로부터 아마 지금까지도 사라지지 않고 있는 낭만주의적 예술가의 이미지—한마디로 예외적·반사회적 인간의 이미지, 즉 이 세계와는 다른 공간에 거주하고, 이 세계의 일반적 가치 기준들에 저항하며, 이 사회를 끊임없이 부정하고 거부하는 반항의 인간, 그러나 이 사회의 평균적 인간들이 다가가지 못하는, 이 사회 배면 또는 너머의 영혼의 진실 한복판으로 진입한 인간—를 극적으로 대변하는 사람이 바로 반 고흐이기

15 많은 부분 번역 수정(같은 책, p. 567 참조). 반 고흐는 이 말이 씌어져 있는 편지를 사망 당시 지니고 있었다고 한다.

는 하지만, 그는, 아마 어떠한 낭만주의적 예술가도 마찬가지이기는 하겠지만, 한 번도 사회 밖으로, 일반적 세계 외부로 자발적으로 나가고자 결정한 적도 없고, 거기서 자족적으로 만족한 적도 없다. 그는 자신이 쓴 편지 전체에서 예술이라는 문제와 함께 양대 주제로 등장하는 돈 문제에 항상 집착할 수밖에 없었으며, 언제나 여성의 사랑을 갈구했고, 예술적 창조에 에너지를 쏟아붓기보다는 아이를 기르는 것이 더 낫다고 말했으며, 고갱과의 스캔들 이후에 자신의 삶이 한계에 이르렀다는 점을 자각한 후 외인부대에 들어갈 계획을 심각하게 고려하기도 했다. 그가 남긴 글들은 위대하고 예외적인 한 예술가가 아니라 '근본적으로는' 너무나 평범한 한 인간을 보여준다는 점에서 우리에게 강한 인상을 남긴다. 그가 자발적으로 사회 바깥으로 나갔던 것이 아니라, 다만 사회 밖으로 떠밀려 나와 있었다는 점은 의심의 여지없다.)

인간은 더 극단적인 상황에 몰릴수록, 더 절망적인 상태에 놓여 있을수록 더 존재 쪽으로 기울어져 있게 된다. 죽음에 더 가까이 갈수록 무無가 아니라 존재를 원하게 된다. 정확히 말해, 마치 명령을 받아 그런 것처럼, 존재로 어쩔 수 없이 향해 있게 된다. 만약 한 인간이 죽어간다면, 죽음의 순간에 그가 존재를 버리는 것이 아니며, 오히려 존재가 그를 버릴 것이다.

예술의 이상화理想化와 존재 불가능성: 종말에 대한 감지

반 고흐는 존재하고자 한다. 자신의 결단에 따라서는 아닐지라도 존재하고자 하며, 존재 쪽으로 이끌려 간다. 그는 무를 침착하고 조용히 원할 정도로 자족적이지도 않고, 자기를 닫아놓은 채 자기 안에 머무르고 있지도 못하다. 다시 말해 그럴 수 있을 만큼의 당당한, 나아가 오만한 힘을 확보하지 못하고 있기에 세계 저 너머나 그 위로 초월해 있지 못하며, 다만 언제나 세계로 향해 존재할 뿐, 여전히 세계에 붙들려 있을 뿐이다. 「수확하는 사람의 밀밭」을 그릴 당시 그가 테오에게 보냈던 한 편지에서 이러한 대목을 읽을 수 있다. "우리가 용감하다면 고통과 죽음을 완벽하게 받아들임으로써, 그리고 스스로의 의지와 자기애를 깨끗이 포기함으로써 오히려 회복될 수 있을 것이라고 확신한다. 그러나 그런 건 나에게 아무런 소용이 없다. 나는 그림을 그리고 싶고, 사람을 만나고 싶고, 그리고 우리 삶을 만드는 모든 것, 네가 원한다면 인공적인 것이라 불러도 좋은 그 모든 것을 접하고 싶다. 그래, 진정한 삶이란 다른 어떤 것일 테지. 그러나 나는 살아가고 고통 받을 준비가 되어 있는, 그런 사람은 못 되는 것 같다." 약 6개월 뒤(1890년 5월) 씌어진 한 편지에서 그는 이렇게 고백한다. "여유 없이 작업만 하면서 사회로부터 동

떨어져 지내는 것, 그런 건 정말 못할 짓이다."[16]

그는 비록 스스로 "기분 전환할 방법"이라고 부르고 있기는 하지만, 그에게 그리는 일은 어쨌든, 그가 사회로부터 좋은 평가를 받기를 원하든 원치 않았든, 편지 쓰기와 함께 이 세계, 이 사회 내에 존재하기 위한 작업이었다. 세계를 붙들려는, 거기에 자신을 붙들어놓으려는 시도, 만약 그에게 그마저 할 수 없었다면 그는 곧장 광기 속에서 무너져 내렸으리라. 그는 "**그림을 그리고 싶고**", 그는 그린다. 그는 최후의 시점까지 공간과 공간적인 것들(보이는 사물들과 인간들)로 열려 존재하고, 거기에 자신을 맡겨둔다. 바로 거기에 세계 내에 존재하려는 그의 욕망과 노력의 기본적 양태가 있다. 또한 그는 공간을 점유하고 있는 것들을 자신의 화폭 위에 보이는 이미지들로 다시 공간화하기를 멈추지 않는다. 자신을 세계에 개입시키고, 세계를 향해 자신을 노출시키면서 동시에 자신을 '말하려는' 움직임, 어쨌든 세계에 대해 존재하려는 시도, 공간의 형상화, 공간의 이미지화, 그것을 우리는 그의 회화를 구상화로 간주하면서 재현(모방)이라고 정의할 수 있겠지만, 중요한 것은 결과적으로 그것에 대해 내릴 수 있는 '구상화'라는 판단이 아니다. 세계에 형태를 부여하려는 노력 자체이다. (모든 추상화 역시 그러한 노력의 결과일 뿐

16 같은 책, p. 549.

인데, 모든 추상화는 관념을 형상화하는 것이 아니라 공간을 형상화한다. 구상화와 마찬가지로 추상화 역시 세계에 형태를 부여하려는 또 다른 시도이다.) 싸움 자체, 전투 자체, 반고흐는 저 너머의 어떤 초월적 세계가 아니라 바로 이곳에서 존재하고자 싸운다. 죽음에 대한 거부, 죽음을 받아들이지 않음, 자신만만하기 때문이 아니라 다만 어쩔 수 없이 벌여야 하는 전투, 다만 필연적으로 죽음을 받아들일 수 없음, 용납할 수 없음.

그러한 한에서 그가 만든 형상들은 이 세계와 조화(협화음, 하모니)를 이룬 것처럼 나타난다(그러나 이 또한 그가 세계와 전투를 벌여서 나온 결과임을 잊지 말아야 한다). 그러나 그가 싸워서 남긴 흔적들, 그의 숨결이 각인되어 있는 형상들은 그가 마주했던, 또는 아마 우리도 마주하고 있을 현실(경제가 군림하고 있기에 궁핍과 가난을 제거할 수 없는 현실, 경제 논리와 차별이라는 논리가 지배하고 있기에 고립이나 고독을 피할 수 없는 현실, 흔히 우리가 말하는 '냉혹한 현실') 그 자체를 보여주는 것이 아니라, 그와는 다른 어떤 공간, 즉 현실의 어떤 이상理想이나 이상화된 현실을 드러낸다. 이미지는 이상화된다. 이미지는, 설사 그것을 만든 자가 원하지 않았다 할지라도, 현실보다는 아름다운 것으로, 그보다는 견딜 만하고 인간화된, 인간적인 것으로 나타난다. 왜냐하면 그것은 예술가의 시선(이미 인간의 시선, 인간화된 시선)에 여과된 현실일 뿐이고, 우리 감상자들의 시선에 포착될 수 있고 포착된 것일 뿐이기 때문이다. 화가가 그려낸 이미지뿐만 아니라 문인이 써놓은 단어들은 우리에게 현실을 관조觀照할 수 있게 만드는 거리를 허락한다. 다시 말해 이미지와 단어들은 현실에 대한 일종의 보호막(우리를 보호해주는 필터)으로 작용하며, 우리에게 현실을 비추어 볼 수 있게 하는 관점을, 시점을 가져다준다. 현실의 관점화 또는 축소, 현실의 어쩔 수 없는 관념화, 다시 말해 무규정적인 공간의 시각화 또는 한정화, 또는 몸의 체험이 시각적 의식의 경험으로 환원됨. (한 화가나 문인이 제아무리 적나라하고 처절한 '날것' 하나를 보여주겠다고 장담한다 할지라도, 만에 하나—전적으로 불가능한 일이기는 하지만—우리가 그것을 아무 여과 없이 그대로 체험하게 된다면, 감히 누가 보겠는가, 누가 읽겠는가. 그러한 점에서 모든 예술은 어쩔 수 없이 어느 정도는 부드럽고 안온하며 평안한 것일 수밖에 없다. 그렇기에 '아우슈비츠 이후에 시를 쓴다는 것은 불가능하다'라는 말이 나오게 되는 것이다.)

현실에 대한 그 보호막은 결국 재현(모방)해주는 여과 장치, 허구를 만들어내는 필터이다. 한 예술가(화가, 문인)가 던졌던 과거의 시선과 수용자(감상자, 독자)가 지금 보거나 읽으면서 던지는 시선 사이에 놓여 있는 시간이 쳐주는 보호막, 전자가 보았던 과거의 현실과 후자가 보고 있는 지금의 이미지 사이의 시간적 안전망. 그 시간적 거리 덕분에 수용자는 그 과거의 현실을 떨어져서 조명할 수 있는 위치를 확보할 수 있게 되고, 타인(예술가)의 삶을 자신과 적어도 어느 정도는 무관한 것으로 조망할 수 있게 되며, 어떤 경우, 경탄과 함께 찬양하고 축성하기까지도 하는 것이다(만일 타인의 작품이 그 자신에게 커다란 감동을 주었다면 그럴 수 있다). 이미지는 어차피 죽은 것이다. 모든 과거는 실제로 존재했을지라도 어차피 허구이다. 모든 이미지는 과거의 것이다. 어떤 작품과 그것을 만든 자를 찬양하는 자는 마치 돌아가신 자신의 한 조상을 기억하고 기리는 것 같아 보인다. 과거는 평화와 평정 속에 고정되어 있는 것처럼 보이면서 미화美化되고 이상화理想化되기 마련인 것이다.

반 고흐가 만들어낸 이미지들도, 설사 재현의 차원(보이는 차원)에서 가장 어둡고 가장 처절하게 나타나는 「까마귀가 나는 밀밭」조차도 우리에게 관조의 거리 내에서 피어나는 일종의 평화 같은 것을 가져다준다. 그 이미지들은 순수하고 고결하다고 여겨지는 한 인간이 바라보았던 풍경들을 다시 공간화(재현, 모방)해서 나온 결과이며, 어쨌든 세계를 거주할 수 있는 조화로운 장소로, 어느 정도 '목가적'이고 향수어린 고향으로, 우리를 맞아들이고 보호해주는 모태와 같은 것으로, 결국 이상적으로 아름답게 보여준다—**인간과 세계 사이의 조화 또는 협화음**, 그 점을 하이데거는 「예술작품의 근원」의 반 고흐 해석에서 부각시키고 있다. 그러한 이상화 또는 미화(드러난 미, 볼 수 있는 미)로 인해 반 고흐의 작품 역시, 절박하거나 적나라하거나 헐벗었을 수도 있는 삶들을 묻어놓은 고요하고 평온한 공동묘지이자 남겨진 우리의 세계와 삶을 마찬가지로 미화하고 치장하는 데에 봉사하는 기념탑인 미술관에 어울리는 것으로 남는다. 그것 역시 어떤 점에서는 주말과 공휴일의 교양 습득에 기여하는 고전으로 남아 있는 것이 사실이다—하지만 그러한 사실을 다만 부정적인 관점에서 무시하기만 해서는 안 될 것인데, 그 사실은 원칙적으로 예술의 이미지가 불러일으키는 효과로부터 따라 나오는 것이며, 마치 처절했던 어느 전쟁에서 남은 전리품이 남겨준 이득 같은 것이기 때문이다.

그렇다. 반 고흐가 벌였던, 아니 그보다도 반 고흐라는 전쟁이 있었다. 우리가 그의 작품을 보면서 목격하게 되는 이상화가 한 인간의 전투(존재하고자 하는 싸움)를 거쳐 나왔다는 사실을 망각해서는 안 된다. 한 인간의 존재하고자 하는 전투가 있었다는 사실은, 그가 존재 불가능성에 끊임없이 위협 받는 동시에 그 불가능성을 마찬가지로 끊임없이 극복하려 했다는 것을 의미한다. 반 고흐에게 존재 가능성은 존재 불가능성과 분명하게 분리되어 있는 것이 전혀 아니었고, 존재 불가능성으로부터 성급하게 종말이라는 결론을 끌어내지 않는 끈질김 가운데, 즉 존재 불가능성으로부터 곧장 끝으로 넘어가지 않으면서 그 불가능성을 끝까지 견지하고 감내하는 데에 놓여 있었을 뿐이다. 다만 그는 자신의 최후가 자신의 의식 이전에 자신의 몸속에 감추어져 있으며, 자신이 쉬는 숨 하나하나가 자신을 종말로 끊임없이 더 가깝게 데리고 갈 것임을—의식했다기보다는—감지하고 있었다. 자신이 마주했고 놓여 있었던 순간들 하나하나가 종말로 인도하는 이정표라는 사실에 대한 감지, 의식적 인식 이전의 몸의 감지, 어떤 기미幾微에 대한 감지.

암점暗點

오베르에서 썼던, 테오에게 남긴 마지막에서 네번째 편지에서 반 고흐는 자신이 여전히 작업에 매달려 있으며, 일상생활도 잘 영위하고 있다고 말한다. "요즈음 나는 매우 잘 지내고 있다. 나는 끈질기게 작업하고 있고, 네 개의 채색된 습작과 두 개의 스케치를 완성했다."[17] 아주 잘 지내고 있다는 그의 말이 그저 말뿐인 것은 아니며, 아우를 안심시키기 위해 한 것도 아니다. 비록 언제나 같은 문제들(경제적 문제, 건강 문제, 그리고 무엇보다 고독)이 주는 중압감에 여느 때

17 같은 책, p. 563.

처럼 시달리고 있지만 그는 얼마 남지 않은 지상의 나날을 강한 의지를 갖고 견뎌내면서 작업한다.

그러나 테오와 그의 아내를 공동 수신자들로 삼고 보낸 바로 다음 편지에서 그는 자신의 삶과 상황에 대한 견해를 번복한다. "이곳으로 돌아와 나는 마찬가지로 여전히 침울해졌고, 너희를 위협하는 뇌우雷雨가 나를 짓누르고 있다는 것을 계속 느꼈다. 여기서 무엇을 할 수 있는가. 너희가 아는 바와 같이 나는 늘 좋은 기분으로 있고자 하지만, 나의 삶은 그 뿌리에서부터 침식당해 있고, 나의 발걸음은 비틀거린다."[18] 그는 비틀거린다. 삶의 가능성과 불가능성 사이에서. 때로 또는 자주 그가 그 불가능성을 의식하고 있었던 것은 사실이지만, 그의 의식적 의지(존재하고자 하는 의지)와 의식적 인식(존재를 포착하려는 인식)은 그 불가능성을 극복하고 가능성으로 전환시키고자 하는 데에 있었다. 존재 불가능성은 그가 추구했던 것이 결코(당연히) 아니고, 그에게 찾아왔던 것이다. 마치 비가 오듯이, 밤이 내려오듯이, 뇌우가 머리 위로 덮쳐오듯이, 또한 태양(노란색이 아닌 유황색의 그 태양)이 내리쬐듯이…… 또한 불현듯 그를 방문했던 죽음과 마찬가지로. 그 불가능성은 원칙적으로 그 자신에게 속해 있었던 것이 아니고, 당연한 말이지만 그가 좌지우지할 수 있

18 같은 책, p. 565.

었던 것도 아닌데, 바로 그렇기 때문에 그것은 '불가능성'일 수밖에 없고, 마치 하나의 자연현상처럼, 하나의 풍경처럼 그에게 침투한다. "아! 내가 아팠던 동안 비와 함께 눈이 왔나 보더라. 풍경을 보기 위해 밤에 침대에서 일어났다. 한 번도, 결코 한 번도 자연이 그토록 가슴 아프고, 그토록 감동적으로 나타났던 적이 없다."[19]

반 고흐에게 그가 누구인지를 알려준 말은, 그가 자신과 타인들에게 했거나 그들이 자신에게 했던 말이 아니라, 바로 그 '아픈', '쓰라린' 자연(풍경)의 말이다. 그러나 그것은 자연의 말이기에 엄밀히 말해 '아픈' 것도 '쓰라린' 것도 아니고, 사실상 모든 형용사를 넘어서 있거나 그 아래로 내려간다. 어떠한 인간의 언어도 아닌 다만 자연의, 자연으로서의 말, 비처럼 내리고 바람처럼 부는 말, 뇌우처럼 덮쳐오는 말, 그리고 죽음처럼 방문하는 말, 바로 정의定義될 수 없는, 아무것도 정의하지 않는, 그 말 아닌 말(언어 아닌 언어)이 그의 작품의 밑바닥을 지배하고 움직인다—만약 그것이 인간의 언어로 정의될 수 있는 것이었다면, 그로서는 그릴 필요가 없었고 말하는 것으로 충분했으리라. 그 말, 아니 말이라기보다는 존재의 리듬, 일종의 음악적인 것, 일종의 원음악源音樂, 똑같은 의미에서 한 인간의 탈존脫存의 리듬, 결국 공간과 인

19 같은 책, p. 536.

간의 부인할 수 없는 비분리의 영역에서 터져 나오는 음악, 그의 심장에 남아 있는 보이지 않는 암점, 그러나 그것은 조화의 협화음이 아니라 부조화(불화)의 불협화음 속에서 공간과 그 자신을 울린다. 그것은 존재의 초과로서 울린다. 불가능성의 원천이자 극단에서, 그 초과 가운데. 불협화음으로 울리는 시간의 명멸, 시간이 고지해주는 부재, 사실상 그는 처음부터 끝까지, 시작부터 종말까지 다만 이 세계의 이방인, 이 세계에서 귀양살이하는 자였을 뿐이다.

"시詩의 '지금 여기' 가운데서 아직—시 자체가 늘 이 하나의, 일회적인 점點과 같은 현재를 지니고 있습니다—이 직접성과 가까움 가운데서 아직 시는 그것, 즉 타자에게서 가장 고유한 것이 발화되게 합니다. 그 시간 말입니다."[20] 오직 '지금 여기', 오직 바로 지금의 현재에만 주어지는 그 시詩의 점, 지점地點 또는 시점時點은, 결국 지점이자 시점—오직 시점이기 때문에만 지점이 되는 그 점, 시간의 공간화—은 바로 작가와 독자의 마음속에만 박히는 것이며, 그 점이 바로 진정한 의미에서의 이미지이다. "그러면 이미지는 무엇이겠습니까? / 한 번, 언제나 거듭 한 번 그리고 지금에만 여기서만 인지되었으며 인지될 수 있는 것입니다. 시는 그럼으로써 모든 전의적 표현과 은유가 이 어처구니없는 지점까지

20 파울 첼란, 「자오선」, 『죽음의 푸가』, 전영애 옮김, 민음사, 2011, p. 241.

인도되려는 장소일 겁니다."[21] "저는 대답 하나도 준비해놓고 있었습니다. 뤼실이 했던 것과 같은 대항어對抗語 한마디요. 저는 무언가를 맞세우고자 했습니다. 저의 항의와 더불어 존재하고자 했습니다. / 즉 예술을 확장한다? / 아닙니다. 저는 예술과 더불어 '너'의 가장 고유한 협소한 곳 속으로 갑니다. 그리고 '너'를 풀어놓습니다."[22] 시에 대한 파울 첼란Paul Celan의 이러한 말들은, 시와 회화가 공식적으로 다른 예술들임에도 불구하고, 정확하게 반 고흐 예술을, 그 극점을 해명한다. 즉 반 고흐가 들었고 자신의 심장 속에 암점으로 박혔던 그 들리지 않는 음악은, 우리가 그가 창조해낸 이미지를 보았기 때문에 우리 자신 안에 남는 현재의 지점地點으로, —너무 작기 때문이 아니라 시간의 현전(현재, 바로 지금,

21 같은 책, p. 242.

22 같은 책, p. 243. 파울 첼란은 뤼실을 게오르크 뷔히너 상 수상 연설인 「자오선」에서 문학의 운명을 대변하는 인물로 제시한 바 있다. 프랑스대혁명 당시 공포정치를 이끌었던 로베스피에르는 자신의 동료들이었던 조르주 당통과 카미유 데물랭 일파에게 반동과 부패라는 죄목으로 사형을 선고했다. 게오르크 뷔히너는 그 사실을 바탕으로 희곡 『당통의 죽음』을 썼는데, 이 작품 마지막에 데물랭의 부인 뤼실은 자신의 남편과 그 동료들이 처형된 현장에서 순찰대를 향해 "국왕 폐하 만세!"라고 외친다(게오르크 뷔히너, 『당통의 죽음』, 『문학전집』, 임호일 옮김, 지식을만드는지식, 2008, p. 125). 첼란은 「자오선」에서 뤼실의 이 외침을 물론 구 왕정 체제로의 복귀를 옹호하는 정치적 발언으로 해석하지 않고, "인간의 여기 있음"을 증언하는 "부조리의 권위"를 내세우는 언명으로 부각시킨다(파울 첼란, 「자오선」, 『죽음의 푸가』, pp. 228~229).

'지금 여기', 시간의 공간화, 시간이 '만질' 수 있는 것이 되는 것이다)이기 때문에—보이지 않는 지점으로 움직인다.

반 고흐 자신 역시 결코 그 점을 보이는 것으로, 보이는 이미지로 형상화해낼 수 없었다. 다만 그 지점은, 즉 불협화음 속에서 울린 자연의 리듬이 무한히 축소되어 남은 그 시점時點(현전이자 부재, 또는 부재로 인한 현전)은 그의 작품을 인간의 언어로 규정될 수 없도록 최대한 자연적인 것으로, 애매하고 다층적인 것으로 전환시켜놓을 뿐이다. 그 시점 때문에, 그 시점 덕분에 그의 작품에서 노란색은 단순히 노란색인 것이 아니라 유황색으로 전환되고, 태양은 단순히 자연의 은총(존재의 시혜)이 아니라 자연의 폭력으로 변형되며, 한 농부가 베어내는 밀 줄기들은 목 잘린 인간들이 되고, 노란색 밀밭은 어떤 자의 무덤이 되며, 그 밀밭 사이로 나 하늘로 열려 있는 길은 죽음으로 인도하는 길이 되고, 한마디로 어떤 미소는 절규가, 목가적인 것은 처절한 것이 되는 것이다. 보여지지 않는, 볼 수 없는 시점, 그러나 작품을 자연과 마찬가지로 언어로 규정될 수 없는 것으로, 진정한 의미에서의 '리얼리즘'에 속한 것으로 만드는 시점, 따라서 오직 작품만이 다만 현전하도록, 다만 '말하도록' 만드는 시점, 보이는 이미지들 가운데 남아 있지 않고 한 감상자 안에, 그의 "가장 고유한 협소한 곳 속"에, 그의 '지금 여기', 오직 '지금'의 현재에만 '여기'로서 주어지는 시점, 바로 그 점에 우리가 접축할 때 이미지는 그 자체의 보호막을 걷어내고, 이상화 작용을 멈추며, 어떤 '날것'을, 실재했던 어떤 자의 삶을, 인간의 자연 또는 인간이라는 자연을, 어떤 자의 심장을 드러낸다. '반 고흐'라고 불렸던 그자는, 자신이 보았던 공간을 자신의 시선과 보이는 것들에 의존해서 또 하나의 공간인 이미지로 옮겨놓을 수 있었던 그 사람은 그렇게, 보이지 않았던 자신의 시간을, 자신의 심장을 타자의 손에 건넴으로써만 불협화음을 무한이라는 시간 속에 맡겨두는 것이다. 이 세계에서 결국 존재할 수 없었던 그 사람은, 그렇다고 자기를 닫고 자기 안에서 자족적으로 존재할 수도 없었던 그는, 세계라는 보이는 공간이 닫히는 지점에 이르자, 자신을 타인들에게 끊임없이 열어놓은 것이다. 그가 결정적 유한성에 부딪혀 자신의 시간을, 심장의 암점을, 여전히 뛰는 심장과 여전히 움직이는 암점을 미래의 시간에, 즉 무한에 넘겨주게 되는 것이다.

II

무의미해지기

30년 전에 잉마르 베리만Ingmar Bergman이라는 스웨덴 영화감독은 우리에게 접근할 수단이 없는 미지의 세계였고, 그의 작품은 볼 수 없기 때문에 더 신비에 쌓여 있는 예술 영화의 대명사였다. 그의 영화들에는 지금도 항상 '심오한', '형이상학적인'이라는 형용사들이 따라다닌다.

그러나 만일 한 독자가 그의 자서전 『마법의 등』(민승남 옮김, 이론과실천, 2001)을 펼쳐본다면, 그와 그의 작품에 부가된 이미지와 정반대의 것을 발견할 수밖에 없을 것이다. 이 책에서 이 위대한 예술가는 위독한 아버지를 찾아가 보라고 간곡하게 권유하는 어머니의 청을 거절하다가 극장에서 단원들 앞에서 따귀를 맞는 패륜아로, 탈세 혐의로 경찰에 쫓겨 화장실에 숨어 있는 겁쟁이로, 한 번의 육욕을 채

우기 위해서는 온갖 비열하고 수치스러운 수단과 방법을 가리지 않는 호색한으로, 자신의 일과 자기 자신에게만 광적으로 사로잡혀 주위를 전혀 고려하지 못하는 극단적인 이기주의자로 나타난다. 우리는 베리만의 자서전을 읽으면서 병적이고 가련한 그 주인공과, 그가 만든 인간과 존재의 심연을 탐색하는 작품 사이의 괴리에 아연해질 수밖에 없는 것이다.

도대체 자신 이외에는 아무것도 모르는 이 '한심한' 작자와 '잉마르 베리만'이라는 거장은 같은 인물일 수 있는 것일까? 예술가를 꿈꾸고 있는 혹자는 그의 자서전을 읽고 위대한 예술가도 이렇게 결점 많은 인간이었다는 사실에 위안을 얻을 수도 있을 것이다. 최대한 좋게 보아, 우리는 '어딘가 병적이고 비정상적인 마음의 불구가 인간의 밑바닥을 볼 수 있는 거야'라고 생각할 수 있을는지도 모른다.

어쨌든 이렇게 전혀 자신을 꾸미지도 않고, 조금도 치장하지 않은 자서전을 거의 찾기 불가능하리라는 것은 의심의 여지없다. 그렇다고 이 책에서 저자는 위악적으로 자신을 그리고 있지도 않다. 오히려 이 책의 어조는 사드Marquis de Sade의 무감각apathie과 냉혹한 조소 어린 '회색' 유머에 다가가 있는 것처럼 느껴진다.

자기 자신에 대해 말한다는 것은 얼마나 지난한 일인가? 하나의 자서전이 그 저자가 갖는 사회적·역사적 권력 바깥에서 공감을 얻으려면, 그것을 어떻게 써야 하는가? 한마디로 베리만은 자신의 자서전에서 스스로를 무의미한 '똥'으로 만들어놓고 있다.

이 책은 결국 차가운 침묵을 남기고 우리 곁을 떠나며, 그 이후에 묘한 감동이 남는다. 이 책의 내용에서 하나의 아이러니를, 어떤 역설적 윤리를 발견할 수 있기 때문이 아니다. 분명 인간 베리만에게서는 배울 점이 없다. 그러나 이 책은 우리가 그것을 덮었을 때, 사회적·규범적 윤리로 환원될 수 없는 '예술의 윤리'('예술가의 윤리'도 아니고 '예술의 윤리')를, 윤리 아닌 윤리를 내뱉는다. 즉 예술에서 가장 중요한 것은, 도덕 아닌 예술을 지탱하고 있는 것은, 모든 미(심미성) 이전의 '예술의 윤리'는, 예술가라는 자아가 가혹할 정도로 타자가 될 수 있는 적나라함에, 따라서 예술가가 예술가가 아닌 자로 될 수 있는 능력에 있다는 것이다. 예술가가 사회적·도덕적으로 규정된 자신의 자아를 완전히 배반할 수 있는 능력 아닌 능력, 그 사드적 능력은 예술가 자신의 것이 아니며, 따라서 여기서 문제되는 것은 어떠한 '예술가의 윤리'도 아닌 '예술의 윤리'이다. 단순히 심미적인 것이 결코 아닌 그 윤리는 무의미의 끝과 마주하는 것이다. 무의미의 끝과 마주함, 그것이 바로 우리 위엄 있고 정의롭게 보이고 싶어 하는 정치인들과 고상하고 선한 학자들과 감상적이고 순수한 예술가들이 보지 못하고 지나쳐버리는 것이다. 냉혹함은, 에누리 없음은 언제나 예술의 기준이다.

시차時差의 무대[1]

연극으로서의 시

『나는 이 세상에 없는 계절이다』가 출간된 후 어느 정도 시간이 지나 이 시집을 둘러싼 청년들의 웅성거림이 도시의 후미진 곳 구석까지 천천히 스며들었다. '이 세상'에 뿌리내리지 못한 채 다만 '이 세상의 배면'으로 시선을 돌려놓고 있었던 청춘들은 그 뒤집어진 곳에서 봐야만 했던 것을 마침내 봤다고 내게 말해주었다. 도시의 컴컴한 지하에서 이는 형체 없고 조용하지만 꿈틀대는 젊음의 그 술렁임에 떠밀려 나

1 이 텍스트는 김경주의 희곡 『블랙박스』(안그라픽스, 2015)의 발문으로 씌어졌다.

는 시집을 열어보았고, 마지막 페이지가 넘어간 후 잠시 벽만 바라보고 있었다. 그 시집이 주었던 충격은 내 안에서 어떠한 것인지 밝혀지지 않은 채 다만 떨림의, 감정의 떨림보다는 몸의 떨림에 가까운 것의 여운만을 남기면서 스쳐 지나갔다. 나는 그 충격이, 보다 정확히 말해 '그것'이 스크래치를 남기고 사라져가는 궤적을 도리 없이 바라보고 있을 수밖에 없었다.

'그것'은 도대체 무엇이었던가? 나는 그 당시 이해하지 못했지만, 그 이유가 해독 능력의 부족에만 있지 않다는 사실을 김경주 시인의 이후의 시집들과 산문집들을 읽으면서 깨달았다. '그것' 자체가 이해에 붙잡혀 고정되기를 거부하고 다만 보이지도 들리지도 않는 흔적을 상처처럼 남기고 사라져가기를 원하는 것으로 나타났던 것이다. 물론 '그것'이 무엇인지 말할 필요가 있고, 우리는 설명할 수도 있으며, 심지어는 시인 자신이 우리에게 주어진 이 희곡 『블랙박스』에서 직접적으로 정의하고 있기도 하다. 즉 음악, "음악은 세상이 다 표현하지 못한, 세상에 속하지 않는 하나의 사회다." 우리 입장에서라면 이렇게 정의할 수도 있을 것이다. 문제되는 것은, 의식의 표면에 분명하게 대상화되지 않는, 그에 따라—'음악이라는 사회'가 아닌—일반적 사회 또는 사회 일반('이 세상')에서 공인公認될 수 없고 완전히 제도화될 수 없을 뿐만 아니라 너무나 자주 간과되거나 무시되거나 배격되는 존재론적·'자연적' 교접交接의 울림이다. 사람과 사물 사이의, 사람과 공간·풍경 사이의, 또한 사람과 사람 사이의 교접(반드시 성적인 의미를 갖지는 않는 교접, 상호 침투와 상호 얽힘)의 공명共鳴, 즉 주객 비분리 지대에서의 상호 울림, 결코 공간적인 것으로 환원될 수 없는 시간의 자기 전개. 또는 시인의 표현을 빌리자면 '시차時差'의 음악. "유리창에 입김으로 그려 놓은 건축들이 흘러내린다 / 그건 시차의 눈을 달래는 머릿속의 가장 아름다운 물방울들"(「시차의 건축 2」, 『시차의 눈을 달랜다』). "저녁에 잠들 곳을 찾는다는 건 머리칼과 구름은 같은 성분이라는 거 처음 눈물이라는 것을 가졌을 때는 시제를 이해한다는 느낌"(「연두의 시제時制」, 『시차의 눈을 달랜다』). 불교적 표현을 빌려서 정의해보자면, 그것은 인연들의 얽힘, 즉 연기緣起, 그러나 모든 종교적이거나 도덕적인 의미가 탈각되어버린 연기의 노래이다.

김경주는 생경하거나 돌발적이거나 처절하거나 비정한, 그러나 때때로 아름답고 서러운 연기의 현장들을 목도하지만, 그것들을 어떠한 종교적인 초월성의 높이에도 어떠한 도덕적인 초월성의 높이에도 갖다놓고 성찰하지 않는다. 그는 그것들조차 스쳐 지나갈 뿐이다. "무대 위에서 그가 맡은 역할은 입김이다 / [……] 입김은 자신이 / 그리 오래 살지는 않을 것이라며 / 무리 속에서 헤매다가 / 아무도 모르게 실종되곤 했다"(「시인의 피」, 『고래와 수증기』). 부모로부터 무심히 등을 돌리는 한 어린아이의 몸짓, 무의도성無意圖性, 보다 정확히 말해 한 어린아이의 몸짓이라기보다는 차라리 바람과 구름의 몸짓, 거기에 그의 예술이 있다. 그럴 것이다. 우리는 그렇게 설명할 수도 있을 것이다. 그러나 불충분하다. "음악은 [……] 세상에 속하지 않는 하나의 사회다"라는 시인의 설명조차 충분하지 않다.

그렇기에, 나아가 설명하지 않기 위해 김경주는 시詩로부터 출발했고, 다시 시로 되돌아갔으며, 시를 '썼던' 것이다. 보다 정확히, 그는 스스로 다만 스쳐 지나가면서 시를 음악으로 울리게 하고자 했다. 즉 공간적인 것(공간에 연장延長되어 보이는 것, 또한 언어로 규정될 수 있고 그에 따라 의식에 고정되는 관념적인 것, 굳어져 고정된 것)과 시간적인 것(보이지 않는 것, 또한 언어로부터 빠져나가는 유동적인 것, 정념의 응결과 파열·흩어짐, 우리가 말한 의미에서의 '음악')의 위상격차 안으로 진입해 들어가 있고자 했다. 시차를 가동시키려는 시도, 보이는 것 또는 의식에 응고된 고체적인 것으로부터 보이지 않는 것 또는 에테르와 같이 유동적인 것으로 역류하고자 하는 시도, 애초에 그에게 공간적인 것이 놓여 있는 측정하고 측정되며 균질적인 수량적 시간(공간으로서의 시간, 공간으로 환원되는 시간, '시계의 시간')으로부터, 측정 불가능한, 분출했다가 사그라져서 사라지는 생성의 질적 시간(시간 자체로서의 시간)을 추출해내는 것이 관건이었다. 그것이 처음부터 그에게 시의 과제로 주어졌다. 애초에 그에게 언어를 통해 언어 이전 또는 이후의 연기의 현장들을 현시現示시키는 것이, 즉 보이는 공간적인 것을 모방하고 재현하는 것이 아니라 시간화하는 것이 과제였다.

연기의 현장들 자체가 보이는 연장된 것과 무관하지는 않지만, 그것과 차이 나는 보이지 않는 것에서 현전한다. 연기의 현장들은 언어와 전적으로 무관하지는 않지만, 언어의 포박을 풀고 솟아나고, 바로 그러한 의미에서 '언어-이전'이다. 그것들은 전-언어적이거나 비-언어적인 정념의 파장에, 들리는 음악 이전의 음악에 현시된다.[2]

따라서 그 들리지 않는 음악에서 울리는 그 연기의 현실('리얼리티')들이 언어로부터 보다 멀어지거나, 언어가 아닌 수단들(소리·음·몸짓·표정·빛·어둠·탄식·절규)을 거쳐 감으로써 보다 더 급진적으로 소통되는 경우도 있지 않겠는

2 김경주가 말하는 '음악'은 때로 우리가 듣는 음악을 의미하지만, 그 이전에 근본적으로 존재의 음악(우리의 표현에 따르면 '연기의 현장들'의 음악) 또는 몸의 음악, 들리는 음악의 모태가 되는 원-음악源-音樂을 가리킨다. 중요한 점은 "우리가 음악을 느낄 수 있는 것은 우리 몸 안에 박동이 존재하기 때문이라는 사실을 틈날 때마다 상기하는 것이다. [……] 개가 짖는다. 그 개 소리를 인식할 수 있는 것은 우리 몸에 개가 아니라 소리가 존재하기 때문이다. [……] 자신이 빚어지기 전의 상태에서 지금까지 연결된 몸의 박동은 음악에 가장 가까운 언어다. [……] 음악은 보다 내연의, 자신만의 특별한 정의를 필요로 한다. 사토브리앙은 음악을 만지고 본다라고 말하지 않았는가. 반드시 귀에 의존해야 하는 것이 음악의 속성은 아니라는 것만 명기해둔다"(『기담』).

가? 그것들이, 시가 의존할 수밖에 없는 문자들이 박혀 있는 흰 종이 위에서보다 다수의 타인(청중)이 함께 입회해 있는 콘서트홀이나 무대에서 보다 더 침묵에 다가감으로써—침묵을 요동치게 하면서 보다 더 음악적으로 되어감으로써—그 자체의 실상을 보다 더 적나라하게 드러낼 수도 있지 않겠는가? "음악이 방금 다녀간 텅 빈 공연장처럼 현장은 늘 결연하며 단순하다 연주를 막 끝낸 지휘자의 침묵이 거대한 울음을 상기하듯"(「음악은 우리가 생을 미행하는 데 꼭 필요한 거예요」, 『나는 이 세상에 없는 계절이다』). 그렇게 본다면, 김경주의 시와 그의 연극(가령 『블랙박스』)이 모두 연기의 현장들 위에서 음악으로 생성되는 것을 '결론'으로 삼고자 한다면, 그에게서 시와 연극은 서로 다른 것들이 아니다. 시는 연기의 현장들을 제대로 드러내기 위해 스스로 언어로부터 멀어져가면서 침묵으로 음악화되는 시점 또는 지점을 반드시 확보해야만 하며, 그에 따라 연극처럼 무대화되어야 한다. 즉 단어들과 명제들을 넘어서서 오직 침묵의 음악을 통해서만 타인(독자)들과 마주함으로써 그들에 의해 공동화되어야 한다. 그렇게 본다면 시의 배면에 놓여 있는 동시에 시의 조건이 되는 것은 바로 무대의 예술, 연극이지 않은가? 연극으로서의 시, 그 사실로부터 김경주의 시 전체가 시작되며, 그 사실을 확증하고자 하고, 그 사실에서 마감되고자 한다—물론 시인의 그러한 의도가 '가시적으로' 가장 명백하게 드러나 있는 시집은, 세 개의 막('인형人形의 미로', '언어의 멀미', '활공하는 구멍')으로 구성되어 있고, 시와 희곡이 중첩된 형태로 씌어진 두번째 시집 『기담』이다. 그러나 **연극으로서의 시와 결코 다른 것이 아닌 시로서의 연극을 시인은 마찬가지로 지향하며, 그 결과들 가운데 하나가 바로 우리 앞에 놓인 『블랙박스』일 것이다.**

시로서의 연극

그 점만을 여기서 이후에 조명해보고자 하며, 『블랙박스』의 여러 주제에 대한 이해와 설명은 독자들 각자의 손에 맡겨두고자 한다. 설사 이 작품에 대한 필자의 입장에서의 이해 방식과 해석이 이후에 불가피하게 어느 정도 드러날 수밖에 없을지라도, 이는 희곡 작품 『블랙박스』가, 연극으로 상연되기를 기다리고 있는 이 언어가 어떻게 시를 향해 나아가고 있는가라는 물음에 대한 대답을 시도해보기 위해서일 뿐이다.

두 주인공 카파와 미하일은 착륙 장소를 찾지 못한 채 지상으로부터 격리되어 헤매고 있는 비행기 안에, '이 세상'으로부터 추방되어 장소를 찾지 못한 장소일 수밖에 없는 위태로운 공간 안에 놓여 있다. '이 세상'으로부터 떨어져 나오기는 했지만 인간의 인간성과 자유와 고독이 확보된 '낭만적' 공간이 전혀 아닌 이 사막과 같은 그들의 공간은 사실상 '이 세상'과 다를 바 없다. 그들은 여전히 자신들에 대한 '그분'의 의도에 촉각을 곤두세우고 있고, '그분'의 지령을 기다리면서 '그분'의 지배를 용인하고 있다. 여전히 그들이 놓여 있는 공간(비행기)은 '이 세상'과 마찬가지로, 가령 미하일이 일했었던 선박의 기관실과 마찬가지로, 마치 손가락 하나가 잘려나가도 아픔을 느낄 수 없으며 "일자리까지 잘릴까 봐 아이스크림 속에 언 잘린 손가락 덩어리를 숨"겨야만 하는 냉동고와 같은 곳이다. "추락하면 해저에 수백 년 동안 이 냉동고[비행기]는 파묻히겠지. 우린 이 냉동고 문을 못 열고 안에서 미라가 될 거야."

'천지불인天地不仁'(이성복이 자주 인용하는 노자의 표현, 그러나 이성복은 이 표현을 노장사상의 맥락을 어느 정도 비껴나 단지 존재와 생의 잔인함만을 말하기 위해 원용했다)의 공간, 약육강식의 원칙이 지배함에 따라("결국 발버둥쳐봐야 더 강한 것들 발에 눌려 팍 터져버리니까") 타인의 고통은 물론이고 자신의 고통에조차 무감각할 수밖에 없는 곳, 생명의 생로병사生老病死의 자연적 순환이 그 자체로 어떠한 인간성도 개입할 여지를 주지 않는 존재의 법칙의 실행으로 간주되는 비인칭적 공간. 거기서 카파와 미하일의 수많은 말은 죽음 앞에서 불안하지만 속수무책인 새의 지저귐 같고,

그들의 몸짓들은 도살당하기 전의 돼지 두 마리가 서로가 서로를 비벼대는 것과 비슷하다—또한 한 조종사의 잘린 머리통은 마치 축구공처럼 기내에서 굴러다닌다. '천지불인'이라는 자연·존재의 비인칭성이 인간의 비인칭성과 겹치는 그러한 상황, 말하자면 카파와 미하일은 '이 세상'에서 그랬던 것처럼 비행기 안에서도 "시키는 대로 해야 산다"는, "죽인다면 죽이고" "버린다면 버린"다는 '그분'의 메시지를 의식에 내재화하고 있다. 자연·존재의 비인칭성에 인간이 어떠한 방식으로도 저항하지 못하고 매몰되어버림으로써 그 비인칭성이 인간의 비인칭성과 동일하게 되어버린 상황, 한마디로 '전체주의적' 상황.

여기서 『블랙박스』는 최종적으로 우리에게 이렇게 묻고 있는 것처럼 보인다. 그러한 지배적인, 지배주의적인 상황에서 출구가 있는가? 그러나 그 출구는 추락하고 있는 비행기에서 카파가 찾는 탈출구인 것만은 아니다. 동시에 그것은 언어학자인 카파가, "늘 서문만 쓰다 만 인생"을 살아온 그가 지배자인 '그분'의 언어로부터 빠져나갈 출구, 즉 언어의 출구이기도 하다. 또한 동시에 그것은 카파, 미하일 그리고 스튜어디스와 함께 지금까지 내내 쓸데없고 무의미하기만 한 수많은 말을 내뱉어온 김경주가 마지막에 찾는 시詩로의 출구이기도 하다. 『블랙박스』의 마지막에서 이 세 가지 출구가 중첩되며, 결국 하나로 나타난다.

「블랙박스」(2014)
스튜디오76 공연제작팀
연출: 유영봉·이승희, 극작: 김경주, 제작: 주성근

물론 김경주는 그 출구가, 중첩되어 하나로 연결되어 있는 세 출구가 어떠한 것이라고 설명할 수 없고, 설명하지 않는다. "설명할 수 없고 설명할 수 없기 때문에 나는 쓰고 설명하지 않기 위해 나는 울고 설명할 수 없는 것이 나의 유산이다"(「비정성시非情聖市」, 『나는 이 세상에 없는 계절이다』). 원칙적으로 아마 지금 이 글을 쓰고 있는 자를 포함해서 어느 누구도 설명할 수 없을 것이다. 보다 정확히 말해 어떠한 설명도 최후의 '말'이 될 수는 없을 것이다. 설명한다는 것은 시의 몫이 아니다. 만약 『블랙박스』가 시로 생성되지 못하고 설명에 머문다는 것은, 김경주와 함께 우리가 『블랙박스』의 '전체주의적' 상황과 크게 다르지 않은 현 상황(자본주의가 극에 이른 상황, 분명 이 작품에는 어떤 정치적·경제적·사회적 함의가 있다)과, 또한 손가락 하나가 잘려나가도 느낄 수 없는 냉동고와 같은 비행기에서 죽음과 씨름하는 카파와 미하일의 상황에서 그리 멀지 않은 수많은 사람의 상황들과, 단어·명제의 차원에서, 즉 의식의 차원에서 충분히 대면할 수 있다고 믿는 허위 또는 순진함을 용인하는 것이리라. 희망을 쉽게 권유해서는 안 되는 것과 마찬가지로 절망으로 쉽게 단정해서도 안 된다. '희망'이라는 단어도 '절망'이라는 단어도, '희망'이라고 말하는 것도 '절망'이라고 말하는 것도 모두 너무 단순하고 피상적이지 않은가? 그 이전에 실상이 아니지 않은가?

『블랙박스』의 무대는 시가 되어야 한다. 그 무대는 어떤 보편적인 설명을 풀어놓음으로써 단지 우리의 의식 일반에 머물러서는 안 되고, 말할 수 있는 것을 넘어서는, 단어들로 이루어지지 않은 '언어'로 생성되어야 한다. 그것은 자체 내에서 보이는 모든 것을 넘어서 우리 각자에게, 보다 정확히, 각자의 몸에 호소하는 몸의 '말'로 생성되어야 한다. 언어가 지워져서 남은 그 '말'은 객관적으로 표명되거나 입증되어서가 아니라 침묵이 공동화되듯이 공동화됨으로써 호소하며, 그러한 한에서 시에 도달한다. 무대와 시 사이에, 연기의 현장들을 알리는 표식이 되는 음악이, 들리는 음악 이전의 몸의 떨림이, 김경주가 말하는 '귀에 의존하지 않는 음악'이 공동 지대로서 놓여 있기 때문에 무대와 시는 상호 변형된다. 그 음악이 언어에 투영되면 시가 되지만, 그때 시는 침묵으로 무대화되어야 한다. 그 음악이 무대에 투영되면 연극이 되지만, 그때 연극은 말하여지고 보이는 것을 넘어서 전적으로 타인들(관람자들) 각각으로 향해 가는 움직임이, '말'이 됨으로써 시로 귀착된다. 그러나 이 경우 모든 ('씌어진') 언어로부터 이탈하는 시는 바로 언어의 시차를 노리는 '행위'일 수밖에 없지 않은가? 그러한 시는, 그 음악(원-음악)이 언어라는 옷을 껴입고 있다가 벗어던지려는 바로 그 순간을, 언어의 치부가 드러나는 그 순간을, 씌어진 화석화된 문자들이 꿈틀대고 솟아났다 사라지는 몸의 '말'로 생성되는 찰나를 적시하고 관통하는 '행위'일 수밖에 없지 않은가? 읽을 수 있는 언어에 대한 시차, 그 위상격차에 따라 침묵으로 되돌아가려는 언어의 타자가, 그 '말'이 시를 생성시킨다. 카파가 평생 자신을 "질질 끌고" 다니던 언어로부터 탈출할 출구는, 또한 김경주가 『블랙박스』에서 집요하게 찾는 시로의 출구는 바로 시차의 지점이다. 시차의 시점, 거기에서 침묵으로 울리는 '말', 그것은 언어가 거의 완전히 멈추게 되는 죽음으로부터, 보다 정확히, 죽음과 삶의 접경지대로부터 터져 나오는 호소이다. '희망'으로도 '절망'으로도 간단히 규정될 수 없는 호소, 의식으로 단순하게 긍정될 수도 부정될 수도 없는 호소. 생명의 호소. 『블랙박스』의 연극적 언어는 침묵으로, 즉 '말'로 솟아나기를 기다리며, 그러한 한에서 시로 변형되기를 기다린다. 그 침묵은, 그 '말'은 때때로 한순간 언어가 분만해내는 것이며, 단어와 명제의 더미에 매몰된 우리의 의식을 향해 꺼내진 언어의 타자, 언어의 치부, 성기性器일 것이다. "말이 / 비틀거리고 쓰러져서 더 이상 움직이지 않는다 / 그 자리에서 분만을 시작하려는 것인지 / 의식을 향해 말은 제 깊은 성기를 꺼낸다"(「취한 말들을 위한 시간」, 『나는 이 세상에 없는 계절이다』).

다르게 기도하기

함정식은 메시지 전달을 자신의 작업의 목적으로 삼고 있지 않으며, 철학적 차원에서든 정치적·사회적 차원에서든 예술적·미학적 차원에서든 '주장해야 할' 어떠한 관념도 사상思想도 설정해놓고 있지 않다. 영상 작업에 주력하고 있는 이 젊은 작가는 이미지의 물질성 자체에 대한 탐구에 전념하고 있는 것처럼 보이며, 그의 작업의 의도는 정식화될 수 있는 어떤 의미(내용)를 제시하는 데에 있지 않고, 어떤 상황의 다양한 측면과 층위를 표현하는 데에, 그에 따라 그 상황에 대해 반추해볼 수 있게 하는 조건을 마련해주는 데에 있다. 그가 내용을 무시하는 형식주의자라는 것이 아니다. 다만 우리는 여기서 그가 미리 정립되어 있거나 사람들에게 주입시켜야 할 어떠한 관념도 내세우고 있지 않으며, 다만 우리가 하나의 상황을 제대로 보고 느끼고 그 상황의 중심으로 들어가도록 돕는 것에 만족하고 있다는 사실을 지적하고자 할 뿐이다. 그러나 관념 하나를 '전시展示'해놓고 그것을 공표하는 것, 그것은 함정식을 비롯한 작가 일반의 몫이 아닐 것이다. 일반적으로 또는 원칙적으로 작가는 자신의 메시지를 작품 뒤에 숨겨놓거나 심지어는 무화無化시키기를 원할 것이며, 그 반대급부로 작품이 현시시키는 어떤 정념이나 느낌을 어떠한 명제로도 쉽게 규정되지 않을 '비밀'로 '드러내기를' 원할 것이다. 문학에서든 미술에서든 영화에서든 무릇 좋은 작품은 우리에게 어떤 강력한 **아펙트**affect를 전해주지만, 그러한 만큼 하나의 해석으로 손쉽게 한정되지 않고, 또한 그러한 만큼 지속적으로 의문거리로 남는다. 먼저 함정식의 작업 결과물들이 내게 물음표를 던져주었고 물음표로 계속 남아 있었다는 사실을 고백하면서, 특히 기독교라는 주제를 다루고 있는 그의 최근 작품들을 중심으로 그의 작업에 대한 '하나의' 해석을 시도해보고자 한다. 그러면서 또한 나는 그 해석이 단순히 해석에 머무르지 않고 하나의 응답이나 웃음으로, 응답의 웃음으로, 웃음의 응답으로 될 수 있는 지점으로 향해 있기를 원한다.

*

함정식은 내게 오랫동안 교회에 다녔었지만, 어느 시점 이후로 그만두었다고 말해주었다. 나는 그의 그러한 말을 염두에 두면서 한국의 기독교가 주제로 설정되어 있는 「내게 강 같은 평화」, 「나 같은 죄인 살리신」과 단편영화 「기도」를 주의 깊게 보았고, 그러면서 그에게는 기독교가 중요한 문제이자 지속적인 성찰의 대상이었으며 지금도 여전히 그럴 수 있다는 생각을 할 수밖에 없었다. 다른 한편으로 이러한 의문들이 들었다. 교회를 다닌다는 것과 진정한 의미에서의 종교성(그것이 무엇인지 우리는 이후에 다시 생각해보아야 할 것이다)은 거의 무관하지 않은가? 교회로부터, 또한 사실상 기독교로부터도, 보다 정확히 말해 '한국' 기독교('한국' 기독교, 왜냐하면 함정식의 궁극적 탐구 대상은 종교 자체로서의 기독교가 아니라 이곳에서의 사회적·실존적 현상·상황으로서의 기독교이기 때문이다)로부터도 이미 발을 뺀 것처럼 보이는 그가 왜 다시 그 문제로 되돌아갔는가? 한국 기독교 문제에 대한 그의 천착의 총결산인 그 단편영화의 제목은 왜 '기도祈禱'인가? 그렇다면 그는 또 다른 종교성을 추구하고 있는가?

「기도」에서 마지막으로 기도하는 자는 등장인물들 가운데 어느 누구도 아니고 바로 함정식 자신이며—"나는 오랜

만에 기도드렸다”—, 이는 이 작품 자체를 일종의 기도로 보게 만든다. 그에게는 이 작품을 만드는 것 자체가 기도이며, 그는 이 작품을 보는 어느 누구가 자신의 기도 소리를, 기도의 침묵을 듣기를 원한다. 그러나 교회 바깥에서, 또한 기독교, 한국 기독교 바깥에서, 서울의 퇴락한 한 지역 동대문구 이문동(「기도」와 이 단편영화에 삽입되었고 그 이전에 독립된 창작물로 발표되었던 「내게 강 같은 평화」의 배경이 된 장소)에서, 말하자면 잔인한 광기(신자유주의? 지배자이지만 근본적으로 천민이자 노예일 수밖에 없는 자들의 극우 정치? ‘헬 조선’?)로 인해 갈가리 찢긴, 그래서 더 초라하고 더 남루하고 더 고독한 우리 사이에서.

*

「기도」는 오후에서 밤까지 하루 동안 이문동에서 벌어진 한 사건에 대한 이야기이다.

영화의 도입부에 오래된, 대개 70~80년대에 지어졌을 것으로 보이는 단독 주택들이 채우고 있는 이문동 거리들의 여러 일상적 풍경이 연이어 나타난다. 그 풍경들은 이 영화의 주인공의 시선에 포착된 장면들, 아무거나 스마트폰의 카메라로 찍어대는 습관을 가진 ‘사진 찍는 여자’가 셔터를 눌러 얻어낸 이미지들이다. 그녀는 애인인 것처럼 보이는 남자와 이문동 거리들을 거닐면서 사소하고 무의미한 풍경들을 카메라에 담아내고, 꽃들을 물끄러미 바라보다가 셔터를 누르고는 "귀여워, 아기자기해"라고 혼잣말을 하기도 한다. 그렇게 사진을 계속 찍으면서 애인과 함께 이곳저곳을 배회하던 그녀는 우연히 지나치게 된 한 주택의 여기저기를 찍다가 그 집의 대문을 열고 나온 조야한 차림과 태도의 불량스러운 남자와 마주하게 된다. 그 남자는 담배를 피우면서 증오와 경멸과 원망과 자조·허무가 교차하는 묘한 눈빛으로 커플을 노려보고, 그 눈빛에 위협을 느낀 그녀의 애인은 그와 말없는 실랑이를 벌인다. 그러나 커플은 그 집을 그냥 떠나고, 둘만 남게 된 후 애인은 그녀에게 대단히 불쾌하다고 말하면서 화난 심기를 내비치고 아무거나 아무나 찍어대는 그녀의 습관을 "굉장히 안 좋고 유치하기까지 하다"면서 그녀를 탓한다. 그러한 원망을 듣고 나서 그녀는 오늘은 여기서 헤어지자고 제안하고, 그는 짧은 말로 동의한 후 그녀를 거리에 남겨두고 가버린다. 그녀는 사방이 깜깜해지고 나서 혼자 그 집에 다시 찾아가 우리가 보기에 불쾌하기 짝이 없는 그 남자와 다시 마주한다. 이어서 그의 사진을 꼭 찍고 싶다고 요청하는데, 그는 의아해하면서 거절하고 꺼져버리라는 단언을 남긴 채 집 안으로 들어가버리고 나서 자신의 아내가 있는 옥상으로 올라간다. 그의 아내는 거기에 커다란 빨간 네온사인 십자가 하나를 세우고 그 옆에 텐트를 쳐놓고, 그 안에서 주기도문을 외우며 찬송가를 부르고 있다. 그러한 모습을 본 그는 욕설을 퍼부으면서 아내를 구타하는데, 그녀는 마찬가지로 욕설로 응수하면서 그를 저주한다. 흥분한 채로 텐트 밖으로 나온 그는 자신 앞에서 카메라(스마트폰)를 들고 있는 '사진 찍는 여자'와 다시 마주하게 된다. 둘 사이에 다시 긴장이 흐르고, 그녀는 그를 찍을 준비를 하는데, 이에 극도로 자극된 그는 웃통을 벗어젖히고 "오늘 사람 하나 죽일 일 생겼다"면서 그녀를 향해 달려들려 한다. 그 위협 앞에서 그녀는 그를 향해 셔터를 누른다.

이러한 허구의 이야기 앞뒤로 함정식이 실제로 겪었던, 자막으로 처리된 이야기가 배치된다. 앞에서, 우리는 그가 우연히 한 할머니를 만났는데 그 할머니가 자신에게 초콜릿을 주면서 교회에 다니냐고 물었다는 문장들을 읽을 수 있고, 뒤에서, 즉 영화 마지막에 그 할머니가 그에게 전화번호를 요구했고 그는 자신도 모르게 선선히 응했으며 자신의 실제 번호를 건넸다는 문장들이 지나간다. 이어서 영화의 맨 마지막이 이러한 자막으로 끝난다. "내 걱정과 달리 전화는 한 통도 오지 않았다. / 나는 오랜만에 기도드렸다. / 아멘."

*

왜 함정식은 비록 자막 내에서이기는 하지만 스스로 전

함정식, 「기도」(2014)

면에 나서서 기도드림으로써 영화를 마무리하는가? 왜, 무엇 때문에, 누구를 위해 기도드리는가? 이러한 물음은 그 자체에 대한 대답을 요구하기 이전에 그가 과거에 교회를 다니면서—형식적으로든 아니든—믿었던 기독교에 대한 그의 견해를 묻지 않을 수 없게 만든다. 그는 필자에게 보냈던 메일 한 통에서 이렇게 썼다. "얼마 전까지 저는 '한국의 기독교'와 관련된 작업을 진행하였습니다. 저는 이 작업들에서 한국의 기독교에 대한 비판적인 입장도 그 반대의 입장도 취하지 않았습니다. 한국의 기독교(교회)가 존재하는(힘을 발휘하는) 장소는 어디인지 그것을 향유하는 사람들은 어떠한 사람들인지, 무슨 음악을 듣고 거기서 어떤 감각을 공유하는지 보여주는 작업들이었습니다. 저는 한국 기독교와 같이 겹이 두터운 소재를 다룰 때, 작가가 어떤 입장을 취하지 않더라도 이야기를 나눌 수 있다고 생각했습니다. 누군가는 제게 '기독교를 찬양하느냐'고 물었고, 누군가는 '한국의 기독교는 역시 별수 없죠' 하며 의중을 물었습니다."

우리가 위에서 제시했던 「기도」의 줄거리만을 두고 볼 때 함정식은 대체로 기독교에 대해 부정적인 입장을 취하고 있는 것처럼 보일 수 있지만, 그 영화 안에 삽입되어 있고 그 이전에 그 자체로 독립된 하나의 영상 작업이었던 「내게 강 같은 평화」와 또 다른 영상 작업인 「나 같은 죄인 살리신」을 보면 그의 입장은 해독하기 쉽지 않은 것으로 나타난다. 전작前作은 검은색 망토의 죽음을 상징하는 악마의 모습을 담고 있는데, 이 악마는 어울리지 않게 손에 불빛을 들고 한밤중에 이문동의 초라한 골목골목을 춤추며 누비고 다닌다. 그 악마는 쇠락한 장소에 잠들어 있을 가난한 사람들에게 빛을 전해주고 있는 것처럼 보인다. 빛을 전해주는 악마, 악마가 전해주는 빛이라는 아이러니. 후작後作은 찬송가 「나 같은 죄인 살리신」에 맞추어 느리게 몸을 좌우로 흔들고 있는 산발 여인의 뒷모습을 비춘다. 산발 때문에 어쩔 수 없이 귀신처럼 보이는 이 여인은 어둠 속에서 자신 앞에 펼쳐지는 신비하고 초자연적인 자연의 영상(영화 「코야니스카시」의 산·하늘·구름 등의 장엄한 이미지들, 그것들은 일종의 초월성과 구원을 상징하는 것처럼 보인다)을 응시하면서 기도하고 신의 은총을 갈구한다.

그러나 작가의 시선이 궁극적으로 향해 있는 지점은 초월적이거나 탈세속적인 어느 지점이, 천상의 종교인 기독교가 추구하는 신의 은총이나 영혼의 구원이 실현되는 곳이 아니다. 그 지점은 기독교 자체와 거의 무관하다. 또는 이렇게도 말할 수 있다. 함정식의 한국 기독교에 대한 탐색은 종교적 차원이 아니라 정치적·사회적 차원에서 전개된다. 「내게 강 같은 평화」는, 이 작품에 붙인 그 자신의 언급대로, "낙후된 동네에 대한 기도"일 뿐이며, 「나 같은 죄인 살리신」은 그 이유를 정확히 알 수 없지만 어쨌든 지상에서, 이 세상에서 절망한 한 인간이 사실상 하나님이 아니라 자기 자신과 타인들을 향해 내뱉는 탄식일 뿐이다. 자기 자신과 타인들 앞에 쏟아내는 울음, 「기도」에서 옥상에 텐트 치고 그 안에서 신을 갈구하는 것처럼 보이는 여인의 신음도 결국 이문동의 아무개가—궁핍 때문이든, 차별 때문이든, 과도한 노동 때문이든, 고독 때문이든, 어쨌든 종교 자체와는 무관한 이유로—막다른 골목에서 토해내는 절규와 어떠한 점에서도 다르지 않다. 함정식은 다만, 그냥, 어떠한 종교적 문맥도 없이 이문동의 그 아무개를 위해, 신을 향해서가 아니라 오직 그 아무개를 향해서 또 다른 아무개의 '아무개'라는 이름과 자격으로 **기도하는 것이다**. 거기에 무신론적無神論的인, 보다 정확히 말해 신을 부정하는 것이 아니라 신과 **단순히 무관한** 그의 종교성이 있다.

함정식이 드리는 기도에는 **단순한 심오함**이 있다. 우리는 그 이유에 대해 두 가지 측면에서 말할 수 있을 것이다.

첫째 한국 기독교의 입장에서 보았을 때 '변절한' 이 청년은 그 나이 또래의 '배교자들'이 흔히 그렇게 하듯 한국 기독교와 그것을 따르는 사람들을 '천민자본주의'의 한 현상이라고 단순히 재단하지 않고, 그들이 한국 기독교에 매달릴 수밖에 없는 조건들(그것들은 반복해서 말하지만 종교적이지 않고 정치적·사회적이다)을 성찰하는 동시에 그들의 고통의 영역(그것 역시 종교적·기독교적이지 않고 사회적 차원에서 보편적·일반적이다)을 공유하고 그들과 그들의 고통을 향해 **단순하게** 자신을 연다. 물론 한국 기독교가 이제 거대한 공룡이 되어버린 한국의 '천민자본주의'의 산물이자 그 자본주의를 지속시키고 나아가 공고히 하고 있다는 비판은 그 자체로서는 틀린 것이 아니다. 그러나 그러한 비판은 원칙적으로 한국 기독교의 권력자들과 엘리트들을 향해 있어야만 하는 것이며, 그것이 만약 자본의 혜택으로부터 소외된 이문동의 어느 기독교인에게로 향한다면 무의미한 것이 될 수 있다. 그 기독교인을 향해 드리는 함정식의 기도는 어떤 관념의 반복—그것이 설사 '비판적인' 것이라 할지라도—이 아니라, 무명씨들의 공동적 삶의 구체적 상황으로 들어가는 하나의 '행위'라는 점에서 심오하다.

둘째 그의 작업들의 형식적 측면을 되돌려 볼 때 우리가 감지할 수 있는 그의 기도의 심오함이다. 그의 작업들은, 특히 기독교와 관련된 것들은 조야한, 나아가 '싸구려'의 이미지들과 경박하거나 청승맞은 음악들(「내게 강 같은 평화」에 삽입된 펑크 디스코풍의 같은 제목의 찬송가, 또는 「나 같은 죄인 살리신」에서 들을 수 있는 처량하게 편곡된 같은 제목의 찬송가)로 채워져 있어서, 사실상 기도와 같은 어쨌든 '진지한' 행위를 위한 자리를 내주지 않고 있는 것처럼 보인다. 그렇기 때문에 「기도」와 같은 영화를 볼 때, 우리는 왜 이 작품의 제목이 '기도'인가라고 묻지 않을 수 없게 된다. 함정식은 거룩한 의식儀式 가운데, 성스럽고 장엄한 종교음악을 배경으로, 엄숙하고 심각한 표정과 함께 기도하지 않는다. 그의 기도는 저잣거리에서 드물게 일어날 수 있는 무상無償의 행위 하나에 가깝다. 가령 한 번 짓는 미소, 우정의 웃음, 한 번의 악수 건넴, 또는 미약하게 번져 나가는 눈물, 그것은 검은 구름을 순간 뚫고 나오는, 그러나 알아챌 수 없을 정도로 빠르게 사라져버리는 한 줄기 햇빛과 같아서 그의 작품에 비밀이나 의문거리로 매설埋設되어 있을 뿐이다.

예를 들어 「기도」의 경우 이러한 것이다. 웃통을 벗어젖히고 달려들려는 그 남자의 폭력의 위협 앞에서 셔터를 누르는 '사진 찍는 여자'의 **보는** 행위. 그것은 시각의 일반적 작용의, 즉 거리를 두고 규정하며 구분하고 분석하고 판결하는 시각의 지적知的 작용(본다는 것과 인식하고 구별하는 지적 작용의 동일성, 데카르트의 말대로—정확한 인용은 아니지만 기억에 따라 인용해본다면—"명석하고 판명하게 본다는 것은 명석하고 판명하게 인식한다는 것이다")의 반대편에서 이루어진다. 즉 보면서 어떤 것이나 어느 누구를 향해 자신을 열고 다가가는 움직임, 일종의 어루만짐("눈이 더듬는 행위는 촉각적인 쓰다듬음의 특출한 한 변양이다"라는 모리스 메를로-퐁티의 말을 되돌려 보자), 일종의 악수 건넴, 끌어안기, '사진 찍는 여자'는 이문동의 여러 사물·풍경을 스마트폰의 카메라로 보는 동시에 어루만졌던 것과 마찬가지로 그 거친 남자를 보는 동시에 쓰다듬고자 했던 것이다. 또 다른 예를 들자면, 작가 함정식이 「기도」라는 작품 바깥에서 실제로 했던 행위 하나, 이미 교회를 떠난 자신에게 다시 교회에 다니라고 종용하려는 뻔한 의도로 자신의 전화번호를 요구했던 할머니에게 그것을 **단순히** 건네주었던 행위, 그것은 매우 하찮은, **아무것도 아닌** 행위 하나에 지나지 않지만, 거대화된 '천민자본주의'의 저잣거리가 지배하는 이 세상 한가운데에서 드물게 일어나는 열림의 몸짓이다. 즉 어쨌든 일종의 기도, 또 다른 기도, 한 무명씨로 향해 있는, **아무것도 아닌** 것을 위한 기도, 그러나 그것은 바로 하찮고 무의미하며 단순하기에 한국 기독교의 거대한 조직 그리고 마찬가지로 거대하고 완강한 그 이데올로기 한복판에 뚫린 구멍을 가리킨다. 진정한 종교성은 '내'가 '나'의 에고를 보존하고 확장하려는, 자본의 욕망과 어떠한 점에서도 다르지 않은 신과 구원에 대한 욕망이 아니라, **단순히**, **단순히** '너'와 '나' 사이에 있을 것이다.

찢김과 몸 그리고 언어

1

인사미술공간은 해마다 한 명의 작가를 선정해서 '볼 컬렉션BOL Collection'이라는 아티스트북을 발간하고 있다. 2008년에는 양혜규 작가가 선정되었는데, 그녀가 자신과 자신의 작업들을 보여주게 될 그 아티스트북을 위해 내놓은 제안은 의외의 것이었다. 프랑스의 소설가 마르그리트 뒤라스Marguerite Duras의 『죽음에 이르는 병*La Maladie de la mort*』을 번역하고 거기에 필자의 해설을 덧붙이자는 것이었다. 다만 그뿐이었다. '볼 컬렉션'을 기획하고 있는 강유미 씨와 필자는 그게 뭐냐고, 작가로서의 양혜규와 자신의 작품을 소개하고 알릴 수 있는 책을 만들어야 하지 않겠냐고 의아해하면서 반문을 던졌다.

작가는 자신의 작품이 표현해야 할 장소이자 표현되는 장소로서 한국을 매우 중요하게 생각하고 있었다. 그녀는 자신이 거주하고 있는 독일에서뿐만 아니라 해외 여러 곳에서도 전시회들을 가졌지만, 한국을 가장 큰 영감을 주는 장소로 여기고 있었다. 그녀의 그러한 입장은 민족 감정에 근거하고 있지 않았고,—스스로는 품고 있었을지도 모를—고향에 대한 노스탤지어에서 비롯되지도 않았다. 그것은 무엇보다 단순히 하나의 미학적 입장이었다. 그녀는 서구적 지성이 전통적으로 애호해온—또는 서구적 지성의 조형적 표현인—조화·질서·비례를 갖춘 기하학적 형태가 아니라, 형태의 유동성(비고정성·역동성)이나 나아가 형태의 와해 또는 형태의 부재에, 동일자의 당당하고 충만한 현전이 아니라 타자의 현전하는 부재에, 허물어졌지만 바로 그렇기 때문에 현전하는 타자에 눈길을 돌려왔다. 그 눈길이, 그녀의 눈길이 다만 '한국'이라는 이름을 가진 장소로 이어졌을 뿐이었던 것이다.

우리가 부추긴 결과, 결국 양혜규는 이 책[1] 뒤에서 찾을

1 이 텍스트가 서문으로 실린 책: 마르그리트 뒤라스·양혜규, 『죽음에 이르

수 있는 후기를 쓰기로 겨우 동의했다. 이후에 필자는 다시 묻지 않을 수 없었다. 왜 개입하지 않기를, 또는 최소한의 개입만 하기를 원하는가……

그러나 되돌아보면 작가가 최소한도로 개입하기를 원했던 경우는 이번만이 아니었다. 「무명 학생 작가들의 흔적Traces of Anonymous Pupil Authors」(2001)은 익명의 중학생들이 교과서들 몇몇 페이지 위에 써놓은 온갖 메모와 낙서가, 원래 그 위에 인쇄된 활자들을 작가가 모두 지움으로써, 그대로 드러나 작품이 된 경우이고, 「의사擬似 엠비—그 이야기 도중에Quasi MB—In the Middle of Its Story」(2006~2007)는 작가가 종이들 위에 베껴 쓴 한 시인의 시 몇 편을 빗속에 놔둔 결과 번져 나간 글자들과 젖어 구겨진 종이들이 그대로 작품이 된 경우이며, 「사동 30번지Sadong 30」(2006)는 이미 폐가가 된 작가의 어린 시절의 외조모 집을 그냥 놔둔 채 다만 거기에 몇몇 오브제를 설치해서 이루어진 작품이다.[2] 양혜규는 「사동 30번지」를 위해 마련되었던 대담에서 스스로 "나는 어떤 주제나 소재(재료)도 가능하면 가공을 하지 않는 방식 혹은 덜하는 방식으로 작업을 해왔고 이번 작업 역시

는 병』, 인사미술공간, 2008.

2 물론 작가가 언제나 그랬던 것은 아니다. 가령 블라인드를 사용해 만든 최근의 작품에서 우리는 작가의 보다 더 적극적인 개입을 읽을 수 있다.

그런 경우였던 것 같다"라고 분명히 했다.

그러나 그것들이 왜 작품인가…… 이미 존재하는 것에 약간의 변형만을 준다고 작품이 될 수 있는가? 과장이 아닌가?

일반적이고 전통적인 관점에서 볼 때, 마주 놓인 그것이 그것을 만든 자에게 귀속될 때, 그리고 거기에 만든 자의 독창적이고 고유한 표현이 들어가 있을 때, 그것을 '작품'이라 부를 수 있을 것이다. 그러나 이러한 입장 배면에서 '작품'은 평범한 보통명사 하나가 아니라 마치 '정신', '이념', '신神'과 같은 단어들과 마찬가지로 이미 그 자체로 충만하고 숭고한 것으로 승격되어 있으며, 더 거슬러 올라가본다면, '작품'은 이미 그 합당한 창조자이자 소유주를, 탁월하고 독창적인 작가를, 유일무이하고 환원 불가능한 자율적 개인을 상정하고 있다.

작품에 대한 그러한 견해는, 칸트가 천재는 과학과 철학에는 존재하지 않고 오직 예술의 천재만이 있다고 말한 이후로, 이어서 독일 낭만주의자들에게서 예술가가 세계에 대해 초월적 위치에서 평범한 일반인들은 알 수 없는 세계 배면의 어떤 비밀에 다가가 있는 고귀한 개인으로 찬양된 이후로 우리에게 낯설지 않은 것이 되었다. 나아가 독창적인 작품과 예외적이고 숭고한 예술가라는 관념들은 근현대 예술의 아방가르드 운동의 동력이었으며, 그 운동은 충격적인 새로움들을 뒤쫓는 예술가들 사이의 경쟁의 움직임과 다른 것이 아니었다.

그러나 우리가 여기서 의심의 눈길로 바라보지 않을 수 없는 것이 바로 작품의 독창성과 예술가의 예외성이라는 두 관념이다. 만일 두 관념이 모든 관계가 배제된 폐쇄적인 실체의 구조(그 자체 안에 근거하는 작품, 자기 본성 위에 정립된 개인으로서의 예술가)를 가리킨다면, 우리는 그것들을 거부한다. 작품은 결코 실체적이지 않은데, 왜냐하면 그것은 오직 먼저 존재했던 다른 어떤 작품에 접붙여져서만 창조될 수 있으며, 무엇보다 오직 그 창조자가 아닌 타인(독자·감상자·관람자)의 개입을 통해서만 다시 살아날 수 있기 때문이다. 예술가도 실체적이거나 예외적이지 않다. 만약 우리가 한 예술가에게서 다만 특이한 어떤 것만을 발견하고 모두에게 속해 있는 익명의 삶 하나와 대면하지 못하게 된다면, 그에 따라 우리는 어떠한 영감도 받지 못하게 될 것이다.

또는 그냥 이렇게 말하자. 우리는 평범하다. 거리 곳곳에 아무렇게나 박혀 있는 무명씨들과 하등 다를 게 없다. 왜냐하면 궁극적으로 우리는 모든 것을 규정하고 구분 짓고 개체화하는 이 사회의 외부에 놓여 있기 때문이다.

주체(개인)를 강조하면서 근대를 구성한 두 '사상'(이론과 철학을 넘어서서, 역사에서 광범위하고 실질적으로 작동하는 '사상')은 계몽주의와 낭만주의이며, 전자는 주로 우리의 정치적·사회적 영역과 공적인 삶을, 후자는 주로 우리의 문화적·예술적 영역과 사적인 삶을 장악해왔다. 전자가 표상해낸 인간의 이념형이 합리적이고 자율적인 개인이라면, 후자가 그려낸 인간의 이념형은 독특하고 독창적인 개인이다. 즉 예외적인 개인,—독일 낭만주의자들 이후로 포·반 고흐·네르발·랭보 등 수많은 예술가에게 덧씌워진 이미지인—자신의 고유한 내면 안에 거주하면서 동시에 고독에 빠져 있고 반항적이며 반사회적인 개인, 예술가적 인간.

지금까지 낭만주의가 주조해낸 예술가적 인간이라는, 예외적이고 고유한 개인이라는 신화는 완전히 깨지지 않은 채 남아 있다. 그러나 팝아트는 그러한 낭만적 개인이 이제 현대에는 존재할 수 없거나, 그의 '고유성'이라는 것이 전적으로 사회와 자본에 의존하고 있는 동시에 나아가 사회와 자본이 만들어낸 환상에 불과하다는 사실을 냉소적으로 고백했다.

이제 낭만주의는 자본주의에 완전히 먹혀버렸고 자본주의에 덧입혀진 화장에 불과한 것이 되어버렸다. 이를 단지 낭만주의가 왜곡되고 변질되는 과정으로만 생각할 수 없다. 왜냐하면 낭만주의 자체가 관계 이전에 존재하는 개인의 독자성을 과장되게 강조했던 주체 중심주의의 일종이기 때문이다. 그 개인의 자율성과 폐쇄적·단자적單子的 속성을 바로 자본주의가 과장되게 부각시켰다. 물론 자본주의의 원류에 낭만주의가 있다고 볼 수는 없지만, 낭만주의의 가장 중요한 한 요소(비대해진 개인)는 자본주의로 이어진다. 여기 번역된 뒤라스의 『죽음에 이르는 병』의 주인공 '당신'은 자신 안에서 낭만주의의 '낭만성'(예외적인 것, 시적인 것)을 제거해 버리고 바로 그 개인의 자본주의적 폐쇄성('그 여자'는, 사랑할 능력이 없는 '당신'이 매매계약이라는, 자신을 돈으로 산다는 조건에 따라서만 자신과 관계할 수 있다는 사실을 처음부터 꿰뚫어 보았다)과 더불어 산문성散文性("그 여자는 말한다: 그래요, 당신의 감정이 무미건조하고 요지부동이기 때문에, 바다가 검다고 거짓말을 하기 때문에")만을 날것으로 드러내는 인물로 나타난다.

예술에서 '독창성'이라는 것이 최우선의 문제일 수는 없다. 왜냐하면 독창적이라고 평가받는 어떠한 작품도 사실은 자율적으로 존립하지 못하고 타자(작품을 수용하는 자)의 침입에 의해 오염될 수밖에 없기 때문이다. 모든 작품은 각각 작품으로 남기 위해 그 창조자가 아닌 타자의 개입을 통해 고유하지 않은 것으로 변형되어 타자에게 건네져야 하기 때문이다. 즉 '독창성'이라고 불리는 어떤 것이 전제하고 있는 것은 소통이다. 그것은 소통의 결과 하나에 불과하다.

양혜규는 적지 않은 경우 이미 존재하는 주제나 소재에 최소한도로 개입하면서 작품을 '행해'왔다. 하나의 작품을 작품으로 생성하게 하는 가장 중요한 것이자 최후의 것이 바로 소통이라면, 소통의 순간만을 부각시키는, 그 순간만을 변주하는 과정은 하나의 작품일 수 없는가? 이미 존재하는 어떤 것에 그냥 응답하는 어떤 행위는, 거기에 단지 숨결 하나를 덧붙여 불어넣거나 한 조각의 감각을 올려놓는 행위는 하나의 작품일 수 없는가? 『죽음에 이르는 병』을 번역하고 거기에 후기를 다는 양혜규의 이번 작업 역시 소통 자체 또는 소통에 대한 요구 자체를 표현하려는 시도로 보인다.

2

양혜규는 「무명 학생 작가들의 흔적」에서 익명의 중학생들의 교과서들을 소재로 택해서, 그 몇몇 페이지 위에 인쇄된 모든 활자들을 지우고 거기에 그들이 남긴 온갖 메모와 낙서의 흔적들만을 남겨놓고, 그 흔적들로부터 작품을 추출

했다. 교과서들의 지워진 문자들은 사회에서 가장 일반적으로 통용되는 의미들을 나타내고, 그러한 한에서 체제를 대변하며, 그 문자들이 사라지면서 남은 무명씨들의 흔적들은 체제에 침입당하는 동시에 반응하고 저항하는 몸들의 움직임이 남긴 자취들이다. 이 작품에서 작가는 그 몸들에 이번에는 스스로 반응하면서 자신의 숨결을 불어넣었던 것이다.

작가는 「의사擬似 엠비—그 이야기 도중에」에서 한 시인의 시 몇 편을 베껴놓은 흰 종이들을 빗속에 잠시 놔둔 후 빗물에 구겨진 그 종이들과 그 위에 번진 글자들을 작품으로 제시했다. 원본(그 시인의 시들)에 덧붙여진 것은, 한 사람이 받아들인, 빗속에서 흔들리는 시적 감각이며, 또한 비 내리는 공간(자연)과 마주하는 몸의 호흡이다. 몸의 반응이 이미 존재하는 것에 '화학작용'을 일으켜 흔적들로 남은 것이다.

작가는 「사동 30번지」에서 서양 곳곳에서 발견되는 공간과, 즉 충만한 의미(역사적 의미)를 담고 있는 것처럼 보이는 기하학적 공간과 완전히 반대편에 놓이는 공간을 보여주었다. 작가는 여기서 허물어져 내린 형태의, 또는 무형태無形態의 공간을, 망자亡者의 그로테스크하고 비극적인 공간을 형상화해냈다. 숭고한 이념들을 말해주는 듯한 서구의 역사적 공간과 대비되는 인천 사동의 그 폐가는 문화와 자연의 경계선에 있는 것처럼, 또는 문화를 점령해버린 자연처럼 보인다. 그러나 한 공간에 놓여 있는 이 작품의 토대가 되는 것은 어떠한 공간적인 것도 아니다. 그것은 시간 자체이며, 이 작품이 보여주고자 하는 것은 시간의 현전이다. 말하자면 작가는 어떠한 공간적인 것도 아닌, "마치 지하수가 주는 음침한 습기가 몸에 주는 독특한 고통"(양혜규, 「사동 30번지」 도록) 같은 것을 시간 그 자체가 드러나는 현장으로 제시한다. 작가는 한 인간의 고통 앞에, 또는 시간의 고통 자체 앞에 자신의 몸을 드러냈던 것이다.

물론 필자는 「사동 30번지」에서 보이지 않지만 명백히 현전하는, 그 집의 옛 주인인 작가의 외조모를 본 적이 없다. 그러나 이제 망자가 되어버린 그녀의 삶과 자신의 친조모의 삶의 유사성을 강조하면서 이 전시의 기획자였던 김현진이 한 말("전시 속에 담겨진 인간의 절대적 고독이라든지 존재론적인 측면은 바로 이 두 할머니의 근대적 삶과 극단적 죽음을 통해 나와 양혜규 씨의 삶 속에서 구체화되었으며, 또한 무의식 중에 이 전시의 영감이 되었다")을 읽으면서, 필자는 그 두 노인이 파행적이고 잔인했던 한국의 근대화 과정에서 다른 수많은 여성과 마찬가지로 굴종과 희생을 강요당하는 피해자들이었으리라고 생각할 수밖에 없었다. 그녀들이 그 과정에 떠밀려 들어갔던 다른 수많은 여성을 대변하고 있다고 생각할 수밖에 없었다. 한 폐가의 옛 주인이었던 여성의 삶, 아마 세계로부터 어느 정도 단절된 채, 사회적·문

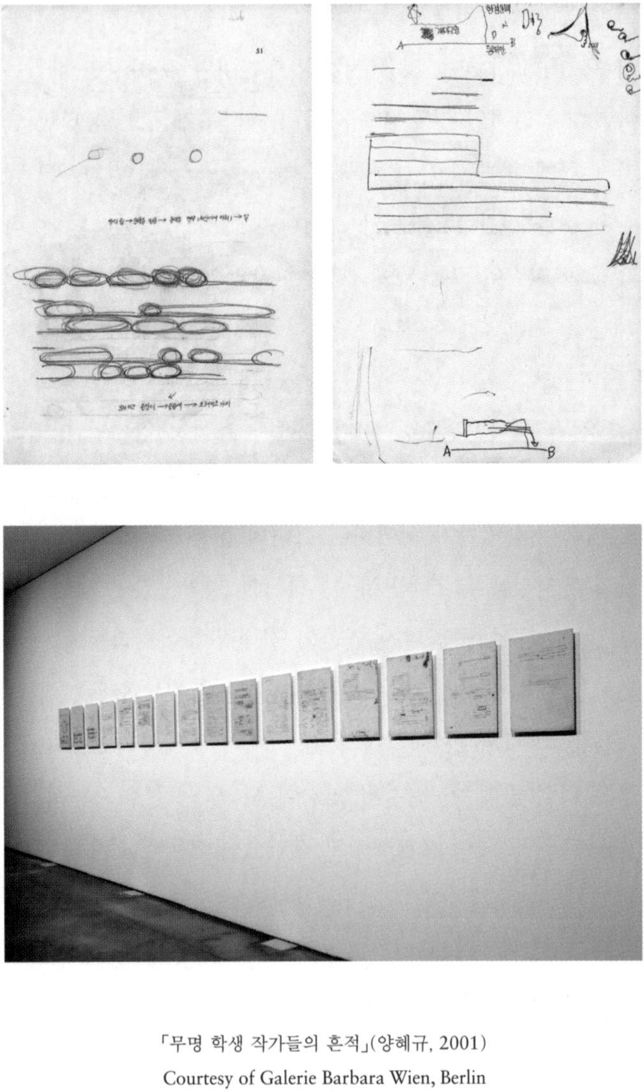

「무명 학생 작가들의 흔적」(양혜규, 2001)
Courtesy of Galerie Barbara Wien, Berlin
사진: 양혜규 스튜디오

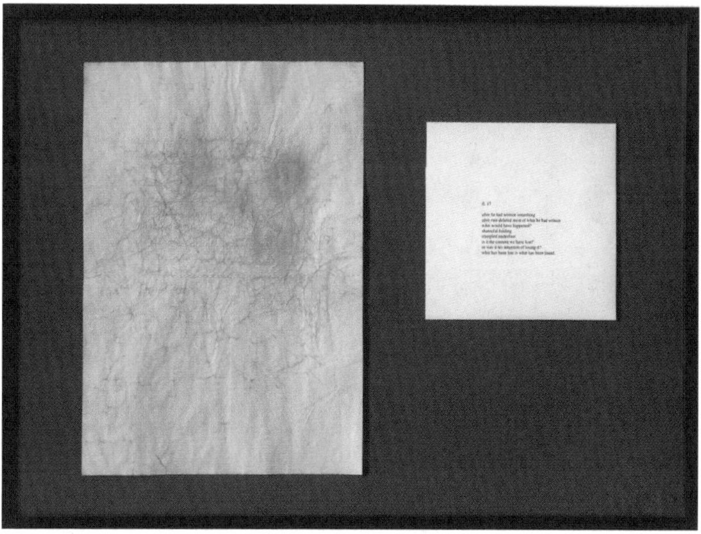

「의사擬似 엠비—그 이야기 도중에」(양혜규, 2006~2007)

Dohmen Collection, Aachen

사진: Roman März

「사동 30번지」(양혜규, 2006)

Courtesy of the artist

사진: 김대남

화적 자기의식 위에 제대로 자신을 정립해보지도 못한 채 단순히 수동적으로 자신을 타인들에게 제공함으로써만 영위할 수 있었던 삶, 그러한 삶의 증거는 그녀에게 강요된 침묵이었을 것—그녀가 실제로 침묵 속에서만 있었다는 것이 아니라, 언어가 갖는 '권력'을 거의 행사하지 못했으리라는 것—이다. 자신이 이 세계의 주인이 아니라 종임을 증명해주기 위해 필요했을 침묵, 자신이 온전한 주체 또는 인격이라기보다는 자연에 가까운 존재라는 사실을 드러내주었을 침묵, 그녀 자체였던 침묵이 이제 망자의 유령으로 되돌아와 도시의 한 공간을 뒤덮어 폐허로 만들어버린 것이다.

이상하게도 『죽음에 이르는 병』의 '그 여자'는 수동적 존재라는 점에서 사라져버린 한 할머니와 유사하다. '그 여자'의 수동성을 대변하는 것은 침묵이다. '그 여자' 역시 거의 언제나 언어가 갖는 힘을 박탈당한 채 존재한다("그 여자는 말이 없다. 그 여자는 잠이 든다"). '그 여자'가 하는, 해야만 하는 일은 주인과 같은 '당신'의 행위에 종처럼 자신을 맡기는 것뿐이다. '그 여자'는 잠을 잘 때조차 자신의 몸을 '당신'의 눈에 노출시켜놓는다. '그 여자'의 잠은 언어에 대한 거부이다. '그 여자'는 반反언어적인 존재이다. '그 여자'는 사회 바깥의 자연적 존재이다.

'당신'의 자아는 전적으로 사회적 자아와 동일하다. '당신'은 철저하게 사회적 기준에 따라 생각하고 판단하고 행동한다. '당신'은 사회 외부(보다 정확히 말해, 사회 내부의 외부)의 내밀한 관계에 들어가기를 스스로 차단시켜버린 남성이며, 그렇기에 일단 '그 여자'와 돈으로 계약을 맺고 나서야 안심할 수 있었다. 반면 사회의 평균화된 의식(사회적 관념들, '이데올로기')을 대변하는 '당신'과 대척점에 놓여 있는 '그 여자'는 사회 외부의 자연이자 몸이다.

'그 여자'의 몸과 사동 30번지 옛 주인의 몸은 모두 타인에게 내맡겨진 수동적 몸들이지만, 전자는 성적인 차원에서 전복적인 몸이라는 점에서 후자와 다르다. 전자는 후자와 달리—또는 후자와 다른 방식으로—사회의 화석화되고 규격화된 의식을 위협하며, 결국 그것을 와해시킨다.

'그 여자'는 몸을 노출시키고, 그 노출을 통해 타자와 만나지만, '당신'의 자아는 반대로 사회적 의식과 일치되어 있다. '당신'은 자아에 갇혀 있는 동시에 그 보편적·일반적(사회적) 의식에 갇혀 있고, 그 외부를 보지도 감지하지도 못하며, 따라서 거기로 나아가지도 못한다.

그러나 그들의 관계를 이끄는 축은 바로 '그 여자'의 몸의 현전(왜냐하면 '당신'은 그 몸에 치명적으로 매혹되어 있기 때문이다), 즉 바닷가의 한 호텔 방이라는 공간을 점령한 압도적인 자연의 현전이며(여자의 몸은 인간에게 진정한 자연 자체일 것이다), 그 위협 앞에서 '당신'의 닫힌 자아와 견고한 사회적 세계는 무너져 내린다.

'그 여자'는, 관계의 기반이 몸의 노출과 몸을 내어주는 행위에 있으며, 따라서 관계에는 반사회적 요소(사랑의 감정이 어떻게 불시에 솟아날 수 있냐는 '당신'의 물음에 '그 여자'는 "우주의 운행 질서가 갑자기 무너지는" 데에 따라, "예컨대 실수에" 따라 그럴 수 있다고 대답한다)가 필연적으로 개입한다는 사실을 입증한다. 그 반사회성 또는 자연성의 개입이 '당신'을 몸과 의식 사이의, 자연과 사회 사이의, 타자와 자아 사이의 분열 한가운데에 던져두며, 이를 '당신'은 여러 번 눈물로 표현한다.

'그 여자'는 분열이 없는 자연의 존재이며, 한마디로 사랑이 밖으로 자연스럽게 흘러나가는 사랑의 '화신'인 반면, '당신'은 이제 불행하게도 분열 속에서 쪼개진 "죽은 자" 또는 "죽어가야 할 자"에 불과하다.

이는 우리가 뒤라스의 짧지만 장엄한 이야기를 읽으면서 내릴 수 있는 자연스러운 결론이다.

그러나 '당신'이 오직 자아와 사회적 세계에 머무르려고 했던 것만은 아니다. "그 여자는 묻는다. 무얼 시도해보는 건가요? / 당신은 말한다. 사랑을." 그렇다. '당신'은 사랑을 시도했었다. 그렇기에 '당신'은 눈물을 쏟아냈던 것이다.

모리스 블랑쇼[3]는 『죽음에 이르는 병』을 해석하면서 이러한 뜻밖의 결론을 제시한다. "이 두 주인공 중 절대에 보다 더 부합하고 보다 더 가까이 다가가 있는 자는 바로 쉼 없는 탐색 가운데 사랑하기를 시도하고 있는 남자라고 우리는 단언할 수 있다."

이러한 말은 단순히 남성의 입장에 서서 할 수 있는 말이 결코 아니다. 우리는 이 이야기를 읽으면서 사랑에 자신을 전적으로 열어놓고 있는 것 같은 '그 여자'를 옹호하고, 그 반대인 것 같은 '당신'을 간단하고 쉽게 비판할 수 있을는지 모른다. 그러나 사랑이라는 문제와 결부되어, '그 여자'가 여성을, '당신'이 남성을 대변한다기보다는, '그 여자'는 사랑 자체이거나 숭고한 사랑의 은총 속에 놓여 있는 신적인 존재를 재현하고, '당신'은 불행하게도 자아·의식·사회의 한계에 매달려서 그 한계를 넘어서고자 발버둥치는 가련한 인간 자

3 양혜규는 뒤라스의 『죽음에 이르는 병』과 더불어 이 작품에 대한 해석이 담겨 있는 블랑쇼의 『밝힐 수 없는 공동체』(모리스 블랑쇼·장-뤽 낭시, 『밝힐 수 없는 공동체/마주한 공동체』, 박준상 옮김, 문학과지성사, 2005)에 주목했던 것으로 보인다. 또한 블랑쇼의 이 공동체론은 그녀의 작업 「부재의 공동체The Community of Absence」(2007)에 영감을 주었던 것으로 보인다.

체를 재현한다.

그 한계에 놓여 있는 것이 바로 고독이다. 우리가 사회 안에 있는 한, 언어를 사용하고 있는 한 자아와 의식 외부로 영원히 나가 있다는 것은, 분열을 모른 채 존재와 완전히 하나 된다는 것은, 즉 고독을 모르거나 언제나 고독하지 않을 수 있다는 것은 불가능하거나 허위이다.

따라서 신이 아닌 인간들 사이의 사랑에 반드시 폭력이 개입한다. 한계 자체에, 또한 한계에 머무르려는 데에서 비롯된 고독에 가해지는 폭력이, 한계를 무한無限(초시간적 영원이 아니라 다만 한계의 부재)으로 열리게 만드는 폭력이, 사회적 의식과 그것이 규정해놓은 의미들을 무너뜨리는 침묵의 몸의 현전과 노출이.

그러한 반언어적이자 반사회적인 폭력이 뒤라스의 '당신'을 이 사회로부터 끄집어내 자연의 공간으로 내던져놓는다. 거기에서 '당신'은 자신의 사회적이자 개인적인 자아를 상실하면서 혼돈의 상태에 빠진다. 뒤라스는 분명 '그 여자'의 성적인 몸을 '당신'의 의식의 대립항으로 설정해놓고, 전자가 후자에게 가하는 압도적인, 나아가 절대적인 힘을 강조한다. "당신은 죽음으로 인해 죽을 거예요. 당신의 죽음은 이미 시작되었어요"라는, '당신'이 '그 여자'가 떠난 후에도 "간직하고" 있는 "죽음에 이르는 병"이라는 말은, 한 인간이 다른 한 인간에게 전할 수 있는 비판이라기보다는 신의 판결과 같은 것이다.

'당신'에게는 '그 여자'의 몸의 현전 자체가 신의 판결 같으며, 그 판결이 내려진 후 '당신'은 절대적 신·자연과 사회 사이의 완전한 단절을, 죽음과 같은 고독을, 죽음을 예감한다. 그렇다면 『죽음에 이르는 병』의 저자 뒤라스 자신은 그 몸과 의식 사이의, 자연과 사회(문화) 사이의 완전한 단절을 말하고자 하는가? 그렇다면 뒤라스는 그 단절에 스스로 만족하고 있는가? 뒤라스 자신도 그 단절이 답이 아니라고 판단했기 때문에, 그것을 사회 내에서 언어에 의존해 넘어서기 위해 『죽음에 이르는 병』을 썼던 것이다.

뒤라스의 언어는 당연히 몸과 의식 사이의, 자연과 사회(문화) 사이의 절대적 단절을 선포하는 신의 언어가 아니며, 양자의 연결을 희구하면서 쓰여질 수밖에 없는 '인간적인, 너무나 인간적인', 즉 분열되고 찢긴, 따라서 불완전한 인간의 언어에 불과하다. 그것은 그렇다고 '당신'이 '그 여자'를 만나기 전에 자족적인 상태에서 갇혀 있었던 사회와 의식의 언어는 아니며, 자연과 문화(사회) 사이의 빈 곳의 언어, 몸의 노출로서의 언어, 타인을 부르고 타인에게 호소하는 관계로서의 언어, '사이'의 언어이다. 즉 그것은 단절 속에 머무르지도 못하고 단절에 만족하지도 못하기 때문에 부르는—타인을 부르는—예술의 언어, 간단히 예술이다. 사실 '당신'은 '그 여자'와 헤어져 있는 것이 아니다. 또는, 그들은 헤어져 있기 때문에 연결되어 있는 것이다.

2008년 말 사단법인 철학아카데미에서 있었던 강연에서 양혜규는 자신이 마르그리트 뒤라스를 깊이 읽었고, 또 그녀와 대화해왔다고 말했다. 아마 양혜규와 뒤라스가 만나는 지점은, 몸의 노출이 전적으로 자연적인 것으로 남지 않고 언어로, 우리 '사이'에 놓이는 공동의 언어로 전환되는 지점일 것이다. 그 전환은 뒤라스가 말하는 사랑의 경험("그렇지만 이렇듯 사랑이 싹트기도 전에 사랑을 잃어버림으로써, 오직 당신에게만 이루어질 수 있는 방식으로 그 사랑을 경험할 수 있었던 것이다")이 열리는 사건과 별개이지 않을 것이다. 즉 그 전환은 몸과 의식의, 자연과 사회의 분리 그리고 '우리'의 분리(단절이 아닌 분리, 공동 영역을 배제하지 않는 분리)를 전제로 삼는 어떤 공동체가, 그러나 그 분리를 결론적인 답으로 받아들이지 않고 다른 가능성을 찾기 위해, '우리'에 대한 긍정을 위해 현전 또는 부재 가운데 나타나는 사건과 무관하지 않을 것이다.

이미이자 아직
—교차시간에서의 몸—

* 「이미아직AlreadyNotYet」은 안애순 감독의 연출로 국립현대무용단이 예술의전당 토월극장 무대에 올린 무용작품이다(2015년 4월 24일~26일).[1] 「이미아직」의 소개 팸플릿을 보면, 이 작품은 죽음으로 들어가는 한 사람, 그를 죽음으로 인도하는 꼭두와 살아남은 다른 사람들이 벌이는 제의祭儀를 무대화한 것이다. "상여 앞에 매달린 망자의 길잡이인 '꼭두'와 살아남은 이들로부터 망자의 넋을 떠나보내는 '넋전'의 제의가 펼쳐지는 동안 우리는 죽음을 삶의 교집합으로 끌어

1 이 텍스트는 이 공연의 리뷰를 위해 씌어졌으며, 국립현대무용단의 기관지 『K CONTEMPORARY』(2호, 2015년 12월)에 실렸고, 그 일부가 이듬해 4월 1~2일에 열렸던 같은 공연의 팸플릿에 수록되었다. 이 작품과 무용 일반에 대해 대화를 나누면서 많은 시사점을 전해주었던 안무비평가 김남수에게 감사드린다.

안는 힘을 전달받습니다. 삶과 죽음의 경계에서 벌어지는 무용수들의 춤은 죽음 자체로 뛰어든 인간의 열렬한 삶을 향한 축원과도 같습니다"(안애순 예술감독의 글 가운데에서).

* 죽어가는, 죽은 한 사람과 그를 죽음의 길로 떠나보내는 사람들의 이야기, 그렇게 우리는 「이미아직」을 이해할 수 있다. 그러나 적지 않은 무용극들이 그렇겠지만 이 작품에서 중요한 것은, 또한 이 작품을 이끌어가고 있는 것은 이야기가 아니다. 관객들에게 궁극적으로 중요한 것도 이야기에 대한 이해가 아니다. 모든 예술 가운데에서 춤으로 표현된 것처럼 이야기로, 말로 설명하기 힘든 것이 없을 것이다. 그것은 음악만큼이나 언어에 저항하고, 언어를 비껴나가는 영역에서, 비술어적非述語的인 몸의 영역에서 전개된다.

고전적인 한 무용극의 경우, 가령 어떤 고전적 발레의 경우 이야기뿐만 아니라 무용수들의 동작들도 합리적으로 계산된 전체적인 틀 내에, 즉 의식적意識的 힘 아래에 통제되어 있을 수 있다. 극 전체가 전체를 관리하는 의식—그것이 극작가의 것이든 아니면 연출자의 것이든—의 개입에 따라 구성되고 방향 지워질 수 있다. 그러나 「이미아직」은 그렇지 않다. 이 작품이 어떠한 합리성도 개입되지 않은 무질서한 작품이라는 것도, 이러저런 무절제한 파토스의 표현에만 의존하는 작품이라는 것도 아니다. 거기에 의식적 의미부여의 의지가 부재한다는 것도 아니다. 다만 모든 의식적·전체적 구도를 뒤로 물러나게 만드는 계기들이 출몰해서 이 작품을 이끌고 나간다는 것이다. 그 계기들은 등장하는 무용수들의 파편화된 몸짓들이다. 삶과 죽음의 접경지대를 가리키는 발작적인 움직임들, 자신의 의식을 포함한 모든 의식의 통제를 벗어나 마치 자연(삶·죽음, 생사)의 명령에 따라 분출하는 것처럼 보이는 몸의 행위들, 바로 그것들이 「이미아직」의 중심에 놓여 있고, 이 작품을 전개하는 동시에 대단원으로 이끌고 간다.

「이미아직」에서의 파편화된 행위들에 주목하는 이 텍스트는 이 작품을 하나의 일관된 맥락에서 설명하거나 파악하려는 시도를 포기하고, 다만 그 행위들이 흩어져가는 순간들이 주는 리듬에 따라 단상斷想 형태로 씌어질 수밖에 없을 것이다.

* 몸의 파편적 행위들, 그것들은 「이미아직」에서 물론 보이는 차원에서 펼쳐지지만, 궁극적으로는 보이지 않는 차원으로 넘어간다. 공간을 점유한—데카르트의 표현에 따르면 '연장延長된'—몸의 보이는 움직임들은 결국 순간적으로 우리를 스쳐 지나가는 보이지 않는 흔적들로 전환된다. 파장화波長化 또는 유체화流體化, 말하자면 공간 내에 놓인 보이는 고체적인 것들이 순간적으로 나타났다가 곧 사라지면서 유

체적인 것들로 변형된다. 몸의 보이는 행위들의 시간화된—생성되는 동시에 흩어져가는—보이지 않는 흔적들로의 전환, 공간적인 것들의 시간화, 그에 따라 몸이 '현전'한다. 삶과 죽음의 미분未分지대가 드러난다. 즉 시간 자체가 열린다.

*「이미아직」의 한 장면에, 함께 춤추던 5명의 무용수가 물러나고 여자 무용수 하나만 남아 무대 전체를 가로지르면서 격렬한 몸짓들을 보여주는 장면에 주목해보자. 이 무용수가 홀로 추는 춤은 이 작품 전체를 대변하는 장면들 가운데 하나를 연출한다. 그녀는 죽음에 저항하면서 삶을 희구하는가, 아니면 삶에 저항하면서 죽음을 희구하는가? 그녀의 몸의 말은 삶을 향해 있는가, 아니면 죽음을 향해 있는가? 삶을 위한 것인가, 죽음을 위한 것인가? 둘 모두이거나, 분명하지 않다. 에로티시즘이 인간 자신의 한계-죽음을 노출시키면서 동시에 삶을 욕망하면서 죽음-한계 바깥으로 한 걸음 더 내딛는 움직임이라면(조르주 바타유), 그녀의 몸짓들은 에로티시즘의 영역을, 즉 삶과 죽음의 접경지대를 가리키면서 죽음을 알려주는 동시에 죽음에 저항한다. 그 몸짓들은 인간적 의식의 통제를 벗어날 뿐만 아니라, 주관적(인간중심적)·낭만적 감정이 스며들 틈을 허용하지 않는다. 어떠한 방식으로도 인간이 주도할 수 없는 것처럼 보이는 몸짓들, 그것들을 표현하는 몸은 인간 외부에서 전해지는 생명의 명령에 따라

「이미아직」(2015)
국립현대무용단, 연출: 안애순

죽음을 향해 나아가고, 동시에 인간 위에서 내려오는 죽음의 명령에 따라 생명을 전개시킨다.

* 그 몸의, 나아가 「이미아직」 전체에서 드러나는 몸들의 현전은 어떠한 것인가? 그것은 의식에 나타나는 현전과는 다른 종류의 것이다.

의식은 공간에 자리 잡은 어떤 것을 언제나 현재를 기준으로 동일화하며, 시간상의 좌표의 현재라는 점에 위치시킨다. 의식은 공간상에서 그 위치를 가리킬 수 있는 것을 시간의 일직선상에서 가리킬 수 있는 하나의 점(현재)으로 파악한다. 의식은 공간화된 보이는 하나의 대상을 중심으로 작용하며, 그 대상이 놓이는 시간은 현재가 기준이 되어 고정된 공간적인 시간(과거는 현재를 기준으로 '지나간' 현재이며, 미래는 마찬가지로 현재를 기준으로 '와야 할' 현재이다)이다. 현재를 기준으로 '이미'와 '아직'이 분리된 시간이다.

그 현재에 남김없이 드러난 어떤 것의 속성들의 전체가, 그것을 그것 자체이게 하는 술어述語들의 총합이 그것의 '의식적' 현전을 구성한다. 그 현전은 현재에 고정된 것, 고체적인 것, 대상화된 것이다.

그러나 「이미아직」에서의 몸은 결코 공간에 하나의 위치를 점유한 어떤 대상이 아니며, 무시간적인 현재의 본질적 표상('의식적' 현전)으로 환원되지도 않는다. 그 몸의 현전은 미래에 도래할 것, 즉 미래에 도래해야 할 것으로 남아 있는 동시에 이미 과거로 떠난 것(사라진 것)이다. 과거로 '이미' 떠나버린 것이 현재에 '아직' 오지 않은 것으로 남아 있다. '이미이자 아직'. 미래에 도래해야 할 것이 벌써 과거를 향해 떠나 있다. '아직' 도래하지 않았기에 미래에 도달해야 할 것이 '이미' 미래를 향해 떠났다. 미래에 도래해야 할 것은 과거에 '이미' 그려졌고, 과거를 향해 '이미' 떠나 있던 것이 미래에 그려질 것이다. '아직' 도래하지 않은 것이 '이미' 과거 속으로 사라졌다. 그 몸은 동일한 현재가 축인, 일직선상의 시간적 질서('시계의 시간')를 뒤튼다.

다시 말해 그 몸은 시간의 시간성 자체를 열고 전개시킨다. 그 몸은, 과거와 미래를 가르는 현재가, 과거와 미래를 자기와 동일한 것들로 만드는 현재가 아닌, 과거와 미래의 중첩 또는 미분 영역으로서의 현재를 펼친다. 시간성으로서의 현재, 공간의 어떠한 대상도 상관항으로 갖지 않는 시간, 불규칙한 현재, 또는 어떠한 좌표에서도 하나의 점으로 찍히지 않는 순간, 거기에 그 몸의 시간이 있다.

* 따라서 그 몸은 우리에게 무엇을 말하는가?

그 몸은 '이미' 죽어 있는 동시에 '아직' 살아 있다. 다시 말해 '이미' 살아 있는 동시에 '아직' 죽어 있다. 그 몸은 '이미' 죽어 있기에 '아직' 살아 있다. 다시 말해 '이미' 살아 있기에 '아직' 죽어 있다.

그 몸이 태어나는 순간을 그 몸의 주인이라고 자임하는 자는 결코 의식하지 못했고, 그 몸이 죽는 순간은 결코 그의 의식에 포착되지 않을 것이며, 그 순간을 그는 선택할 수도 지배할 수도 없을 것이고, 그 순간에 그는 없을 것이다. 그 몸의 시간의 알파와 오메가에, 즉 그의 탄생과 죽음에 그는 존재하지 않는다. 삶과 죽음 모두의 근거에 그가 있지 않고, 그는 그 자신이 아닌 결코 알지 못하는 어떤 자나 어떤 것으로부터 삶의 명령과 죽음의 명령을 받았을 뿐이다. 그러나 삶의 명령과 죽음의 명령은 서로 다른 것들인가?

불교의 가르침인 나의 시작도 끝도 없으며 내가 태어난 적도 없고 죽어서 멸하지도 않으리라는 것, 즉 '무시무종 불생불멸無始無終 不生不滅', 그것이 실상이지 않은가? 나의 탄생은 나 자신이 근거나 이유가 되어 열리지 않았기에 나의 탄생이 아니며, 나의 죽음은 나 자신이 근거나 이유가 되어 닫히지 않을 것이기에 나의 죽음이 될 수 없을 것이다. 그렇다면 나의 삶과 죽음 사이의, 정확히 말한다면 '누군가'의, '누군가'의 몸의 삶과 죽음 사이의 그 모든 순간들은 나의 것인가? 나에게 속해 있는가, 나의 소유인가? 그 모든 순간들 가운데 어떠한 것도 실상 '시계의 시간'에 한 점으로 찍힌 적이 없고, 그 점에 고정되어 나의 것이 된 적이 없다는 사실을 되돌려 본다면, 그 순간들 모두가 마치 바다 위에 떨어지는 눈

송이들처럼 흩어져 사라지는 것이 실상이라면, 그 순간들 모두에서, 각각에서 도대체 누가 살고 누가 죽어가는 것인가? 누가 죽는 것인가?

* 「이미아직」의 몸은 어떠한 좌표에서도 점 하나로 가리킬 수 없는 순간을 현시시킨다. 그러나 그 순간은 신비한 시간도 종교적이거나 초월적인 시간도 아니며, 완전한 유有(항상적 존재)도 완전한 무無(항상적 부재)도 아니지만 경험된다. 즉 어떠한 보이는 공간에서도 공간화될 수 없는 시간 그 자체로서 나를 스치고 지나가면서 사라져간다. 공간적인 어떤 것으로서가 아니라 시간 그 자체로서 '경험된다'. 내가 만들어내지 않았을 뿐더러 내가 주재할 수 없는 암점으로서 내 안에, 나의 몸 안에 침투한다. 그 시간적인 암점을 나누는 것이, 바로 시간 자체를 나누는 것이 아닌가?

빠져나가 달아나는 것이 아니라면 무엇을 잡을 것인가,
어두워져가는 것이 아니라면 무엇을 볼 것인가,
말하면서 찢겨져 나가는 것이 아니라면,
죽어가는 것이 아니라면 무엇을 갈망할 것인가?
—이브 본푸아, 「나무들에게」 중에서

* 따라서 그 몸은 무엇을 말하는가?

그 몸은 하나의 대상이 아니며, 따라서 그것을 보는 나와, 우리와 구별되지 않는다. 그것을 본다는 것은 대상 하나를 보는 것이 아니라, 나를 '보는' 것이며, 우리를 '보는' 것이다. 결코 볼 수 없지만 '보는' 것이다. 즉 보지 못하고 다만 시간 자체가 응결되는 시점·지점(시점으로서의 지점, 지점으로서의 시점)을, 시간 자체가 시간화되는 동시에 공간화(공간화로서의 시간화, 시간화로서의 공간화)되는 암점을 나누는 것(공동화)이다. 암점을 나는 결코 만들어낼 수 없었고 지배할 수도 없으며, 그 근거에 어떠한 주체도 놓여 있지 않다. 그것은 밀물과 썰물처럼, 흐르는 바람처럼 스스로 왔다가 스스로 물러나고 사라져간다. 나의 (생물학적) 몸 안에도 너의 (생물학적) 몸 안에도 있지 않고, 다만 몸들의 소통 가운데, 소통하는 몸들의 보이지 않는 사이에 찍히는 시점·지점, 거기에 어떠한 자아도 없다.

공간에 연장된 몸들이 아닌 유체적 몸들 사이, 한마디로 우리 사이, 우리 공동의 빈 곳, 우리 공동共同의 공동空洞, 그 보이지 않는 공간을 주관하는 주체는 없으며, 거기에 아무나 들어갈 수 있다. 그 사실이 「이미아직」이 시작되자마자 형상화形象化된다. 아직 어떠한 무용수도 등장하기 이전에, 암흑의 무대 중앙에 수많은 얼굴(탈, 가면)의 이미지들이 연속적으로 겹쳐져 나타났다가 사라진다. 그 장면에서 「이미아직」이 열리며, 어둠의 무대 중앙의 빈 곳은 아무나 들어갈 수 있고 나아가 누구나 들어갈 수밖에 없는, 우리 모두가 속해 있는 교집합의 영역(또는 "죽음을 삶의 교집합으로 끌어안는 힘", 안애순 감독의 말)과도, 그러나 어느 누구도 주인(주체)이 아닌 자리와도 같다. 그 자리는 의식의 자리도 인식의 자리도 어떠한 종류의 감정의 자리도 의지意志에 따라 움켜쥘 수 있는 자리도 아니다. 다만 몸의 자리이다.

나의 존재의, 우리의 존재의, 모두의 존재의 무근거성無根據性이 유일하게 경험되는 자리, 인간이 자기 존재의 근거가 아니라는 사실이 에누리 없이 명백해지는 장소. 인간의 삶이 스스로 의식할 수 없는 시점에서 시작되고, 인간의 죽음이 스스로 선택할 수도 인식할 수도 없는 시점에서 전개된다는 사실(나는 '시계의 시간'을 기준으로 고정된 한 시각에 태어났던 것이 아니고, 고정된 또 다른 시각에 죽을 것도 아니며, 내가 살아가는 매 순간은 바로 내가 죽어가는 매 순간 이외의 아무것도 아니라는 사실)이 분명히 드러나는 곳, 내가 생각하지 않고 있는 시점에서만 나는 살아가고, 마찬가지로 내가 생각을 멈추고 있는 시점에서만 나는 죽어간다는 사실이 확증되는 곳. 몸의 자리, 즉 의식과 언어가 주도하는 문화의 세계(바로 이 세계, 이 세상)에 초월적인 '생로성병사生老性病死'의 영역, 자연의 영역.

* 우리 모두는 각자 자신의 몸이 자기에게 속해 있다고

간주하지만, '생로성병사'의 사건들은, 그 몸이 사회 내에서 고유한 하나의 이름(고유명사)으로 지칭되는 나의 것이 아니라, 공동의 익명적인 것이라는 사실을 알려준다—그러한 사건들에 어떠한 의지도 판단도 없이 나 자신을 내맡기면서 휘말려들라는 것이 아니라, 다만 그러한 사건들이 나 자신의 삶의 선험적·익명적 조건들이라는 것이다. 다시 말해 그 사건들은, 그 몸이 내가 거리를 두고 소유할 수 있는 대상이 아니라, 이미 내 안에 들어와서 오히려 나를 소유하고 있는, 나보다 더 큰 존재라는 실상을 통고한다. 그 몸, 나의 몸이 아닌, 공동의 이름 없는 몸, 따라서 나의 몸이 아니고 몸의 나이다(『차라투스트라는 이렇게 말했다』의 니체: "몸이 자기인 것이다"). 몸, 이미 내 안에 들어와 있기에 내재적이지만, 동시에 나에 대해 초월적인 몸.

* 그러나 몸이 왜 초월적인가? '생로성병사' 같은 몸의 작용들이 내 안에서 일어나기에 몸이 나에게 내재적이라면, 그 작용들에 나의 존재가 일치하지 않고, 그것들로부터 나의 존재가 벗어나 있기에 몸은 나에 대해 초월적이다.

살아가는 매 순간, 즉 죽어가는 매 순간 일반적인 경우 나는 자신의 의식을 사로잡고 있는 언어(단어들, 문장들)와 그것이 만들어낸 관념들에 매여 있고, 바로 그 언어가 나의 존재를 규정한다. 또한 그 언어에 따라 나는 존재 일반을 규정한다. 존재 일반 전체를 인식하고 판단하며, 의지意志하고 지향해야 할 대상들을 구획한다. 나의 언어는 일반적인 경우 몸보다 나에게 더 가까우며, 나는 바로 나의 언어를 다른 무엇보다도 더 코앞에, 의식 안에 가져다두고 살아간다. 이는 우리의 일상이 전개되는 과정이기도 하지만, 우리가 동물들과는 달리 몸의 자연으로부터 완전히 분리되어 각자 자기에게 고유한 의식적 관념의 공간에 유폐되는 과정이기도 하다. 그러나 내가 나 자신에게 고유한 것이라고 믿고 들러붙어 있는 그 관념적 공간은 사실상 나의 것이 아니고, 내가 만들어낸 것도 아니며, 사회로부터 주어진 것인데, 왜냐하면 그 공간은 나의 모든 의식 작용 이전에, 또한 나의 모든 의식 작용이 작동하기 위해 미리 정립된 '사회적' 언어(여기서 '사회적'이라는 수식어는 불필요한데, 모든 언어는 그 자체로 '사회적'이기, 사회에 근거를 두어야만 하고 사회의 인가를 받아야만 하기 때문이다)에 의해서만 구성될 수 있기 때문이다.

나의, 또한 사회의 그 관념적 공간은 내가 모든 존재에 대해 쳐놓는 울타리(벽) 내의 영역이다. 그 울타리 안에 갇혀, 즉 끊임없이 언어에 붙들려서, 단어들과 문장들을 만지작거리는 동시에 그것들에 휘둘리면서(내가 언어를 사용하는 것이 아니라 언어가 나를 사용한다) 나는—임시적으로, 또는 가상적假象的으로—주체로 서고, 그에 따라 그 울타리 바깥의 모든 존재를 대상화하고자 한다. 이는 분명 어느 한도 내에서는 용인될 수밖에 없으며, 바로 나의, 우리의 일상이 영위되고, 철학과 과학을 비롯한 모든 학문이 성립되기 위한 조건이기도 하다. 그러나 그 울타리가 단 한 번도 열리지 않거나, 거기에 단 한 번도 틈이 벌어지지 않을 때, 그 울타리 바깥의 어떤 것에 대해, 특히 타인에 대해 어떠한 방식으로든, 언어적·상징적 방식으로든 실제적 방식으로든 폭력을 가할 준비 상태에 놓일 수밖에 없게 된다. 또는 엄청난 폭력을 실제로 저지르게 된다.

몸이 원래부터 나에 대해 초월적인 것이 아니다. 몸은 어떤 초월적 세계에 존재할지도 모를 신神과 같은 형이상학적 실체가 아니다. 먼저, 미리, 내가, 우리 인간이 언어로 그러한 관념의 울타리(벽)를 자기가 아닌 것들에 대해 쳐놓았기 때문에, 몸은 그 울타리 밖으로 밀려난 잉여 존재가 되어버렸고, 그러나 바로 그렇기 때문에 나·우리의 그 울타리 안으로 포섭될 수 없는 비내재적인非內在的인, 외재적外在的인, 즉 초월적인 어떤 것이 되어버린다. 몸은 관념·언어의 울타리(사념의 벽, 언어의 감옥)에 뚫린 구멍의, 공空(이 한자의 본래적인 뜻대로 빈 곳)의 자리이다. 또한 그 공을 '생로성병사'의 사건들이, 그 실상들이 정확히 드러낸다.

* 비록 과학과 의학에 의해 어느 정도 통제될 수 있고,

그렇게 되는 것이 지극히 정당하지만 '생로성병사'라는 인간 몸의 실상들은 근본적으로 인간의 모든 언어적·관념적·학문적 조작 바깥에 놓여 있는 아포리아들이다. 궁극적으로는 인간이 접근할 수도 지배할 수도 없는 불가능성,—인간이 의식적 존재도 관념적 존재도 언어적 존재도 아니고 다만 몸의 존재라면—인간 존재 자체를 처음부터 끝까지 규정하는 불가능성. 의식·언어·문화 바깥의 그 자연의 실상들은 우리로 하여금 인간이 둘러놓은 그 울타리에 뚫린 공을 '보지' 않을 수 없게 한다. 그러나 그 울타리와는 달리 그 공은 나의 것도, 어떠한 주체의 것도, 어떠한 사회(집단·공동체)의 것도 아니지 않은가? 인간이 동물보다 나은 점이 있다면, 인간에게 진정으로 위대한 점이 있다면, 바벨탑을 쌓듯이 그 울타리를 쌓아올리는 것이 아니라, 바로 그 공의 자리인 몸을 감지할 수 있다는 데에, 몸에 놓여 있는 그 공으로 열릴 수 있다는 데에 있지 않은가? 몸에 놓여 있는 공이 추진하는 우리의 소통의, 간단히, 우리의 가능성. 그 공으로 열린다는 것, 너와 내가, 아무나, 누구나—그가 자아가 아닌 한에서—들어가 있을 수밖에 없는 그 무차별적인 익명의 공간을 연다는 것, '무시무종 불생불멸'의 영역으로 통한다는 것, 그것은 '생로성병사'에 집착한다는 것이, 생물학적인 나의 '몸뚱아리'에 얽매인다는 것이 아니며, 우리 공동의 비생물학적이자 비연장적非延長的인 유체적 몸의 말을 듣고 전한다는 것이다.

그 몸의 말의 발원지인 우리 공동의 암점에 관통당한다는 것이다. 즉 너와 내가 다르지 않고, 삶과 죽음이 다르지 않으며, 유한이 곧 무한이라는, 나의 가능성이 아닌 우리의 가능성이 알려지는 그 공동의 암점을 보지 못한 채 '보는' 것이다. 나로서는 불가능성일 수밖에 없는 '생로성병사'의 실상들을 우리의 가능성 가운데로 가져오는 것이다. 「이미아직」은 그 가능성에, 우리 자신이 서로가 서로를 나눌 수 있다는 가능성에 바쳐진 작품이다.

아직 죽어 있고 이미 살아 있다
눈을 감아 빛으로 감춰진 세상을 보고,
눈을 떠 꿈속의 환상을 본다.
이 모든 환幻의 세계에서 누군가의 죽음은 사라지는 것이 아니라,
여전히 산 자의 몫으로 남아 있다. 죽음으로 내몰린 자들의
넋을 어루만지는
공동체의 제의를 통해 우리는 삶으로 복귀한다.

—「이미아직」의 소개 팸플릿 중에서

모든 강렬한 감정의 진정성은

바로 들리지 않는 것을 듣는 데에 있다

박준상의 『암점』은 예술작품의 체험을 특정성에 대한 어떤 불일치의 체험으로 성찰하도록 한다. 인간의 결정이 텅 비어 있는 시야에서 위성처럼 떠돌며 새로운 술어들로 가득 차 있는 그의 글쓰기는 인간이 인간에게 가장 위협적으로 발생되어지는 인질극처럼 낯설고 새로운 사유의 사건으로 작동하기 시작한다. 감각기관이 고장 난 낱말들, 지워지는 이미지들, 소리 없는 음악, 불협화음의 공간들은 낯설지만 그가 예술작품 속에서 발견해온 호명술로 우리 앞에 매혹적으로 나타난다. 눈에 보이는 대상에 의존하지 않고 보이지 않는 파동을 따라가며 거의 무차별적인 텅 비어 있는 감정과의 내연관계를 만들어가며 태어나는 사유 속에서 우리는 출렁인다. _김경주(시인·극작가)

ISBN 978-89-320-3012-8 03100

값 18,000원

문학과지성사

암점 2
暗點

몸의 정치와

문학의 미종말未終末

박준상

박준상

프랑스 파리 8대학 철학과에서 박사학위를 받았다. 숭실대 철학과에 재직 중이며, 미학·예술철학 등을 강의하고 있다. 지은 책으로 『떨림과 열림—몸·음악·언어에 대한 시론』, 『빈 중심—예술과 타자에 대하여』, 『바깥에서—모리스 블랑쇼와 '그 누구'인가의 목소리』가 있다.

암점
暗點

암점 2

몸의 정치와 문학의 미종말未終末

제1판 제1쇄 2017년 6월 30일

지은이 박준상
펴낸이 우찬제 이광호
펴낸곳 ㈜문학과지성사
등록번호 제1993-000098호
주소 04034 서울 마포구 잔다리로7길 18(서교동 377-20)
전화 02) 338-7224
팩스 02) 323-4180(편집) / 02) 338-7221(영업)
전자우편 moonji@moonji.com
홈페이지 www.moonji.com

ISBN 978-89-320-3012-8 03100

이 도서의 국립중앙도서관 출판예정도서목록(CIP)은 서지정보유통지원시스템 홈페이지(http://seoji.nl.go.kr)와 국가자료공동목록시스템(http://www.nl.go.kr/kolisnet)에서 이용하실 수 있습니다.(CIP제어번호: CIP2017013472)

암점 2

暗點

몸의 정치와
문학의 미종말未終末

박준상

문학과지성사

차례

I

타자: 공동의 몸

다른 사람들

거기의 다른 사람들, 그들은 누구인가? 그들은 나에게 어떻게 다가오며, 어떻게 내게서 멀어져가는가?

한 어린아이, 엄마와 한시도 떨어져 있지 않으려 해서, 자기 몸을 엄마의 몸에 묶어놓았던 그 끈이 다시 보이는 것 같은 어린아이, 무슨 말을 들어도, 무슨 꾸지람을 들어도 돌아서면 잊어버리는 저 아이, 내게 보이는 그 아이의 모습에, 엄마와 탯줄로 연결되어 단둘이 함께 허공에 떠 있는 웅크리고 있는 한몸의 '동물들'의 이미지가 지금 오버랩된다.

사진에서 보이는 나체의 한 할머니, 뼈의 윤곽이 선명히 보일 정도로 마른 두 다리와 거의 아래까지 처져서 포대包袋

처럼 보이는 뱃가죽, 죽음을 부르고 있는 그 기이한 몸에 역설 하나가, 남자를 부르는 어느 젊은 처녀의 발기된 몸이 들러붙는다. 손에 잡힐 것 같은 곳곳의 그 살거죽들, 그리고 얼굴 사방을 갈라놓고 있는 깊게 파인 주름들, 그것들을 오래 바라볼 수 없다면, 거기에 그녀가 아마 한 번도 제대로 다가가볼 수 없었을 시간의 절대 주권과 그 폭력이 현전하기 때문이리라.

그 아이의 모습 자체가, 그 할머니의 모습 자체가 말한다. 설사 그들이 내게 아무 말도 하지 않았다 하더라도, 내가 그들을 잘 모른다 하더라도 그렇다. 오히려 내가 그들을 모르는 만큼, 그만큼 더 그들은 강하게 말할 수 있으며, 또는 내가 그들을 아는 만큼, 그만큼 그들은 내가 그들에 대해 알고 있는 모든 것과 다른 것을 말한다. 몸의 현전 자체가 말하며, 명제로 표현된 어떠한 메시지도 말할 수 없는 것을 말한다. 몸의 현전은 모든 명제와 질적으로 다른 것을, 어떠한 명제도 말할 수 없는 것을 말한다. 그 사실에 인물 사진이 말할 수 있는 가능성이, 또한 인물 사진의 예술의 가능성이 놓여 있지 않은가? 만약 몸 자체가 말해주지 않았다면, 그 예술은 불가능했을 것이다.

또한 결코 오래 바라볼 수 없는 것은 과거의 '나' 자신의 모습들을 보여주고 있는 사진들이다. '나'는 그것들을 마주하고 나서 때때로 또는 자주 어떤 벽 또는 어떤 무無에 부딪혀

돌아서지 않는가? 그렇다면, 이는 한 번도 저 너머의 신神의 높은 위치에서, 동시에 시간을 초월해서 자신을 완전히 인식해본 적도 없고, 자신을 제대로 긍정해본 적도 없다는 사실을 증명해주지 않는가? 아니면 **과거**를 보여주는 그 이미지들 위에서 또는 뒤에서, 시간이 **미래**에 최종적으로 남길 이 몸이라는 거죽을, '나' 자신의 시체를 미리 앞당겨 보고 있기 때문인가? 그렇다면 '나' 자신 역시 다른 사람들, 타인들 가운데 하나가 아닌가?

시체를 본 적이 있다. 시체 역시 나는 오래 바라볼 수 없거나, 미리 그것으로부터 시선을 돌려야만 한다. 내가 한 장소를 점유하고 거기에 놓여 있는 시체를 봄에 따라 보지 못하게 되는 것은, 시체를 통과하면서 스스로를 주장하는 시간의 현전이다. 결코 표상(재현)될 수 없는 것의 현전. 공간은 자신을 바라보는 것을 허락하지만, 그렇게 그것은 봄으로써 경험될 수 있지만, 우리에게는 시간을 포착할 수 있게 만드는 어떠한 디딤돌(토대)도 없으며, 시간은 우리를 눈먼 자로 만들어놓고 우리 안에 절대적으로 침투함으로써, 오직 그렇게 함으로써만 비로소 자신을 알린다. 시간은 우리 각자를 자신을 볼 수 없는 고개 숙인 노예(결국 주체 아닌 노예)로 만들어놓고서야 자신이 누구인지를 말한다—따라서 시간은 결코 경험될 수 없지 않으며, 경험될 수 없는 어떤 초월적 존재와, 예를 들어 '물자체'와 달리 경험될 수, 절대적으로 경험될 수 있는 것으로 남는다. 시간의 침투의 경험, 그것이 존재의 경험이다.

시체

시체는 분명 하나의 보이는 사물이지만, 보이는 한에서 결코 보이지 않는 사물의 현전이다. 말하자면 시체가 드러내는 사물의 현전은 시간의 현전과 구별되지 않는다. 이제 죽은 자는 어떠한 평가도 어떠한 판단도 어떠한 가치 부여도 근본적으로는 무의미한 사물의 영역에 들어가버린 것이다. 의미 부여의 불가능성. 그 사실이 명백해지는 한순간이 시체와 대면하는 경험 속에 주어진다. 내가 그 순간으로부터 풀려나온다 할지라도, 그 사물의 절대적 물질성은 여전히 나의 의식과 판단 속에 개입한다. 설사 내가 거기에 놓여 있는 몸을 차지하고 있었던 과거를 그리워하고 애달파한다 할지라도, 설사 그 과거에 고결하고 품위 있는 삶 하나가 놓여 있다 할지라도, 그렇게 내가 의미를 부여하면서 서 있는 곳은, 한 사물(동물의 거죽과 비슷해 보이는 그가 남긴 거죽)과 한 인간적인 삶의 사이, 양자의 위상 격차가 드러나는 그 사이일 뿐이다. 결국 내가 그 인간 또는 그 시체를 똑바로 쳐다볼 수 없는 이유는, 그 절대적 물질성의 현전이 동물과 인간의 미분화未分化된 영역을 열고 있기 때문이다. 인간이, 특히 나 자신이 동물-인간의 그 공동 영역에 속해 있음을 폭로하기 때문이다.

'즉자적' 생명

죽은 자가 남겨놓고 떠난 거죽, 죽은 자의 몸인 시체뿐만 아니라, 어떤 경우 타인의 몸은 낯설게 나타난다. 그 낯섦은 몸의 존재 자체가 그것을 동일화하려는 관념을 교란시킬 때 뚜렷이 나타난다. 다시 말해 어떤 경우 타인의 몸은 어떠한 관념의 구도에도 안정되게 포착되지 않으며, 나아가 그것을 깨뜨리고, 사회와 문화 내에서 정립된 모든 형식적·제도적 규정 그 이하의 '즉자적卽自的' 생명을 감지하게 한다. 생명의 '즉자성', 왜냐하면 그 경우 생명은, 사회적 의미들·가치 기준들과 나아가 사회 내에서 받아들여지는 차이의 요소들에 묶여 있는 '대자적' 인간과는 달리 전혀 타인들을 예상하거나 의식하지 않기 때문이다. 개나 고양이나 어린아이는 우리 인간을 의식하지 않고, 자신을 우리와 비교하지 않는다. 한국전쟁 이후의 사회의 적나라한 모습들을 카메라에 담아내던 사진작가 최민식의 한 작품(「서울 용산역 앞에서」, 1957)에서, 치마를 입은 맨발의 네댓 살의 더러운 한 소녀가

담벼락 아래에서 다리를 벌리고 앉아 그릇에 담긴 국수를 정신없이 먹고 있는데, 이 이미지는 적나라함과 더불어 일종의 숭고함, 그리고 미소를 짓게 만드는 희망(사진의 배후에 암시된 채로 우리에게 분명히 나타나는, 비관주의를 부정하는, 아니 부정하는 것이 아니라 무시하는 생명의 긍정, 그러나 불안정한 희망, 기약 없는 희망) 같은 것을 전해준다. 거기에 인간 사회에 무관심한, 그것에 무심無心한 생명이, 사회적·대자적 관념들에 매몰되어 있는 우리 인간의, 또는—우리 각자가 인간이기 이전에 동물일 수 있다면—간단히 우리의 뿌리인 생명이 말하고 있다. 아마 루소 같은 사람이라면, 그 생명이 불평등을 가져오는 수많은 기준들을 내용으로 갖고 있는 사회적 질서가 아니라 동물도 이미 들어가 있는 평등의 자연적 질서에 속해 있다고 말할 것이다. "동물들도 타고난 감성에 의해 어느 정도 우리의 본성과 관련이 있으므로, 우리는 그들도 자연법에 관여하며 인간은 그들에 대해 어떤 의무를 지니고 있다고 판단할 수 있을 것이다. 사실상 내가 동포에게 어떤 종류의 해도 입혀서는 안 된다는 의무를 지니고 있다면, 그것은 동포가 이성적인 존재이기 때문이 아니라 감성적인 존재이기 때문인 듯하다. 이 같은 특질은 동물과 인간에게 공통된 것이므로, 적어도 동물은 인간에 의해 불필요하게 학대받지 않을 권리를 지니고 있다고 보아야 한다"(『인간 불평등 기원론』).

최민식, 「서울 용산역 앞에서」(1957)

『인간 불평등 기원론』은 루소가 방에 틀어박혀 인간들 사이의 불평등과 평등에 대해 사념思念의 실타래를 풀어 나가다가 쓴 책이 아니다. 거기에는 불합리와 모순과 착취 그리고 불평등으로 점철된 프랑스대혁명 직전의 사회상이 반영되어 있다. 루소의 이 문장들에서 '동물'은 그가 말하는 미개인sauvage 또는 동물의 수준으로 전락한 상태에 놓여 있었던 당 시대의 민중과 겹쳐져서 나타난다. 그가 옹호하고자 했던 것은, 우리가 집착하고 있는 동시에 불평등을 가져오는 여러 사회적·문화적, 관념적·형식적 비교 가치들 배면에서 말하고 있는 평등한 자연적 생명이다.

얼굴 이전의 몸

에마뉘엘 레비나스Emmanuel Levinas의 철학 역시 그 자신의 고독한 사유의 과정에서 나오지 않았으며, 그 기원에 나치의 유대인 학살이라는 현실적·역사적 사건이 있다. 루소의 『인간 불평등 기원론』과 『사회계약론』이 연간 신생아들 가운데 약 4분의 1 정도가 유기되고, 인구 50~60만 가운데 약 4분의 1이 극빈자들이었던 대혁명 전의 파리의 상황에 대한 경험에서 시작되었다면, 타자의 철학을 제시한 레비나스의 저작들은 구덩이에 켜켜이 쌓여 있던 유대인들의 시체 더미 위에서 나왔다.

레비나스는 타자가, 타자의 타자성이 얼굴에서 현현顯現된다고 말한다. "얼굴의 헐벗음은 내가 얼굴이라는 베일을 벗기기 때문에 나에게 주어진 것이 아니며, 따라서 얼굴 외부의 빛 속에서 나에게, 나의 힘에, 나의 눈에, 나의 지각에 주어진 것이 아니다. 얼굴은 나를 향해 돌아서 있다—바로 그 사실이 얼굴의 헐벗음 자체이다. 얼굴은 그 자체로 **있으며**, 어떠한 점에서도 하나의 체계를 준거로 삼아 있지 않다."[1]

헐벗은, 연약한, 상처 입기 쉬운 얼굴은 나에게 호소할 것이다. 분명 사라져간 한 유대인의 얼굴은 나에게 호소하고, 설사 나에게 직접적인 책임이 없을지라도, 나의 책임을 물을 것이며, 나아가 나 자신을 의문에 부칠 것이다. 반면 "얼굴의 의미"를 상실한 "몸의 헐벗음은 타인에게 혐오와 욕망과 더불어 나타나면서, 정숙함의 감정을 환기시키면서 느껴진다. 그러나 그 헐벗음은 이러저런 방법으로 언제나 얼굴의 헐벗음을 가리키고 있다. 자신의 얼굴을 통해 절대적으로 헐벗을 수 있는 존재만이 또한 정숙하지 못하게 벗을 수 있다."[2] 여기서 레비나스가 말하는 "얼굴의 의미signification du visage"는 사회성의 의미, 즉 인간들 사이의 소통의 통로를 마련하

1 E. Levinas, *Totalité et infini*, Nijhoff, 1961, p. 47.
2 같은 곳.

는 의미이다. 하지만, 레비나스에 따르면, 몸의 헐벗음은—성적 의미에서든 아니든—지나칠 정도로 인간들 그 이하로, 사회 그 이하로 내려가 있다. 그러나, 정확히 말해, "몸의 헐벗음"이 "얼굴의 헐벗음을 가리키고 있"는 것이 아니라, 오히려 얼굴의 헐벗음이 몸의 헐벗음을 가리키고 있지 않은가? 후자가 전자의 조건이 아닌가? 얼굴이 타자의 타자성을 주장할 수 있다면, 이는 그 아래에 감추어져 있는 피와 살과 뼈에서 현시되는 '즉자적인'(사회적이기 이전에 무차별적인) 생명 때문이 아닌가? 그 생명은 얼굴과 마찬가지로 어떠한 체계도 참조하지 않지만, 얼굴과 달리 사회로부터 자연으로, 즉 고독 속으로 퇴각(퇴락)해 있다. 그러나 바로 그 퇴각이, 그 고독(즉자성 내에서의, 자연 내에서의 고독)이 인간들 사이의 소통을 급진적으로 요청한다. 바로 그 고독이 '즉자적' 생명의 가장 근본적인 공동 영역에 속해 있으며, 따라서 인간들 사이의 소통의 전제 조건이 아닌가? 한 동물의 고독과, 한 어린아이의 고독과, 즉 몸의 고독과 정면에서 마주할 필요가 있다(또한 바로 고독이 루소에게서 사회 상태와 자연 상태를 구별하는 기준이었음을 되돌려 볼 필요가 있는데, 고독을 상실한 상태가 전자이며, 고독 가운데 거할 수 있는 상태가 후자이다[3]).

3 루소의 정치철학은 '고독의 정치la politique de la solitude'라는 말로 표현

레비나스의 사상이 타자에 대한 논의들의 기원에 놓여 있을뿐더러 그 중심에 놓여 있다는 것은 사실이다. 그러나 그가 말하는 얼굴이 과연 전적으로 타자성의 영역을 드러내 주고 있는지, 그것이 타자성으로 향해 있는 만큼 마찬가지로 동일성의 근본 토양인 사회적·문화적 질서의 영역으로 향해 있지는 않은지, 다시 물어야 한다. 얼굴의 이중성에 대해 다시 생각해봐야 한다. 우리는 얼굴을 씻지 않은 채로, 또 얼굴에 무엇인가를 묻힌 채로 사람들 앞에 나설 수는 없다—물론 여기서 그렇게 할 수 없는 인간의 어쩔 수 없는 '존재론적 허위'를 문제 삼자는 것이 아니다. 사실 살과 피와 뼈를 덮어 둘러싸고 있는 피부의 한 부분인 얼굴은, 즉자적 생명의 공간과 대자적 사회·문화의 공간을 가르는 경계에 놓여 있다. 얼굴은 즉자적 생명을 드러내기도 하지만 감추고 있으며, 동시에 대자적으로 타인들의 세계(사회)로 언제나 향해 있다. 얼굴, 즉 뼈와 피와 살이 바깥으로 표현되는 이미지이기도 하지만, 사회의 요구에 부응하려는 우리의 본성이 드러나는, 사회화를 가능하게 하고 사회성을 위해 준비하는 최초의 형상形象. 우리는 얼굴에 화장을 할 수도 있지만, 피와 살과 뼈는 가장을 모른다.

되기도 했다(R. Polin, *La Politique de la solitude: essai sur la philosophie politique de Jean-Jacques Rousseau*, Sirey, 1971).

윤리적 주체

타인의 얼굴은 내게 맡겨져 있고 연약하고 상처 입기 쉬우며, 나아가 때로는 한 인간의 정신성(이상성理想性)을 보여주기에 더할 나위 없이 아름답게 나타난다. 얼굴은 부드럽고, 설사 비가시적 측면을 드러낸다 할지라도 나의 시선을 인정하는 동시에 요구하며—"나의 자유를 인정"하며—, 그러한 한에서 타자는 "과부이고 고아"이고, 윤리적 차원에서 나와 환원 불가능한 차이 가운데에, 불평등 또는 비대칭성asymétrie의 관계 내에 놓여 있다. 그러한 레비나스의 견해는 이러한 결정적 표현으로 이어진다. "나와 타자 사이의 관계는 항들의 불평등 가운데 시작한다. [……] 그는 가난한 자, 이방인, 과부와 고아의 얼굴과, 동시에 나에게 자유를 부여하고 나의 자유를 인정하는 교사의 얼굴을 갖고 있다."[4] 타자가 얼굴에 드러나면서, 일종의 보호막이 그와 나 사이에 쳐지고, 동시에 윤리적 차원에서의 질적 차이로 인해 나는 환대하고 책임지는 유일한 자로, 윤리적 주체로 관계의 하나의 항에 고정되

4 E. Levinas, *Totalité et infini*, p. 229. 레비나스에 따르면, 타인은 "약한 사람, '과부와 고아'"이고 "나는 부자이고 강자"이다. "그는 예컨대 약한 사람, 가난한 사람, '과부와 고아'이다. 하지만 나는 부자이고 강자이다. 우리의 상호주관적 공간은 대칭적이 아니라고 말할 수 있다"(엠마누엘 레비나스, 『시간과 타자』, 강영안 옮김, 문예출판사, 1996, p. 101). 여기서 분명해지는 것은, 윤리적 관점에서의 나와 타인 사이의 불평등, 즉 비대칭성이다.

며, 타인은 나를—아마도 무언無言 속에서—가르치는 교사로서 다른 하나의 항에 위치하게 된다.

레비나스에 의하면, 그 과정은 나의 의지나 결단으로 주도되지 않으며, 타자성의 현전과 대면하는 나의 감수성sensibilité의 동요에 의해 전개된다. 분명 그 감수성은 윤리적이며—즉 타자와 나 사이의 차이에, 타자에 대한 나의 책임에 근거하고 있으며—, 나아가 종교적이다. 그러나 비대칭성과 그것을 받아들이는 감수성은, 미리부터 설정된 어떤 윤리적 이상理想 안으로 정향되어 있으며, 따라서 나와 타인의 급진적 소통의 존재론적(실존적) 밑바닥을 가감 없이 밝히고 있지도 않다. 그것들은 나와 타인이 관계로부터 각자 자신의 항으로 귀착되는 윤리적이자 종교적인 구도를 정당화하는 개념들이며, 어쨌든 나와 타자 사이의 어떠한 공동 영역도 가리키지 못하게 됨에 따라 정치적인 것을 미리부터 차단시키고 있다.

그 레비나스적 비대칭성과 레비나스의 타자의 철학 전반에 대해 비판한 다음 텍스트를 참조. 박준상, 「환원 불가능한 (빈)중심, 사이 또는 관계—타자에 대하여」, 『빈 중심—예술과 타자에 대하여』, 그린비, 2008. 이 텍스트에서의 관건은, 레비나스의 타자의 철학이 미리 정립된 이상적理想的이고 고귀한 윤리적 관점 위에 서 있음을 보여주면서 타자로부터 이상주의적이고 종교적인 색채를 제거하는 데에 있다.

얼굴이 지워진 자들

레비나스로 하여금 타자에 대해 사유하지 않을 수 없게 만들었던 자들, 좁은 방의 침대 위에 쥐새끼들처럼 빈틈없이 몰려서 마치 한 덩어리처럼 보이는 자들, 공동空洞과도 같은 파인 눈으로 우리를 바라보고 있던 얼굴들. 그 얼굴들은 물론 헐벗었고 연약하며 나에게 호소한다. 그러나 그것들은 헐벗음을 명백히 초과하기에 차라리 적나라하며, 지나치게 적나라하고, 그렇기 때문에 역겹고 혐오스럽다. 내가 그것들로부터 시선을 돌려버리고 싶어 한다면, 참을 수 없는 윤리적 감수성의 동요 때문이 아니라, 단순히 거기에서 우리의 밑바닥이, 윤리 이전의—또한 정치 이전의—우리의 존재론적 무無가, 우리의 존재 자체의 텅 빈 심연이 엄습하고 있기 때문이다. 그 얼굴들은 사실 전혀 아름답지 않으며 이미 모든 형상 아래에서 파괴되어버렸고, 어떠한 점에서도 서로 구별되지 않는다. 그것들은 무차별적이다. 차라리 우리가 보고 있는 것은, 얼굴 밑에 감추어져 있는 뼈이고, 피부 아래에 보이지 않는 쪼그라든 내장이다. 우리가 보고 있는 이미지는 그 가시성 가운데 하나의 구멍을, 하나의 공空을 요구한다. 이미 얼굴은 지워져버렸으며, 사실은 얼굴이 아니라 몸이 말하고 있는 것이다.

광주

정확히 30년 전[5] 1980년 5월 광주, 그 광주는 80년대 중반이 되어서야 겨우 대학가 내에서나마 공론화될 수 있었다. 우리가 가졌던 정치적 이념이 어떠한 것이었든—우리가 '민족해방(NL)'으로 기울어져 있었든, '민중민주(PD)'에 가까이 놓여 있었든—우리의 모든 말의 출발점은 광주였고, 보다 정확히 대학가 어디에서나 볼 수 있었던 사라져간 얼굴들, 그 이미지들이었다. 2010년 5월 과거의 전남도청 건물, 조선대, 전남대, 여러 곳에서 광주항쟁 30주년을 기념해서 많은 발표와 토론이 이어질 것이다.[6] 그 광주에 대해 말한다는 것은 지금도 어려운 일이다. 그 광주에 대한 언급은, 특히 광주 시민들에게는 깊은 상처를 다시 보는 것과 무관하지 않기 때문에 논란과 반발을 불러올 가능성에 노출되어 있다. 어쨌든 그 언급이 형태를 알 수 없게 일그러진 얼굴들을, 무너져내린 몸들을 다시 불러오기 때문이다.

5 이 텍스트는 2010년 봄에 씌어졌고, 『문학과사회』 2010년 여름호(90호)에 실렸다.

6 조선대에서 2010년 5월 26일부터 28일까지 열렸던 5·18 민주항쟁 30주년 기념학술대회에서 발표된 필자의 텍스트(「무상無想 무상無償—5·18이라는 사건」, 『5·18 30년, 새로운 민주주의의 모색』, 1, 5·18연구소·조선대학교 민주화운동연구원, 2010)는 여기에서의 우리의 논의와 연결된다. 그 텍스트는 마찬가지로 『빈 중심』에 실렸었다.

광주는 윤리로 열려 있다. 그러나 그 윤리가 한 개인의, 나아가 '탁월한'(나아가 '숭고한', '성스러운', 여기서 극적인 형용사가 더 붙을수록 더 부적절한 것이 된다) 한 개인의 주체성으로 귀착된다면, 그것은 피상적인 관점 위에 서 있으며 분명 80년 5월의 광주를 퇴색시키고 있다. 그러나 물론 광주가 모든 윤리를 부정하지 않으며, 다만 거기에는 윤리에 '괄호 치기'가 정당화되는 지점이 있을 뿐이다. 거기에는 윤리뿐만 아니라 모든 정치에 '괄호 치기'를 요구하는, 또는 윤리와 정치 이전의, 그것들의 발원지인 밑바닥의 어떤 요청이 있다. 그 밑바닥에 생전 고교 시절 한때의 윤상원의 눈에 스쳐 지나갔던 붉은 잎들이, 또한 '5월의 붉은 꽃잎들'이 살아 있다. "왜 그리 붉게 물들어 있을까? 자기의 온 젊음을 한꺼번에 쏟아버린 듯한 정열이 깃들어 있는 붉은 잎들. 이름도 모를 꽃, 열매, 모두 너희들은 마지막 생명의 충동을 이렇게 표현하고 어디로 가려는 것일까? 이 순간이 영원한 것이 아니기에 아름다운 것인지도 모른다."[7]

그 뭉개진 얼굴에, 그 구멍 난 몸에 보이지 않는 구멍이, 그러나 불거져 나온 무無가, 입을 다물게 만드는 공空이 말한다. 사람들이 총을 들지 않을 수 없었던 이유는 어떠한 윤리

7 윤상원, 1968년 10월 28일 일기, 『미완의 일기』, 전용호·임낙평 엮음, 금호문화, 1999, p. 176.

때문도, 근본적으로는 어떠한 정치 때문도 아니고 인간 존재의 차원에서 그 몸이 그들의 몸에 공명했었기 때문이다. 죽음이, 무가 그들의 몸을 "관통"[8]했었기 때문이다. 그러나 그

8 워메, 강옥이, 배가 이상하네, 배가,
음, 으으으흠, 내 배를, 흑! 지나갔어,
뜨거운, 숙명, 어떤 일생이, 무쟈게 큰, 죄악이,
돌이킬 수 없는 방향으로, 나를 통과,
통과, 관통했네, 강옥이,
글고, 양현이,
손 한번, 잡세,
왜 이리, 먼가, 자네들, 화약의 손들, 내가,
저 빛 터지는 창으로, 내가,
완전 연소된 삶으로, 막 빠져나가려 하네,
내 몸은 지금, 연기, 냉갈 같네, 자네들이,
무장무장, 멀리 보여,
달아오른 총구에서, 빠져나가는, 내 혼처럼,
내 혼의 번갯불같이, 자네들, 곧 오게, 오겠지만,
사방이 왜 이리, 갑자기, 고요한가, 양현이,
바깥은 정전인가,
바깥은, 지금, 몇 시쯤 되는가,
바깥은, 살아 있는가,
강옥이, 최초로 보는, 허공이, 보이네
새벽을 앞둔, 저 청정 허공, 지난 겨울,
자네들이랑, 무등산 중봉, 눈밭에서, 보았던,
새벽을, 앞둔 그, 허공, 그 예감의 빛 속
으로, 가네,
나, 불화살 한 촉으로 저, 허공으로,
날아가는 동안도 온몸, 타지면서 날아,
날아가네, 날아가, 이 세상,
어느 들에 다시 떨어져,
나, 윤상원이, 글고, 자네, 자네,

무가 우리의 무, 나의 무가 되어 그것을 받아들여야 했지만 동시에 부정하고 싶었기 때문이다. 죽음을, 무를 직시할 수밖에 없었지만 동시에 수락할 수 없었기 때문이다. 정당하게, 정당하지 않게 삶으로, 나의 삶이 아닌 '우리'의 삶으로 돌아서고 싶었기, '우리'의 존재를 보존하고 싶었기 때문이다. 타자, 즉 공동의 몸 때문이다.

몸의 타자성

광주의 몸은 타자의 몸을, 타자로서의 몸을, 몸의 타자성을 대변한다. 그러나 그것은 어떠한 정치적 지평에서도 완전히 규정될 수 없는 몸이다. 그것은 모든 정치 이전에 놓인 실존적 몸(영장靈長이라는 유類의 몸과, 형이상학적인 위치로 승격된 어떤 몸과 반대되는 피와 살과 뼈의 몸, 어떠한 자본이나 물질보다도 더 '유물론적'인—관념 이전에 직접적으

우리, 들불로 번지세,
우리, 번개 치세,
우리, 다시 하세, 다시 살세,

좀 있다 보세,

—황지우, 「윤상원」, 『겨울-나무로부터 봄-나무에로』.

로 현전하는, 관념의 매개를 거쳐 규정되지 않는, 또한 실질적으로 가장 중요한—생명의 몸)이며, 그렇기에 정치에 급진적으로 개입할 수 있다. 진정으로 중요한 모든 정치적 문제들은 몸(몸의 고통과 몸의 환희, 무엇보다 먼저 몸의 소통)과 결부되어 있으며, 몸은 물론 정치적 차원을 가로질러 가지만, 그 너머 또는 그 이하에서 필연적으로 실존적 차원으로 열려 있어야만 한다. 몸은 분명 정치와 실존이 겹쳐 얽혀 있는 장소이지만, 몸에서 정치를 떠받치고 있는 것은 실존, 즉 생명이 기입되어 있는 실존이다. 광주에서 우리가 보았던 몸들은 정치 이전에 생명에 속해 있으며, 그렇기 때문에 급진적인 정치적 힘을 갖고 있다.

우리가 여기서 광주에 대해 말한 이유는, 그것이 얼마나 몸에 근거한 정치인가를 되돌려 보기 위해서였다. 물론 80년 5월 광주는 매우 특별한 하나의 정치적 사건이지만, 그것의 정치적 힘은 우리의 몸 모두가 이미 들어가 있는 일반적 공동 영역에 근거하고 있다. 이후에 특별한 것이 전혀 아닌—즉 우리 각자가 자신의 삶에서, 일상에서 어느 순간 경험할 수도 있는—몸의 그 공동 영역을 조명하는 것이 관건이 된다.

타자로서의 몸은, '유물론적' 생명의 몸, 내장의 몸은 그러나 결코 물질로 환원되지 않는다—그렇게 본다면 그것은 결코 흔히 우리가 말하는 의미에서의 '유물론적인' 것이 아니다. 그것은 물론 눈에 보이는 것이자 반드시 보여야만 하는 것이지만(따라서 천상의 형이상학적 관념으로 승격된 어떤 신비한 종교적인 몸이 결코 문제가 될 수 없다), 또한 반드시 시각 뒤에서 시간적이자—시간에 따라 명멸하는—비가시적 현전을 가동시킨다. 갓 태어난 한 아이의 몸, 한 어린 아이의 몸, 한 여자의 몸, 한 남자의 몸, 한 노인의 몸 또는 시체 하나, 어떤 경우, 어떤 때, 그것은 연장되어 있는 하나의 보이는 사물의 존재이기를 넘어서 한 줄기 빛으로, 또는 한 무더기의 어둠으로, 또는 빛이자 어둠으로 내려앉아 우리의 심장에 보이지 않는, 그러나 요동치는 한 점으로 박힌다. 빛 또는(그리고) 어둠이 내 안에서, 따라서 내 몸 안에서 어떠한 깊은 것보다도 더 깊이 박히는 한 점(하나의 상처?)으로 전환되는 그 궤도, 그것이 얼굴·피부 그 밑바닥의 몸의 소리, 몸의 음악인 숨결과 심장 박동소리가 지나가는 인간의 길이다.

그 한 점이 이 사회에서 정립된 가치들·기준들·이름들에 부응하는 나의 모든 관념을 위협한다. 그것이 나의 어떤 관념에 못 미치기 때문에 그러한 것이 아니다. 그것이 어떤 기준에 못 미치기에 무시하면 그만인 것이 아닌 것과 마찬가지로 나의 이해력에 '절대적으로' 초월적인 것도 아니다. 이해되더라도, 납득되더라도, 정확히 그러한 만큼 이해와 납득을 벗어나는 하나의 얼룩, 이해되는 만큼, 그만큼 나를 뒤흔

들어놓는 파동을 불러일으키는 그 암점……

몸의 외재성

사회 내에서 하나의 기준이나 모델로 승격된, 정신의 초월성이라 여겨지는 어떠한 것도 사실은 우리에게 내면화되도록 요구된 하나의 권력으로, 따라서 사회 내재적으로 작동할 수밖에 없다. 사실은 단지 어떠한 정신도 아닌 몸의 존재의, 몸의 삶과 죽음의 초월성만이 존재할 뿐이다. 몸의 초월성, 너무 높기 때문이 아니라 너무 낮아서 관념에 포착되지 않는 것의 초월성, 의식에 포착되지 않고 다만 다른 몸으로 파고듦으로써만 자신을 주장하기 때문에 어느 지점에선가 언어로부터 돌아서는, 언어 이하의—언어의 절대 타자가 아니라 언어 그 이하의—밑바닥의 것의 초월성, 보이는 피부와 얼굴을 뚫고 나와서 우리 안으로 파고들어 거기에서 울리는 몸의 음악의 초월성, 초월적 세계의 비가시적 이데아의 초월성이 아니라, 그 반대인 밑바닥의 음악의 비가시적(마찬가지로 **비가시적**) 초월성. 나아가 진정한 의미에서의 '프롤레타리아'의 초월성. 초월성이라기보다는 차라리 외재성, 왜냐하면 그 음악은 모든 관념 그 아래로 잠입하고, 어떤 관념과의 일치가 아니라 불일치로, 즉 불협화음으로 관념 바깥에서 울리기 때문이다. 그것은 내 안의 가장 깊숙한 곳에 남는 스크래치이지만, 붙잡을 수 없고 통제할 수 없는 이미 이탈된 것으로만 감지되기 때문이다. 그 음악의 정당성의 기준은 관념과의 불일치(불협화음)이며, 동시에 그 불일치가 낳는 열림이다. 관념과 사실의 일치adæquatio로서의 진리가 아니라 열림으로서의 진리. 음악의 외재성은 정확한, 들어맞는 어떤 관념이 아니라, 어지러움에, 환희에, 절규에, 탄식에, 한 방울의 눈물에 기입된다.

비가시성

궁극적으로 타인의 몸은 보이지 않는다. 설사 밖으로 흘러나온 내장이 눈에 보인다 할지라도 그렇다. 여기서 시선에 포착되어 단순한 물질이나 대상으로 고정된 몸이나 그 몸의 한 부분이 문제가 될 수 없다. 나 자신과 거리를 두고 연장된, 고체로 남아 있는 몸이 아니라, 비고체적인 것으로, 보이지 않는 것으로 전환되어 내 안으로 침투하는 몸이 관건이 된다. 보이지 않는 것의 그 침투는, 그 몸으로 내가 열리고 그 몸이 내 안으로 들어온다는 것이며, 그 몸과 나 사이의 '사이'가 자리 잡는다는, 그 사이의 관계가 놓인다는 사실의 조건이다. 그 침투가 일종의 음악을, 들리지 않는 음악을 만들어낸다. 음악, 즉 음악 이전의 음악, 그것은 관계의, '사이'의 징표이며, 가시적인 것이 변형되어 남은 비가시적인 것, 관념에 근거하지 않고 관념으로 환원되지 않으며 관념을 초월하는 추상성이다. 말하자면 관념적 추상성과, 관념에 근거한 추상성과 질적으로 다른 음악적 추상성이 존재하며, 전자가 사물·사실·현상과 관념의 일치라는 인식을 가능하게 한다면, 후자는 그 인식 이전 또는 이후의 열림을, 나 자신 외부로의 움직임을 가동시킨다. 음악은 외부로의 움직임의 길이다. 나 자신의 외부를 향해 있는 길이자 그 외부가 스며들어오는 길. 또한 그 길에서의 움직임이 남기는 스크래치, 상처, 암점.

보이는 것의 침투, 보이는 것의 스며듦, 그것 자체는 사실 타인(들)과의 관계에서만 문제가 되지 않으며, 존재가 일반적으로 드러나는 양태일 것이다. 예를 들어, 어떤 풍경을 보고 있을 때, 어떤 사물을 보고 있을 때, 그 모든 것은 그 자체로 고립되고 고정된 채로 존재하기 '불가능'하며, 오로지 나와 우리로 **향해서만** 존재할 수 있고, 역으로 나와 우리는 그것들로 **향해서** 존재한다—즉 관계가, 어떤 동사적인 움직임이, 일종의 상호 조회가, 보이지 않는 상호 교차의 사건이 있다(이는 분명 현대 철학에서 '탈존'이라는 개념이 말해주고 있는 바이다). 이는 그 사건에, 어떤 인간이, 대상들을 정립하는 (인식)주체 이전의 익명적 인간이 개입되어 있지 않을 수 없다는 사실 이외에 다른 것을 말하지 않는다. 그러나 어떤 경우 왜 사물이 아닌, 풍경이 아닌 한 타인과의 대면은, 그의 현전은, 정확히 말해 공동의 현전은, 즉 그의 시간과 나의 시간의 접속 또는 얽혀 들어감은 참을 수 없는 것으로 주어지는가? 왜 그는 하나의 사물, 하나의 풍경이 아니고 존재 일반으로 단순히 편입되지 않는가? 왜 그는 어떠한 사물과도 같지도, 비슷하지도 않은가, 왜 특별한가? 왜 어떤 경우 나의 몸은 그가 내는 음악이 울리는 소리통이 되어야 하는가? 타자는 비가시성의 음악적 현전이다. 즉 그의 현전, 타인의 현전, 다시 말해 보이는 바로 '그' 몸의 보이는 현전이 아닌, 그것과의 낙차에서 들리는, 그러나 들리지 않고 동시에 보이지 않는 몸의 현전이다. 울림의 현전.

외부이자 내부, 내부이자 외부

타자로서의 보이지 않는 몸은 나의 의식이 구성한 어떤 것이 아니다. 나의 내부의 의식이 그 외부의 몸을 구성한 것이 아니다. 그 몸이 현전하는 가운데 나의—의식이 아닌 느낌의—내부에 침투해서 퍼져 나간 것이다. 그 몸은 의식 내에서 대상으로 만들어내기 불가능한 것이다(대상화의 불가능성). 그것은 외부에서 촉발되어 보이는 것으로 나타났지만 느낌의 내부에서 보이지 않는 것으로 각인된다. 외부이자 내부, 그러나 동시에 내부이자 외부, 왜냐하면 그것은 의식에 안정되게 동일한 것으로 고정되지 않기 때문이다. 그것은 내 안에 들어와 있지만 동시에 나의 외부로 향해 나가 있다. 외부에 있다.

타자로서의 몸, 몸으로서의 타자는 사회 내에서 설정된 모든 동일성의 기준들 그 이하에서 직접적으로 스스로를 주장하며, 나의 모든 관념을 뒤로 묶어놓는다. 그 타자는 이 문화 세계에 스며드는 자연, 그러나 무염시태無染始胎의, 순백의 동일하게 남아 있는 자연도 아니고, 저 높은 어떠한 것도 아니며, 저 밑바닥으로부터 반전을 통해 솟아나는 자연이다. 만일 어떤 몸이 이 세계의 어떤 이념이나 이데올로기에 통합되어서 자신의 절대성을 주장한다면(성육화聖肉化), 바로 거기에 전체주의의 단초가 있다. 반면 타자로서의 몸은 이 세계 그 위나 그 너머의 초월성에 편승하지 않으며, 오히려 자연으로서, 이 세계 그 밑으로부터 이 세계와 접촉하고 이 세계를 거치고 가로질러서, 따라서 동일하게 남아 있지 못한 채 찢겨서, 그러나 이 세계에 저항하고 그 위로 돌출한다. 그렇기에 자연인 그 몸은—가령 광주의 몸은—어느 누구의 것도 아닌 동시에 모두의 것으로, 특정 지역의 개인들이나 특정 집단이 아니라 '우리'에게 속한 것으로 남는다.

내적인 몸: 외부로 향해 있는 영혼

몸-타자는 보이지 않을뿐더러 들리지도 않는 음악적 현전으로서 내 안에 침투한다. 그 사실 덕분에 타자는 대상으로 남아 있지 않게 되고, 내 안에 자리 잡게 된다. 이는 내 안으로 '사이'가 침입해 들어오는 과정, 타자와 나의 관계가 의식으로 긍정될 수도 부정될 수도 없는 채로 기입되는 과정이다. 타자의 보이지도 않고 들리지도 않음, 그 사실로 인해 타자는 물질성·실증성으로부터 벗어나게 되고 내 안에서 스스로를 긍정하는 데에 따라 또한 관계를 긍정하게 만든다. 의식 그 이하의 긍정, 왜냐하면 타인이 내 안에서 전환되어 남은 암점의 파동은, 나의 관념이나 의식과 사유의 작동 이전 또는 이후의 나의 몸의 응답일 수밖에 없기 때문이다. 몸-타자가 내 몸 안에 침투하면서 거기에서 공간화되는 것이다.

음악의 공간화, 파동의 공간화. 타자의 몸은 보이지 않는 것으로 자리 잡아 나의 내적 몸의 공간을 구성한다. 이는 서양 의식철학의 칸트적 전통에서 말하는, 내부의 정신적 틀이 외부를 구성하는 작용과 정확히 반대의 움직임이다. 타자가 내 안에서 공간화되는 구성은 외부의 구성이다. 거기에서 나는 주도권을 갖고 있지 않기 때문에, 그 주체는 내가 아니다. 그렇다고 거기에서 내가 아무것도 하지 않는 것은 아닌데, 왜냐하면 나는 공간을 내어주고(나는 소리통이 된다), 그에 따라 반응하고 응답할 수 있기 때문이다. 한마디로 나는 외부로 향해 나아가고, 그러한 한에서 외부에 놓인다. 상호교직의 움직임, 나에게로 귀결되지 않으며, 그렇다고 내가 배제되어 있지도 않으며, 전적으로 타인 혼자서 가동시킬 수도 없는 움직임, 나도 타인도 아닌 관계의 익명적(비주체적) 움직임, 관계의 주체는 관계 자체이다. 나와 그는 나에게도, 그에게도 귀속되지 않는 다른 어떤 것을 가동시키는 것이다— 그렇기 때문에 나와 타인의 관계는 어떠한 형태로든 레비나스가 말하는 주체의 주체성이나 감수성 또는 책임성으로 귀결되지 않는다.

타자인 몸은 보이지 않는 파동으로 전환되어 내 안에서 울려 퍼지며, 이는 나의 내적인 몸이 구성되는 과정이자 동시에 공동의 몸이 현전하는 과정, 나의 것도 타인의 것도 아닌 다른 어떤 것이 창출되는 과정이다. 타자는 내 안에서 암점의 파동을 불러일으키면서 **관계 자체**, **사이 자체**를 창출한다. 그렇기 때문에 나의 내적인 몸은 언제나 이미 외부로 정향되어 있고 외부에 놓여 있다. 자기 아닌 것을 향해 가는 움직임, 고정된 토대 또는 주체가 아닌, 또한 이미 나의 보이는 생물학적 몸을 벗어나 있는, 그렇기에 영혼의 움직임, 언제나 외부로 방산放産되는 유체적 움직임.

그 움직임 덕분에 우리에게 보이는 것으로부터 벗어날 수 있는 자유의 가능성이 주어진다. 공동의 몸, 그것은 보이는 어떤 것들의 통합체가 아니라 보이지 않는 음악의 공명이다. 음악적 공명, 하지만 결국 그것은 사실 시간적 현전의 공동화, 시간의 공동화가 아닌가? 나와 타인의 공동 영역의 중심에, 명사적으로 지정된 어떤 '것'이 아니라 시간들의 겹침, 보다 정확히 말해 '시계의 시간'과는 다른 시간의 생성이, 나 아닌 '우리'의 생명의 연결과 지속이 있다. 따라서 '우리'가 다시 살아나고 생성될 수 있는, 윤리적 가능성 이전의 실존적(존재론적) 가능성이 있지 않은가? 80년 5월 광주의 한복판에서 총을 들었던 사람들은 윤리적 주체의 책임 때문이 아니라 단순히 삶·생명을 보존하기를 원했기 때문에 그렇게 하지 않을 수 없었던 것이다. '나'의 삶·생명이 아니라 '우리'의 삶·생명을, '우리'의 시간을, 나아가 '우리'라는 그 시간 자체를, 그 시간에 지고한 윤리적 자유의 가르침이 하나 놓여 있다. 윤리에 대한 '괄호 치기'로서의 윤리가, '나 자신'으로부터 풀려나와 '나 자신'에 매이지 않은 무심無心의 윤리가, '나' 없는 '우리'의 윤리가 스스로를 긍정하는 것이다.

죽음과 마주하는 무감각[1]
—광주를 다시 응시하며

5·18의 말할 수 없는 것

5·18에 대한 기억을 되돌리거나 그것에 대한 이야기로 다시 들어가는 것은 적지 않은 경우 우리에게 저항을 불러일으킨다. 그것 자체가 주는 부하負荷가 있다. 이는 거슬러 올라가보면 1980년 5월 이후의 광주 시민들에게서부터, 특히 유가족들에게서부터 확인할 수 있는 사실이었다. 그 사건 이후로 광주 시민들 사이에서, 아주 좁혀서 보면 예를 들어 광주에서 제사가 가장 많이 치러지는 날인 5월 21일(1980년 그

1 이 텍스트는 '부고訃告'라는 제호로 나간 『인문예술잡지 F』(15호, 2014년 가을)가 제시했던 주제 '죽음·부고'에 맞추어 씌어졌다.

날 잘 알려진 대로 당시의 전남도청 앞에서 집단 발포가 있었다) 절하고 묵념 올리는 한 가족 사이에서 오랫동안 그 사건에 대해 말하지 않는 것이 암묵적인 공동의 규칙이었다. '그것'에 대해 말할 수밖에 없고 말해야만 하는데도 말하지 않는 역설적 상황을 견디는 것이 서로가 서로에게 부과하는 규칙이었다.[2] 지금도 광주에서 5·18에 대해—적어도 사적인 자리에서는—말하지 말자는 요구가 존재한다. 그러한 요구는 그 사건의 피해 당사자들만이, 그 사건의 말할 수 없는 어떤 측면을 직접 또는 옆에서 몸으로 겪고 눈으로 보았던 사람들만이 할 수 있는 종류의 것이다.

물론 그들을 비롯해 우리는 광주에 대해 말할 수밖에 없었고 말해야만 했으며, 여러 방법을 통해 '정당하게' 말했다. 그랬기 때문에 5·18은 상당히 빠른 시간 내에 정치적으로 복권되었고, 우리가 잘 아는 대로 87년의 6월 항쟁으로 이어져 이곳의 민주주의로의 통로를 뚫는 데에 결정적인 계기가 되었다. 이는 물론 하나의 분명한 역사적 사실을 밝혀주는, 우리가 '정당하게' 할 수 있는 말이다. 그러나 다른 관점에서 보면 우리가 마찬가지로 '정당하게' 피상적이라고 평가할 수

2 이는 필자가 광주에서 보냈던 몇 년 동안 5·18을 직간접적으로 경험했던 여러 분들로부터 들었던 사실들 가운데 하나이다. 5·18에 대해 많은 것들을 말해주었던 광주의 여러 분들께, 특히 그 사건에 대해 다시 서로가 서로에게 '말하도록' 부추기기를 원했던 전남대학교 철학과의 박구용 교수에게 여기서 감사의 마음을 전한다.

도 있는 말이다. 왜냐하면 5·18 자체는 근본적으로 보면 정치적 자유나 민주주의를 위한 투쟁이 아니거나, 그 이전에 목숨을 건 투쟁, 생명 자체의 존엄을 지키기 위한 투쟁이었기 때문이다. 또는 목숨을 건, 즉 죽음을 담보로 한, 죽음의 존엄을 지키기 위한 투쟁, 삶(생명)과 죽음의 투쟁이었기 때문이다. 이에 대한 하나의 증거로 그 당시 끝까지 과거의 전남도청에서 항쟁했던 사람들 가운데 대부분이 신문이나 교과서에서 말하는 일반적 의미에서의 민주주의를 이해하지도 못하는 사람들이었다는 사실을 들 수 있겠지만, 여기서 우리에게는 지식인의 허위와 기층 민중의 '진정성'의 반복적으로 강조되어온 대비를—설사 그것이 여전히 대단히 중요한 문제라 할지라도—다시 한 번 문제 삼으려는 의도가 없다. 어쨌든 분명한 사실은, 광주민중항쟁의 핵심에 정치적 자유·해방·평등 또는 민주주의에 대한 요구와는 다른 어떤 것이, 그러한 요구를 촉발시킬 수도 있고 거기로 수렴될 수도 있지만 그것 이전의 보다 더 급진적인 요구 하나가 자리 잡고 있다는 것이다.

그 요구가 바로 항쟁 당시에 또한 그 이후에도 적지 않은 사람들에게 언어로 표현될 수 없는 것이었다. 또는 보다 정확히 이렇게 말할 수 있다. 그 요구는 언어 아닌 다른 어떤 것(그것은 무엇인가?)으로 먼저 표현되어 우리 사이에서 공유되지 않는다면, 언어로 표현될 수 없는 것이었다. 따라서 여기서 우선 이렇게 밝힐 수밖에 없다. 지금 우리는 언어로 표현될 수 없는 것을 언어로 표현하려는 모순에 빠져 있거나, 그것을 언어와는 다른 어떤 것을 통해 언어 내 또는 바깥에서 표현하겠다는 '문학적' 내기에 맡겨져 있거나, 그게 아니라면 다만 그러한 '문학적' 내기가 한 문학작품[3]에서 벌어지는 장면을 조명해봄으로써 그 내기가 성공할 수 있는지 알아보려는 것이다.

광주의 고립된 몸

어떠한 정치적 요구와도 동일시될 수 없고 언어로 규정 불가능한 5·18의 요구는 그 불가능성 때문에 사실상 하나의 '요구'로 정식화될 수 없다. 그것은 당시 국가가 지지했고 국가를 지지했던 지배적 관념들(국가에 대항하는 자들은 무조건 '빨갱이'라는 것, 국가 질서의 유지가 그 자체로 무조건적 정당성을 갖는 최우선이라는 것, 오랫동안 굳어져온 지역 차별주의, 그리고 무엇보다 맹목적인 권력욕, 따라서 사실상 국가의 근거와 정당성을 전적으로 부정하는 파괴적인 무차별적 그 관념)에 의해 재단되고, 그에 따라 구타당하고 난자

3 한강, 『소년이 온다』, 창비, 2014.

당하거나 관통당하거나, 차라리 저항의 현장에서 죽었던 것이 백번 나았을 것이라는 후회를 명백한 것으로 만들어주었던 고문에 의해 훼손되어 썩어간 몸의 절규이다. 요구 그 이상 또는 그 이하의 요구, 언어로 정의되어 표명될 수 없는 고통의 신음 또는 비명, 민주주의 더 나아가 모든 정치 이전의 몸 자체의 요구, '자연'의 직접적인 호소. 만일 5·18에 대한 기억이나 이야기 안으로 들어가는 데에서 우리가 저항을 받는다면, 그러한 몸의 요구 또는 호소와 마주해야만 하기 때문일 것이다. "묽은 진물과 진득한 고름, 냄새나는 침, 피, 눈물과 콧물, 속옷에 지린 오줌과 똥, 그것들이 내가 가진 전부였습니다. 아니, 그것들 자체가 바로 나였습니다. 그것들 속에서 썩어가는 살덩어리가 나였습니다. / 지금도 나는 여름을 견디지 못합니다. 벌레 같은 땀이 스멀스멀 가슴팍과 등으로 흘러내리면, 내가 살덩어리였던 순간들의 기억이 고스란히 돌아와 있는 걸 느끼며 깊은 숨을 쉽니다. 이를 악물고 더 깊은 숨을 쉽니다"(120~121[4]).

인간의 가치와 존엄성으로부터—그것들이 어떠한 것들이든 간에—무한히 멀어져간 처참하고 비루한 몸, 인간의 **자기**('나'에 의해 확인되고 긍정되거나 감응되는 '나 자신')와 조화를 이루거나 공명하는 행복한 상태의 완전한 대척점

4 이후로 『소년이 온다』를 인용할 경우 괄호 안에 이 책의 쪽수만 기입한다.

으로 내몰린 몸, 그것이 5·18의 현실이고, 그것을 되돌려 다시 봐야 한다는 사실 앞에서 우리는 머뭇거리고 있는 것이며, 바로 그것이 일종의 '자연 자체'이기에 어떠한 의도도 없이 그 자체로 언어에 저항한다. 인간의, '나'의 자기와 불화를 일으키는, 말하자면 자기 내로 들어와 머무르지 못하는 몸, 그렇다고 죽음으로 스스로를 끝장내지도 못하고 영원히 자기 외부로 무차별적으로 열려 나가 있음, 마치 피 흘리고 헐떡이면서 죽어가는 개 한 마리가 다만 아직 숨이 붙어 있기에 먼 곳을 여전히 바라볼 수밖에 없는 것처럼, 자기로 되돌아오지 못한 채 여전히 자기 외부에 매달려 있을 수밖에 없는 비천한 삶·생, 거기에 우리 중 몇몇이 겪고 있고, 우리가 아직 살아 있는 자들이나 이미 죽은 자들을 통해 마주할 수 있는 현재진행형의 죽음이 군림한다. 인간으로부터, '나'로부터 무한히 멀어져간 몸의 요구이자 생명의 요구, 거기에 또한 죽음의 요구(호소, 절규)가 있다.

어떤 자가 겪었거나 여전히 겪고 있는 그 몸의 죽음(몸의 죽어감)은, 그 사람의 폐쇄적인 생물학적 몸(자신만의 감각기관들의 몸) 내부에서 전개되기에, 다른 사람들에게 절대적으로 소통될 수 없지는 않더라도, 원칙적으로 그들의 접근을 불허하는, 즉 그들의 언어로 번역되기를 거부하는 고독한 것이다. 그러한 몸의 폐쇄성과 고독을 한강은 끊임없이 부각시키고 있는데(사실 『소년이 온다』는 여러 참혹한 예를 들어 그 몸의 처절함을 밝히는 데에 수많은 페이지를 할당하고 있다), 가령 충장로의 한 양장점에서 미싱사로 일하다가 맞닥뜨리게 된 5·18 당시 사자死者들을 관리하는 일을 했고 이후 참혹한 고문을 받았던 임선주는 자신의 경험에 대해 증언해달라는 어느 연구자의 요청을 거부하면서 스스로에게 이렇게 말한다. **"삼십 센티 나무 자가 자궁 끝까지 수십번 후벼들어왔다고 증언할 수 있는가? 소총 개머리판이 자궁 입구를 찢고 짓이겼다고 증언할 수 있는가? 하혈이 멈추지 않아 쇼크를 일으킨 당신을 그들이 통합병원으로 데려가 수혈받게 했다고 증언할 수 있는가? 이년 동안 그 하혈이 계속되었다고, 혈전이 나팔관을 막아 영구히 아이를 가질 수 없게 되었다고 증언할 수 있는가?"**(166~167)

반대의 관점에서 보면, '인간' 사회 내로 들어오기에는 너무 흉하고 너무 처참하며, 인간의 것이 되기에는 너무 비루한 그 몸의 폐쇄성과 고독을 악용해서 당시 국가는 자신에게 저항하면서 그러한 몸으로 추락했던 자들을 영원히 사회로부터 격리시키기를, 즉 짐승의 몸으로 환원시키기를 원했다. "순간 깨달았습니다. 그들이 원한 게 무엇이었는지. 우리를 굶기고 고문하면서 그들이 하고 싶었던 말이 무엇이었는지. **너희들이 태극기를 흔들고 애국가를 부른 게 얼마나 웃기는 일이었는지, 우리가 깨닫게 해주겠다. 냄새를 풍기는 더러운 몸, 상처가 문드러지는 몸, 굶주린 짐승 같은 몸뚱어리들이**

너희들이라는 걸, 우리가 증명해주겠다"(119).[5]

언어에 대립하는 몸

원칙적으로는 개체로서의 한 생물학적 몸에 박혀 있고, 국가와 국가의 강력한 지배적 관념들이 더 확고하게 만들어 주었던 그 고독은 근본적으로 언어로 표현될 수 없다. 그 불가능성과 정면으로 마주하고 그것을 통과해 나가려는 시도(불가능성의 시도)가 전제되지 않는 한 5·18에 대한 어떠한 말도 어떠한 글도 어떠한 문학도 피상적이지 않은 것으로 남을 수 없다. 그 불가능성 때문에 5·18에 대해 말하거나 쓰는 데에서 특별한 종류의 어려움이 발생한다. '말할 수 없는 어떤 것'을 거쳐 가야만 그 사건에 대한 언어는 어느 정도 온전해질 수 있으며, 그것을 거쳐 가지 않은 채 다만 정당하고 타

5 그들이 짐승 수준으로 전락했다는 사실은 당시 반대의 관점에서도, 즉 광주 시민들의 관점에서도 타당한 것이었다. 5월 25일 계엄사 부사령관실을 찾아갔던 김성룡 신부는 부사령관에게 이렇게 호소했다. "우리는 짐승이다"(한국현대사사료연구소 엮음, 『광주오월민중항쟁 사료선집』, 풀빛, 1990, p. 106). 또한 김용표의 증언에 의하면 당시 군인들에게 광주 시민들은 "개만도 못한 존재"(5·18민주유공자유족회, 『그해 오월 나는 살고 싶었다』, 1, 5·18기념재단 엮음, 한얼미디어, 2006, p. 119)였으며, 다른 한 증인에 의하면 당시 죽은 자들은 "쓸모가 없어진 물건"(같은 책, p. 151)과도 같았다.

당한 이러저런 이념을 제시하려는 5·18에 대한 모든 언어는 허위나 공허함으로 떨어질 수밖에 없다. 『소년이 온다』의 경우 그 언어의 불가능성과의 싸움으로부터 시작된다. 어떤 지배적 관념을 깨뜨리고 몸의 말(그것이 무엇인지 이후에 살펴볼 것이다)을 복권시키는 것이 문학의 임무라면, 그 고독의 몸 또는 죽음의 몸을 고독과 죽음으로부터 끄집어내는 것이 문학의 불가능한 임무라면 이 소설은 분명 그러한 임무를 수행하려는 시도이다.

그 사실에 대해 살펴보기 전에 다시 한 번 묻고자 한다. 왜 처참한 그 고독의 몸은 언어로 규정되기를, 표현되기를 거부하는가? 먼저 5·18 당시의 상황을 되돌려 보자. 언어가 관념들을, 또한 관념들에 기초한 의미(가치) 기준들을 만들어낸다면, 광주의 그 고립된 몸은 바로 1980년 5월의 의미 기준들(당시 군부가 믿고 따랐고 또한 제2의 군부독재를 가능하게 했던 사회의 주도적 가치체계, 지배자들의 지배를 옹호해주었고 그들이 사람들을 규정하고 분류하는 데에 이용했던 보편화·동일화의 원칙들, 한마디로 말해 국가 제일주의와 권력 제일주의)에 따라 배제되는 동시에 폭력과 죽음 한가운데로 내던져졌으며, 그에 따라 바로 그 의미 기준들의 부당성과 구멍을 폭로하기 때문이다. 광주의 몸은 오직 당시의 지배적 언어와 대립하고 충돌함으로써만 스스로를 드러내고 긍정하기 때문이다. 만약 어떤 몸이 광주의 몸과 마찬가지로 처참히 훼손되고 죽어갈지라도, 가령 그 원인이 어쩔 수 없는 어떤 병 때문이라면, 우리는 그 고통에 대해 연민을 느낄 수도 있고 안타까워할 수도 있지만 동시에—설사 이해되지 않더라도—'이해할 수 있다'. 그러나 5월 당시의 지배적 언어 바깥으로 밀려났고 그에 따라 사회로부터 배제된 광주의 몸의 고통은—설사 이해되더라도—'이해될 수 없는' 것으로 남았고 지금도 여전히 '이해될 수 없다'.

정확히 말한다면, 광주의 비참한 몸은 어떠한 언어의 접근도 허락하지 않는다. 그것은 모든 언어에, 모든 관념에, 모든 의미 기준에, 원칙적으로는 자유·평등·해방이라는 보편적 기준들과 민주주의라는 일반적 기준에조차 저항한다. (『소년이 온다』에서 그러한 정치적 기준들 가운데 어떠한 것도 한 번도 언급되지 않을뿐더러 암시조차 되지 않는다. 그러나 물론 여기서 광주민중항쟁이 정치적 차원에 자리 잡아서는 안 된다고 주장하려는 의도가 우리에게는 없다.) 그 몸은, 그 몸의 죽어감은 어떤 고귀한 관념 위에 올라타서 고귀해지기를 바라지 않으며, 어떠한 관념을 통해서도 보편화되기를 원하지 않는다. 그 몸은 비참함 그 자체로서만 영광에 이르며, 더 낮아짐으로써만 더 드높아지고, 더 유일하고 더 단독적이 됨으로써만 공동의 것이 되며, 더 고독하고 더 고립됨으로써만 '우리'를 말한다. 그 몸은 관념적 차원의 우리 안으로 들어가 보편화·관념화되기를 원하지 않으며, 다만 우리 각자가 실존적 차원에서 거꾸로 그것 자체로 들어오는 데에 따라 공동화되기를 원한다. 그 죽음의 몸은 우리에게 각자가 그것 자체로 향해 있기를 요구하며, 오직 그에 따라서만 또 다른 생명을 얻기를 요구한다.

관념과 감정의 불가능성

『소년이 온다』는 관념화의 토대인 언어를 통해 광주의 몸을 관념화시키지 않으려는 역설적인(불가능한) 시도이자, 원칙적으로 닫혀 있고 단절된 그 몸을 우리 안으로 옮겨놓으려는, 죽음의 그 몸을 우리 안의 장소 없는 불가능한 장소에 마지막으로 '이장移葬'시켜 다시 한 번 생명과 접속시키려는, 즉 공동화하려는 불가능한 시도이다. 그러나 이 소설에서 광주의 몸은 어떠한 고정된 곳에도, 어떠한 안정된, 가능한—주체가 스스로 지배할 수 있고 자기 것으로 만들 수 있는—곳에도 안착되지 못한다. 다시 말해 그 몸은 하나의 이념으로 종합되지도 하나의 이념을 표출함으로써 결론에 이르지도 못할뿐더러, 독자 안에서 어떠한 감정적 고양이나 합일도, 어떠한 격정의 분출도, 감정이입에 따르는 어떠한 연민도, 어떠한 카타르시스도 유도하지 않는다. 『소년이 온다』는 독자로 하여금 어떠한 것도 확신하지 못하게 하고, 어떠한 감정에도 빠지지 못하게 한다. 이 작품 곳곳에서 목격되는 몸들의 고통은 문자들 바깥으로 솟아나서 잔잔히, 더할 나위 없이 잔잔히 흘러 다니고, 그에 따라 독자는 뭐라고 말하기 힘든 아픔과 마주하면서, 그러나 마찬가지로 어디에도 안착하지 못한 채 지속적인 긴장 상태에 놓이게 된다.

이는 사실상 그 고독한 몸이 완전히 고립되지는 않았으며 어쨌든 소통된다는 것을 의미한다. 우리로부터, 이 사회로부터 더 멀어져감으로써만, 우리와 더 무관한 것이 됨으로써만 관계 가운데 놓이게 되는 역설적인 그것, 그것을 한강은 『소년이 온다』가 자신이 들어가 있었던 사실(이 소설의 중심인물이자 모든 등장인물들을 매개하는 학살당한 소년 동호는 작가의 아버지가 실제로 가르쳤던 중학생이었으며, 작가의 가족이 이사 가면서 남겨놓은 광주 중흥동 한옥의 새 주인들 중 하나였다)을 바탕으로 직조되었음을 분명히 밝히는 에필로그 「눈 덮인 램프」에서 살해당한 한 소녀의 이미지를 바라보면서 응시한다. "내가 몰래 그 책[5·18 사진집]을 펼친 것은, 어른들이 언제나처럼 부엌에 모여 앉아 아홉시 뉴스를 보고 있던 밤이었다. 마지막 장까지 책장을 넘겨, 총검으로 깊게 내리그어 으깨어진 여자애의 얼굴을 마주한 순간을 기억한다. 거기 있는지도 모르고 있었던 내 안의 연한 부분이 소리 없이 깨어졌다"(199).

광주의 열린 몸: 몸의 말

사라져간 한 소녀의 얼굴은, 또 하나의 광주의 몸은 작가 안에서와 마찬가지로 우리 안에서도 보이지만 볼 수 없는 것으로, 순간 시각을 차단시키는 암점으로, '내' 안의 어떤 것이 깨져 나감으로써만 남는 상처로 침투한다. 따라서 그 몸은 볼 수 없고 보이지 않는 것인 한에서 '나'로 하여금 눈[眼]이 보는 것 그 이상을 볼 수 있게 하는—규정할 수, 이해할 수, 동일화할 수 있게 하는—관념 작용을 순간 중지시킨다. 『소년이 온다』에서의 언어의 특이한 점은, 물론 그것이 하나의 언어인 한에서 우리에게 관점들을 제공하고 관념들과 의미들을 제시하지만, 궁극적으로는 우리로 하여금 고립된 광주의 몸을 보게 하는 것이 아니라 '만지게' 하는 몸의 말로 수렴된다는 데에 있다. 그 언어는 광주의 몸을 대상화시킬 관념적 거리를 무너뜨리면서, 결국 독자 자신에게 그 몸에 스스로 다가가 '만지고 만져지기'를 요구하는 몸의 말로 생성한다. 몸의 말은 물론 언어의 사용과 유통에 따라 촉발된다. 그러나 그 말은 어떤 것을 내재화內在化하는 모든 관념과는 달리, 그 말을 듣는 '나'를 어떤 것을 향해 끄집어내고 '나'로 하여금 그것을 향해 나아가게 하는 외재화外在化 운동을 촉진시킨다. 몸의 말은 보고 구별하고 판단하는 눈처럼 작동하는 것이 아니라, 만지고 느끼는 더듬이처럼 작동한다.

어떤 말이 만지고 느끼게 하면서, 독자로 하여금 힘을 행사하게 하는 것이 아니라 무력無力 가운데 놓이게 하면서 '당하게' 하는 것이다. 몸의 말, 여기서 몸은 폐쇄적인 감각기관들의 몸이 아니라 주객 비분리의 몸이다. 폐쇄성과 고립으로부터 벗어나 소통을 허락한 광주의 열린 몸이자 작가의 몸이자 또한 독자의 몸, 따라서 몸의 말은 단어들과 명제들로 구성되어 있지 않으며, 광주의 몸을 향한 작가와 독자의 보이지 않는 공동의 움직임, 또한 양자의 서로를 향한 움직임이다. 몸의 말은 언어의 유통과 그에 이어지는 관념들의 퇴각에 따라 실행되는 보이지 않는 이행移行이며, 그것이 그렇다고 완전히 부재하는 것은 아니라는 사실의 증거는 독자인 '내' 안에 남는, 아마, 아니 분명 작가 안에서도 남아서 어떤 것을 '깨어지게' 만들었을 마찬가지로 보이지 않는 아픔이다.

몸의 말은 불가능한 것, 즉 어떠한 주체도 홀로 자기 안에서 생성시킬 수도 완결시킬 수도 결론에 이르게 할 수도 없는 것이다. 작가가 자신의 의도에 따라 제시한 이러저런 의미로 규정될 수도, 독자가 이러저런 의미를 파악함으로써 이르게 될 해석 안으로 포섭되거나 고정될 수도 없는 말, 오히려 작품 내에서 언어가 물러나는 지점에서, 단어들이 분비해낼 수밖에 없는 관념들이 순간 후퇴하는 시점에서 단어들 외부로 솟아나는 침묵의 말, 말하자면 그것은 의미를 부여하지도 규정하지도 이해와 해석으로 이끌지도 않는다. 한마디로 우리로 하여금 '보게 하지' 않고, '볼 수 있게 하지' 않는다. 오히려 우리를 '본다'. 즉 그것 자체가 스스로 주체가 되어 우리를 수동성 가운데로 내몰고 우리를 더듬고 '만진다'. 그 사실의 징표가 『소년이 온다』의 경우 그 언어가 남기는 최후의 효과인 아픔이다. 슬픔도 연민도 아닌 아픔, 어떠한 카타르시스도 가져오지 않는, 해소되지 않는 아픔, 가라앉지 않는 상처의 흔적, '내'게 어떠한 안전하거나 안정된 지점·시점도 내주지 않는 응결된 정념의 조용하지만 냉혹한 떨림. 그것을 나는 여기서 광주의 몸과 거의 완전히 반대되는 정치적 노선을 걸었던 미시마 유키오가 자신의 정치적 입장이 아직 확고해지기 전에 썼던 한 소설의 몇 문장을 인용하면서 '무감각'이라고 정의해보고자 한다. "사람들은 모르리라. **무감각이라는 것이 강렬한 아픔과 비슷하다는 것을**. 나는 온몸이 강렬한 아픔으로, 게다가 전혀 감지되지 않는 아픔으로 마비되는 것을 느꼈다."[6]

아픔 또는 무감각의 응시

광주의 몸이 자신을 딛고 제시되는, 누구나 받아들일 수

6 미시마 유키오, 『가면의 고백』, 양윤옥 옮김, 문학동네, 2010, pp. 202~203.

있고 나아가 받아들여야 한다는 '보편적 진리'의 언어와 '진리'의 정치의 관념성에 저항하는 지점이 있다. 바로 그렇기 때문에 과거에도 그랬지만 지금도 5·18에 대해 말하기 어려운 점이 존재하는 것이며, 5·18을 딛고 표명되는 적지 않은 주장들이 불충분한 것들로 남을 수밖에 없게 되는 것이다. 광주의 몸은 '정치', '진리'와 관념 이전 또는 이후에 그 자체가 그 자체로서 공동화되기를, 그에 따라 삶, 생명과 죽음이 공동화되기를 요구한다. 이는 그 몸이 그 자체로 언어와는 다른 어떤 것으로 소통되어야 한다는 것을, 그 자체가 남기는 '말'로 열려야 한다는 것을 의미한다. 그 몸이 우리 모두가 보편적으로 받아들여야 하는, 받아들일 수 있다고 주장되는 관념들을 거부하는 시점이 있으며, 그 시점에서 그것은 보편적 우리가 아닌 우리 각자 한 사람 한 사람에게 자신으로 향해 있기를, 자신을 매 순간 응시해주기를 요구한다. 그러나 여기서 응시는 눈의 응시가 아니고, 관념의 응시는 더더욱 아니며, 다만 아픔의 응시, 『소년이 온다』가 독자를 통해 바라보는 최후의 시선이다. "입안에 가득한 피와 이빨 조각들을 뱉으며, 떠지지 않는 눈꺼풀을 밀어올려 상대를 마주보는 순간. 자신의 얼굴과 목소리를, 전생의 것 같은 존엄을 기억해내는 순간. **그 순간을 짓부수며 학살이 온다, 고문이 온다, 강제진압이 온다. 밀어붙인다, 짓이긴다, 쓸어버린다. 하지만 지금, 눈을 뜨고 있는 한, 응시하고 있는 한 끝끝내 우리**

는……"(213)

그러나 그 응시는, 광주의 몸이 관념적 차원에서 완전히 규정될 수 없을 뿐만 아니라 감정적 차원에서도 내 안에서 남김없이 공명共鳴될 수 없다는 사실을 확인한다. 그 응시는 어떠한 감정적 고양이나 해소도 어떠한 자기감응自己感應도 불가능해지는 지점에서 자기 아닌 것으로, 자기 외부로 끊임없이 향해 가는 '무감각'의 이행 이외에 다른 것이 아닐 것이다. 『소년이 온다』의 마지막 부분에서 작가는 동호를 비롯한 살해당한 소년들의 무덤들을 찾아간다. 작가는 그 앞에서 기도도 하지 않고 눈을 감고 묵념하지도 않는다. 다만 무덤들 앞에서 자신이 피워놓은 촛불을 "묵묵히 들여다보"기만 한다. "그의 무덤 앞에 쌓인 눈 더미 속을 여태 디디고 있"으면서 자신의 "한쪽 발목이 차가워진 것"조차 느끼지 못한 채, 더 이상 자기를 느끼지 못한 채. '무감각' 가운데. 그 이유는—만일 기도나 묵념이 그들을 자기 안에 가두어두려는, 어쨌든 자신을 추스르려는, 자기 내부로 들어오는 행동일 수 있다면—바로 자신이 자기 외부로의 그 '무감각'의 움직임에, 즉 강한 탈중심화의 움직임에 내맡겨져 있을 수밖에 없었기 때문이리라. 물론 우리는 소통해야 할 것이다. 그러나 '내'가 '나 자신'과 어떠한 방법으로도 소통할 수 없는 시점이 있기에, 즉 '무감각'으로 들어갈 수밖에 없는 지점이 있기에, '내' 안에서 완결되어 결론에 이를 수 없는 어떤 것이 남아 있기에 '나'는 타인들(광주의 죽어간 몸들을 비롯한 다른 타인들)을 부르고 그들에게 호소하는 것이다. 거기에 결코 끝나지 않을 '우리'의 소통의 전제가 있다. '나' 자신 안에서 아무것도 결정되지 않기에 타인들과의 소통의 잉여 지대가 남아 있게 되는 것이다. 다시 말해 작가는 광주의 소년 동호를 여전히 해결되지 않은 문제로 자신 바깥에 남겨두면서, 그 소년에게 다시, 끊임없이 주목할 것을 우리에게 호소하는 것이다.

"나는 가방을 열었다. 가지고 온 초들을 소년들의 무덤 앞에 차례로 놓았다. 한쪽 무릎을 세우고 쪼그려앉아 불을 붙였다. 기도하지 않았다. 눈을 감고 묵념하지도 않았다. 초들은 느리게 탔다. 소리 없이 일렁이며 주황빛 불꽃 속으로 빨려들어 차츰 우묵해졌다. 한쪽 발목이 차가워진 것을 나는 문득 깨달았다. 그의 무덤 앞에 쌓인 눈 더미 속을 여태 디디고 있었던 것이다. 젖은 양말 속 살갗으로 눈은 천천히 스며들었다. 반투명한 날개처럼 파닥이는 불꽃의 가장자리를 나는 묵묵히 들여다보고 있었다"(215).

II

시의 자기혐오

글쓰기에 대해 글을 쓴다는, 왠지 껄끄러운 일에 대해 생각해보기로 한 후,[1] 곧 김수영 시인의 다음과 같은 말이 떠올랐다. "문학에는 숙명적으로, 정도의 차이는 있지만 곡예사적 일면이 있다. 이것은, 신이 날 때면 신이 나면서도 싫을 때는 무지무지한 자기혐오를 불러일으킨다."

김수영의 이 말을 우리는 '반시론反詩論'이라는 제목이 붙은 산문에서 발견할 수 있는데, 제목이 암시하는 대로 시인은 거기서 문학이 주는 '신'이 아니라 문학행위에 대한 보

1 이 텍스트는 『연세대학원신문』이 전해주었던 물음 '당신에게 글쓰기란 무엇인가'에 대한 답변으로 씌어졌다. 그러나 이 텍스트가 실렸던 『신문』이 필자에게 남아 있지 않아 그 텍스트가 『신문』의 몇 호에 실렸는지 확인할 수 없었다. 혜량을 구할 뿐이다.

복으로 주어지는 '자기혐오'에 주목하고 있다. 이어서 시인은 "내 자신의 되지 않은 문학행위"라고 자신의 글쓰기에 대해 고백하고 있다. 그 이유야 어찌됐든, 또 김수영이 아니라 누가 됐든 그렇게 말할 수밖에 없으리라. '나'는 문학 덕분에 더할 나위 없이 행복하고 충만한 삶을 살고 있으며 어느 누구보다도 쓸 권리를 가지고 있다고 자신하기보다는, '나'는 어떤 고통 때문에 쓸 수밖에 없었고 지금도 그 고통 가운데 쓰고 있으며 과연 스스로 쓸 자격이 있는지 항상 의문이라고 고백해야 하리라. 그렇게 하는 것이 '문학'이라는 이름에 걸맞아 보이고, 문학을 대하는 진지한 태도처럼 보이며, 어쨌든 그럴듯해 보인다. 그러나 지금도 피를 말릴 정도로 고투하면서 내면의 어떤 상처와 마주해 글을 쓰고, 또 그 고충을 누구에겐가 털어놓고 있거나 아무에게도 털어놓지 못할 수많은 익명의 글 쓰는 자들 앞에서, 과연 어느 누가 오만하게도 '그럴듯해 보인다'고 단정할 권리를 갖고 있는가? 그러나 한 대가가 토로한 것이든, 한 문학청년이 푸념처럼 펼쳐놓은 것이든, 진정성에서 비롯된 것이든, 아니면 '포즈'를 돋보이게 하기 위해 장신구처럼 달려 있는 것이든 글쓰기의 고통은 진부한 것이다. '내'가, 또는 홍길동이 오늘도 이런저런 이유로 상대방에게 말로 떠맡기려는 수많은 삶의 고통들이 진부한 것처럼…… 그리고 많은 삶의 고통들이 자기혐오를 남기는 것처럼, 마찬가지로, 김수영이 본 대로, 글쓰기의 고통은 때때로 또는 자주 자기혐오로 이어진다. 그렇다면 왜 고통과 자기혐오 사이에서 다람쥐 쳇바퀴 돌리기와도 같이 반복되는 '이짓'에 집착하는가? 이렇게 묻고 나니 말라르메의 유명한 문장 하나가 눈앞을 스쳐 지나간다. "글쓰기라는 이 미친 짓 Ce jeu insensé d'écrire."

김수영이 왜 자신의 문학행위를, 즉 글쓰기를 "되지 않은" 것이라고 말하고 "자기혐오"를 불러일으킨다고 까발렸는지에 대해 다시 물어봐야 할 것이다. 그러나 먼저 결코 있을 수 없었고, 있을 수 없으며, 아마 앞으로도 있을 수 없을 한 가지 환상적인 상황을 상상해보자. 삶의 모든 문제들에 대한 답들이 적혀 있는 방대한 양의 삶의 지침서가 있다고 생각해보자. 법·정치·경제·사회·교육 등 모든 분야에서 발생할 수 있는 골치 아픈 모든 문제들 각각에 대해, 또는 사랑·결혼·우정과 윤리·종교·철학 등의 영역에서 제기되는 모든 문제들 각각에 대해 상황에 맞게 해답을 제시해주는 삶의 매뉴얼이 있다고 가정해보자. 당신의 컴퓨터에 어떤 문제가 있을 때 참조하면 답을 가르쳐주는 컴퓨터 매뉴얼처럼, 당신이 어떤 문제에 봉착했을 때, 당신이 처한 상황에 맞게, 당신이 전혀 고통을 겪지 않도록 그에 대한 하나의 확실하고 타당한 답을 가르쳐주는 진리의 책이 있다고 치자. 당신에게 어려운 문제 하나가 닥쳤을 때, 모든 요인들에 대한 정보들을 제시하면 그 책은 신神의 이름으로 타당한 답을 가르쳐준다. 혹자는 만약 그런 책이 있다면 삶은 획일화되고 따분해질 것이라고 대답할 수도 있다. 그러나 그것은 온 정신을 빼앗길 수밖에 없고 자기 존재를 뒤흔드는 어떤 문제 앞에 서보지 못한 자의 대답일 수 있다. 답-진리의 그 책은 자연(사실로 드러나는 모든 현상들)을 완전히 관리하고 지배하는 명제들(또는 자연과 분리되지 않은 명제들)의 집적체일 것이다. 그 책을 소유한 우리는 이제 어떠한 사건 앞에서도 충격도 고통도 받지 않고 그 사건을 가장 이상적으로 처리할 수 있는 있는 명제들로 무장할 수 있게 될 것이고, 그때 세계는 고통 없는 신의 세계가 될 것이다. 그러나 그때 과연 문학이 필요할 것인가, 아니 문학이 존재하기나 할 것인가?

문학은 자연과 언어 사이의, 또는 자연과 언어가 떠받치고 있는 사유·의식 사이의, 또는 자연과 언어를 기반으로 구축될 수밖에 없는 문화 사이의 입 벌린 틈 가운데 위치한다. 만약 언어가 모든 것을 규정할 수 있었다면, 모든 것에 대한 답을 줄 수 있었다면, 즉 언어가 '완전히' 자연의 일부였다면 문학은 존재할 수 없었을 것이다. 과학과 철학과 종교의 이름으로 시도하는 모든 언어적 규정이 실패로 돌아가는 곳에서, 아니면 그 불충분성이 명백해지는 곳에서 문학이 시작된다. 그래서 문학은 답을 가르치고 훈계를 늘어놓을 필요도 없고, 그래서도 안 된다. 답과 훈계가 한계에 이르는 곳에서, 그것들이 자연에 결코 이르지 못하는 단어들의 나열일 뿐이라는 사실이 밝혀지는 곳에서 문학이 시작된다. 문학은 답이 없다는, 또는 답이 단순치도 않고 완전치도 않다는, 아니면 답이 결국 언어 너머에 있다는 사실을 아는 자들의 놀이(짓)이다. 따라서 글쓰기는 언어로 언어의 무능을 고백하는 행위, 언어로 언어를 배반하는 행위, 언어가 언어의 꼬리를 무는 모순의 작업이다. 거기에 분명 말라르메가 "글쓰기라는 이 미친 짓"이라고 말할 수밖에 없었던 이유가 있다. 글쓰기, 다시 말해 언어로 표현 불가능한 것(규정 불가능한 것)을 언어로 표현하려는 시도, 많은 이들이 말해왔던 것처럼 불가능한 것에 접근하려는 시도, 실패가 미리 예정된 시도.

그렇다면 무엇이 표현 불가능한 것인가? 그것은 자연이나 신의 충만성, 지고한 완전성, 또는 영원한 단일성·동일성이 아니라, 언어의 한계 자체, 즉 언어로 인해 인간이 자연과 의식·문화 사이에서 분열되었다는 사실 자체, 즉 헤겔의 표현을 빌리면 인간이 "찢긴 존재"라는 사실 자체이다. (이렇게 말해놓고 필자 역시 언어로 표현 불가능한 것을 다시 언어로 말하려는 모순에 즉시 빠져들고 말았다. 그러나 비트겐슈타인도 "말할 수 없는 것에 대해 침묵해야만 한다"고 말하면서, 즉 침묵을 가르치면서, 결코 침묵할 수 없었다는, 필연적으로 말할 수밖에 없었다는 사실을 되돌려 보자. 우리는 자연 그 자체로서의 침묵, 무염시태無染始胎로서의 침묵, 언어로부터 나오지 않고 언어에 의해 오염되지 않은 침묵을 절대로 알 수 없다. 언어가 있기에 우리는 침묵에 접근할 수, 침묵으로 돌아갈 수 있는 것이다. 물론 필자가 여기서 언어로 표현할 수 없는 것에 대해 이렇게 저렇게 떠들어봐도, 그것은 여전히 표현되지 않은 채로 남는다. 당연하다.)

김수영 시인도 자신의 언어가, 자신의 글쓰기가 결코 자연에 이르지 못하고 오히려 자연을 거부하고 파괴하는 '잡스러운 것'이라는 사실을 잘 알고 있었다. "흙은 모든 나의 마음의 때를 씻겨준다. 흙에 비하면 나의 문학까지도 범죄에 속한다"(「반시론反詩論」). 왜 쓰는가, 아니 왜 떠들어대는가, 왜 흙처럼 겸손하게 침묵하지 못하는가, 당신은 부끄러움도 모르는가? 분명히 이 물음에서 글쓰기가 강요하는 자기혐오가 비롯된다. 시인이 자주 부딪힐 수밖에 없었고 분명 난감해했을 "무지무지한 자기혐오". 결국 언어를 사용한다는 데에서, 즉 의식을 갖고 생각한다는 데에서, 한마디로 인간으로 태어났다는 사실에서 생겨나는 자기혐오. '내' 성기와 항문을 의식하고 부끄러워할 수밖에 없다는 사실에서 부과된 자기혐오. 결국 "시詩에 대한 혐오La Haine de la poésie"(조르주 바타유).

따라서 글쓰기는 언어와 의식의 한계로 나아가 그것들을 부정하고—즉 문화를 부정하고—인간에게 고유한 자연을, 즉 언어에 의해 더렵혀진 자연("찢긴 존재")을 표현한다. 글쓰기는 분열된 자연을, 또한 이—문화의—세계에서 영원한 한 이방인 또는 영원한 한 어린아이로 남을 수밖에 없는 자를 표현한다. 누군가 고통과 자기혐오 사이를 오가며 남긴 시 한 편에, 한 방울의 피나 한 줄기의 눈물로 남고자 언어를 불신하는 시 한 편에 어느 이방인 또는 어린아이의 절규가 들려온다. 거기에, 결코 자신을 언어로 증명하거나 정당화할 수 없었기에, 문화의 세계에서 '나'라고 자신할 수 없었기에, 절규로 자신을 타인들에게 던져놓을 수밖에 없었던 어느 이방인이나 어린아이나 범죄자의 얼굴이 드러나 있다. 따라서 김수영 시인을, 아니 그보다 먼저 '나 자신'을, '우리'를 용서해야 하지 않는가? 글쓰기를 통해, 씌어진 글 속에서 결코 '나'라고 말하지 못하고, 쓸 권리도 갖지 못한 채, 자신을 증명하기는커녕 자신을 상실할 수밖에 없었던 자들을, 가련하게도 자신의 존재를 책임지지 못하고 남들에게 위탁해놓을 수밖에 없었던 자들을. "위선자! 쓴다는 것, 솔직하게 진지하게 그리고 벌거벗은 채로 존재한다는 것, 어느 누구도 그럴 수 없다. 나는 그렇게 하기를 원치 않는다"(바타유).

시의 불꽃

이곳에서 글쓰기에 관심을 갖고 있으면서 이성복 시인을 모르는 사람들은 소수일 것이고, 나 역시 그를, 그의 이름을 아는 다수에 속해 있었다. 하지만 그와의 대담[1]을 준비하기 위해 만남을 갖기 전까지 그는 내게는 먼 곳에 있는 생면부지의 작가였다.

나는 그로부터 멀리 떨어져 있었지만 다만 그의 이름만을 알고 있었던 것은 아니고, 그의 작품들이 출간되면 곧 큰 관심을 갖고 읽었던 그의 독자들, 애독자들 가운데 한 사람

1 이 텍스트는 그 대담의 서론 격으로 씌어졌고, 그 대담과 함께 '예술, 탈속과 환속 사이'라는 제목으로 먼저 『문학과사회』(105호, 2014년 봄)에 실렸으며, 이어서 같은 제목으로 다음 책에 수록되었다. 이성복, 『끝나지 않는 대화』, 열화당, 2014.

이었다. 나의 주의는 특히 이곳에서 일반적인 의미로 받아들여지는 '수필'과는 완전히 다른 그의 산문에 기울어져 있었다. 그의 산문은 매우 예외적인 글쓰기의 산물로서, 주목을 요하는 고유한 점을 간직하고 있는 것으로 나타났다.

시인의 산문은 매우 철학적인데, 일차적으로 그 점에서 고유하다고 말할 수 있다. 그의 산문은 적지 않은 수필과는 다르게 개인적이고 경험적인 사건들이나 에피소드들을 토로하는 데에서 전개되지 않고, 더욱이 그러한 토로에서 마감되지도 않는다. 또한 그것은, 우리가 보통 작가 '개인'과 동일시하는 주관으로서의 경험적 자아에 근거해서 전개되지도 않고, 더욱이 그러한 자아를 확인하거나 표명하는 데에서 귀결되지도 않는다. 설사 거기에서 작가가 개인적으로 겪었던 사건들과 에피소드들을 적지 않게 밝히고 있다 할지라도, 작가가 자신을 일인칭으로 칭하면서 스스로에 대해 직접적으로 규정하고 '고백'('고백의 형식들')하는 장면들을 여기저기서 연출하고 있다 할지라도 그렇다. 말하자면 우리가 지금 문제 삼고 있는 산문에서 궁극적으로 말하고 있는 자는 보편적인 윤리적·미학적·종교적 문제들(가령 이 대담에서 이성복이 분명히 밝히고 있듯이 '생사 문제')에 대해 성찰하고, 나아가 그것들과 싸우며 그에 따라 열리는 여러 갈래의 길을 가리키고 있는 한 '사유자' 또는 '철학자'이다.

이번 대담을 계기로 이성복 시인과 몇 번 통화하고 만나기 이전부터 나는 그에게 존재와 삶을 바라보는 고유한 윤리적·종교적 관점들이 있다는 사실과 그의 문학이 고유한 하나의 '시학詩學'과 함께 나아가고 있다는 사실을 여러 번 확인하고 있었다. 그러나 여기서 '고유한'이라는 형용사가 단순히 '독창적인'이라는 표현이 의미하는 바를 가리키고 있는 것만은 아니다. 왜 그에게서 고유한 것들과 만나게 되는가? 주관적·개인적인 것과 동일시될 수 없는 대체 불가능한 것들과 마주하게 되는가? 물론, 그가 어떤 독특한 주관성에 근거해서 말하기 때문이 아니고, 그러한 주관성을 표현하는 것을 자신의 과제로 삼고 있기 때문도 아니며, 그가 보기 드물게—우리가 방금 위에서 밝혔던 대로—'철학자'로서 '철학적' 사유의 높이에서 말하기 때문만도 아니다.

이성복이 드러내는, 정확히 말해 이성복에 의해 드러나는 고유성의 계기에 대해 우리는 그가 이문재와의 한 대담에서 했던 다음과 같은 말을 통해 알아볼 수 있다. "내게 있어 글쓰기는 내가 아는 지식을 따라가는 것이 아니고, 언제나 나 자신을 시험 재료로, 분석 재료로, 시험 양으로 사용합니다."[2] 즉 그의 글쓰기는, 또한 그의 사유는 자신이 읽고 습득했던 이러저런 지식에 이끌려 나가는 것이 아니라, 자신을 실험 도구로 삼아 시험하는 '행위'에 따라 촉발되고 움직인

2 『끝나지 않는 대화』에서 인용한 경우 별도의 표기를 하지 않는다.

다. 그러나 궁극적으로는 자신을 확인하기 위해서도 표현하기 위해서도 아니고, 더욱이 자신을 드높이기 위해서는 아니고, 어떤 상황 속으로 들어가 남아 있기 위해서, 자신을 "시험 양", 속죄양으로 삼아 어떤 의식儀式에 참여하기 위해서, 여기서 그 의식이 한 자아가 모든 상황과 타인들과 단절된 채 자신의 자기의식을 표출하는 나르시스의 제사의 반대편에서 벌어지는 공동의, 종족種族의 제사라는 점을 강조해야 한다. (이 대담에서 시인은 아마 자신이 도달한 마지막 윤리일, 개체를 넘어선 종족의 윤리에 대해 이렇게 밝히고 있다. "수레바퀴 테두리가 계속해서 돌 때 중심축이 앞으로 나아가듯, 개체의 생명이 소멸을 거듭할 때, 종족의 생명은 간단없이 이어지는 것입니다. 자전하는 개체는 생자필멸生者必滅일 수밖에 없지만, 그것은 종족 전체의 공전을 가능하게 하는 필수적 조건입니다. 카프카는 '원죄란 개체가 종족의 지위를 참탈하려는 것'이라고 했습니다만, 개체는 자신의 역할을 다하면 반드시 떨어져 나와야 합니다.")

이성복의 글쓰기와 사유는 이미 주어져 있는 보편적(추상적·관념적) 지식들이 아니라 구체적이고 단수적인 자기 자신에 의해 방향 잡혀 있지만, 결국 한 곳의 공동 영역에 진입하고자 한다. 그러나 그러한 움직임은 사람들 사이에서 공통적으로 일반화될 수 있을지도 모를 또 다른 어떤—마찬가지로—보편적인 진리라는 표적을 향해 나아가지 않는다. 그 움직임은 그 자체로부터 나올 수도 있을 또 다른 진리를 정식화하려는 것이 전혀 아니고, 다만 종족의 생명과 생('생사성식生死性食'의 삶)을 표현하고 증거하고 노래하는 것으로 수렴된다. 거기에 이성복의 사유와 글쓰기의, 또한 그의 산문의 궁극적인 고유성이 있다. 그는 분명 '철학적'이라고 불릴 수 있는 사유를 이어가지만, 또한 우리는 그에게서 여러 관념들이 제시되고 전개되는 장면들을 볼 수 있지만, 그는 관념들을 입법화하거나 '진리'로 우리에게 가르치려 하지 않고, 마지막에 결국 모든 관념 이전의, 그 이후의, 그 너머의 종족 공동의 생을 노래한다. 그의 노래, 그의 음악이 그의 최후의 말이다. 그는 산문을 통해 철학을 통과해 가지만, 산문에서조차 자신이 마지막에 도달한 지점을 '시詩'라고 가리킨다. 그렇게 하면서 그는, 적지 않은 경우 철학자가 개체로서, 자아로서 자신의 관념들로 종족을 통제하거나 인도하거나 지배하기 위해 전유하고자 했던 초월적 높이로부터 내려와 종족의 일원임을 인정하는 동시에 종족을 위해, 종족의 한 무명씨를 위해 노래한다. "나는 혜안을 바라지 않습니다. 내가 바라는 것은 삶으로부터 초월하거나 이탈하는 것이 아니고, 살아 있는 삶 자체를 그대로 건지려고 하는 노력이지요. 나는 한 시대를 함께 겪어가는 사람들의 목소리가 내 입을 통해 노래할 수 있기를 바라는 것이지요." 이성복은 종족 위에서 가르치려는 역할을 부정하고, 스스로 마찬가지로 종족 속의 한 사람(무명씨)으로서 종족과 함께 아파하고 괴로워하기를, 자신을 통해 종족의 노래가 울리기를 원하며, 그로서는 그러한 희망에 따라 열리는 길이 바로 예술가의 길이다. "나는 통로다. 해결이 아니다"(『네 고통은 나뭇잎 하나 푸르게 하지 못한다』). "예술가의 몫이라는 것은 이 세계를 초월해버리지 않고 우리들 곁에 남아서 함께 괴로워하는 데 있습니다. 우리는 예술가가 우리와 함께 이곳에 남아 괴로워해주기를 바라지요. 예술가란 대속자代贖者, 아픈 사람보다 더 아파하고, 아픈 사람 자신도 모르는 아픔을 대신 아파하는 사람입니다." 이성복의 고유성이 있다면, 그가 설사 다른 시인들에 비해 더 많은 철학적 관념들과 관점들을 견지하고 제시한다 할지라도, 궁극적으로는 그 모든 것이 마치 바다 위에 내리는 눈이 즉시 녹아 사라지듯이 사라져가는 지점들을, 그 모든 것이 떨면서 울리고 소멸되는, 소멸되지만 그에 따라 음악과 노래를 남기는 그러한 지점들을 수신하고 송신하고 있다는 사실로부터 유래한다. 이행의 통로가 되는 것, 따라서 그의 고유성은 비고유한 자가 되는 데에 있다.

그에게 관건은 어떤 법을 제시하는 데에, 설법說法을 하는 데에 있지 않고, 스스로 존재 또는(그리고) 비존재가, 삶 또는(그리고) 죽음이 울리는 소리통이 되는 데에 있다. 삶과 죽음이 종족의 공동 원리이며 자연의 운행運行 자체라면, '짐승'(이성복이 끊임없이 되돌아가고 있는 이 단어, 종족은 짐승의 종족일 것이며, 따라서 어떠한 경우라도 민족과 동일시 될 수 없다)의 몸이 생성되고 소멸하면서 터져 나오는 소리가 퍼져 나가는 공명통이 되는 데에 있다. "내 몸은 악기다. 뜯어다오, 신神이여!"(『네 고통은 나뭇잎 하나 푸르게 하지 못한다』) 시인의 소망은, 아마도 불가능할 희망은 자신이 제출한 언어가 죽은 문자들로 남지 않고 무화되면서 그려내는, 삶·죽음의 보이지 않는 접촉점들을 수신하는 것이다. 동시에 그 언어가 파열되면서 찍어내는, '우리'의 생명과 소멸의 비표상적이고 비형상적인 감지점들을 송신하는 것이다. "시는 머리의 방어막을 뚫고 나오려는 몸이 발버둥치는 소리이다. 그 소리는 고통으로 인해 반쯤 벌어진 입술 사이로 게거품처럼 번졌다가 사라진다. 그 번져남과 사라짐 사이에 길고 짧은 시간이 개재하며, 그 시간들의 반복되는 장단이 불가항력의 음악을 만들어낸다."

"몸의 발버둥", 그러나 그것은 예외적이거나 병리학적인 광기의 표현이 아니고, 예술적인 어떤 극단의 표출도 아니며, 어쨌든 특별한 어떠한 것도 아니다. 의식意識이 절대로 알 수도 포착할 수도 지배할 수도 없는 죽음을 예감하고 있는 몸의 떨림이다. 시는 지금 이곳에서 해골들이 돌아다니고 있다는 사실을 감지하고 예언한다. 너무나 당연한 것을 말하기에 예언일 수도 없는 시의 말, 그러나 그토록 자명한 죽음이 언제나 스캔들일 수밖에 없다는 점을 되돌려 본다면 언제나 예언일 수밖에 없는 시의 말, 그 말을, 시인은 죽음과 죽음의 무無가 필연적 '진리'임을 가르쳐주기 위해서가 아니라, 삶과 죽음의 접경지대를, 그 순간을, "시간들의 반복되는 장단"을 붙잡아 노래하기 위해서 '한다'. 그 '함'을, 그 '말함'을 이성복은 '사랑'이라는 단어 이외의 다른 것들로 정의하지 않을 것이다. 시는, 정확히 말해 장르로서의 '시'가 아니라 산문에서조차 문자들 위로 번져 나가는 시적 움직임은 "벼랑, 단애 앞에서 인생을 살펴보는 것", "그 막막함, 단애에 서기까지 올라온 과정, 짧은 삶을 회한으로 돌아보는 것"의 흔적으로 남지만, "단애에 섰기 때문에 돌아본 삶이 귀중해지는 것"이다. 종족의 삶, 타자의, '우리'의 삶을 껴안을 수 있는 것이다.

"시—불꽃을 튀기며 타들어가는 도화선. 재가 되는 시간. 지금 무엇이 파괴될 준비를 않고 있는가"(『네 고통은 나뭇잎 하나 푸르게 하지 못한다』). 언어는 자신의 원천으로 되돌아갈 때 자신이 의식에 분비해왔던 관념들과 의미들을 순간적으로 중지시키고 자신 이전의, 자신을 낳았던 몸의 움직임을, 삶의 숨결을, 보이지 않는 탈존의 운동을 현시시킨다. 언어의 시적 작용, 산문에서도 문자들 위를 스쳐 지나가는 시적 파장, 그러나 여기서 문제되는 것은 벼랑 끝에서 '볼 수 있는', 사실상 '볼 수 없는' 보다 강렬한 어떤 것이 아닌가? 그것을 차라리 도화선을 타고 들어오는 시의 불꽃이라고 불러야 하지 않는가? 과연 그 불꽃의 운명은 피어남이 꺼져감이고 번쩍이는 것이 사그라지는 것이라는 동일성에 있으며, 그렇게 그 불꽃은 자신의 운명을 공유하는 인간(또는 짐승) 삶의 생과 죽음의, 생성과 소멸의, 현전과 부재의, 나타남과 사라짐의 접경지대를 비춘다.

몸의 언어로서의 문학적 언어

현대 철학(니체, 페르디낭 드 소쉬르와 알렉상드르 코제브 이후의 현대 철학)의 문을 연 명제이자 현대 철학의 가장 중요한 명제들 가운데 하나는, 사유(또한 인식, 나아가 인간의 모든 지적 활동)가 전적으로 언어에 의존한다는 것이다. 그 명제가 첫번째로 의미하는 바는, 인간의 사유가 존재의 본질을 꿰뚫는 정신의 '빛'의 작용과 같은 것이 전혀 아니고, 우리에게는 존재에 직접 도달할 수 있는 어떠한 길도 주어져 있지 않으며, 사유라는 것은 언어라는 필터 또는 매개를 거쳐서만 간접적으로 그것도 존재 자체가 아니라 단지 그 의미들에만 다가갈 수 있다는 것이다. 그것이 두번째로 의미하는 바는 사유가, 가령 데카르트의 주장과는 반대로, 인간 본성에 따라 전개되는 정신의 자율적 활동이 아니라는 것이다. 오히려 사유는 이미 주어져 있는 단어들과 이미 정립된 문법에 의존해서만, 따라서 단어들이 역사적·사회적으로 규정해놓은 의미들의 틀 내에서만 타율적으로, 마치 어떤 명령에 따르는 것처럼 전개될 뿐이다. 엄밀히 말해 인간이 언어를 사용하는 것이 아니고 언어에 의해 사용될 뿐이며, 사유가 언어를 통해서만 가능하다면, 인간에게 고유한 자유로운 활동이자 나아가 신적인 고귀한 활동이라고 여겨져왔던 사유는 사실상 기본적으로는 사회와 역사라는 테두리 내에서 타율적으로 어딘가로 떠밀려 가는 움직임에 지나지 않게 된다. (아마 창조적인 언어 사용이 없지 않겠지만—우리는 그것이 어떠한 것인지 이후에 살펴보고자 한다—드물 뿐이고, 그것이 어떤 가치를 확보해내기 위해서는 주어진 사회와 역사라는 장벽을 뛰어넘어야 한다.) 소쉬르의 말대로 모든 언어 활동·현상은, 따라서 모든 사유는, 결국 모든 의미 구성은 전반적으로 보아 집단적이고 사회적이다. "이제 기호의 자의성을 안다면 왜 사회적 사실만이 하나의 언어 체계를 창조할 수 있는가를 보다 더 잘 이해하게 된다. 가치들을 정립하는 데에 집단이 반드시 필요한데, 가치들은 오로지 관습과 일반적 동의에 따라서만 있게 되기 때문이다."[1]

언어와 사회는 양자 중 어느 것이 선행하는가를 밝히기

1 F. de Saussure, *Cours de linguistique générale*, Payot, 1972, p. 157.

힘들 정도로 서로 밀접하게 얽혀 있다.[2] 언어의 구축과 사회의 구성은 상호 의존적일 수밖에 없다. 언어는 사회에 의존하고, 사회는 언어에 의존한다. 언어의 중심에 사회가 놓여 있는데, 우리는 일반적으로 사회적 관습들(통념들, 기준들, 가치들)에 따라 말하고 듣고 쓰고 읽는다. 우리가 사회 내에서 명시적이거나 비명시적으로 설정된 틀 내에서 언어를 사용하는 데에 따라, 우리는 바로 그 틀 내에서 타율적으로 사유한다. 사회의 중심에 언어가 놓여 있으며, 우리는 바로 언어가 만들어낸 의미들의 규정을 통해 사회를 구축한다. 언어의 가장 중요하고 가장 핵심적인 기능은 사회적 가치들·기준들과 사회적 질서를 구축하는 데에 있다.

정치·경제와 지배적 언어

다른 관점에서 보면 사회를 떠받치고 있는 것은 정치와 경제이며, 사회적인 것의 중심에 정치(권력의 구성과 배치와

2 언어든 사회든 발생한 시점과 장소를 역사적·실증적으로 밝혀낸다는 것은 불가능하다. 다만, 인간의 존재론적(실존적) 차원에서 엄밀하게 따져본다면, 인간은 언어적 존재라는 조건하에서만 사회적 존재가 된다. 다시 말해 사람들이 단순히 '떼거리'를 이루고 있다고 해서 언어도 사회도 형성되지 않으며, 오직 사람들이 언어 능력을 갖추고 발휘한다는 전제하에서만 사회가 구성된다. 이 점에 대해서는 여기서는 더 이상 상론하지 않고자 한다.

분배, 또한 권력의 재구성과 재배치와 재분배, 또한 반권력의 구성)와 경제(자본의 구축·성장과 확장)가 놓여 있다. 그러나 바로 언어가 정치와 경제에 개입한다. 언어라는 토대 없이 그 자체로 구성되어 유지되고 전개되는 정치·경제 체제는 역사에서 한 번도 존재한 적이 없으며, 언어는 정치의 형태를 규정하고(그때 언어는 이데올로기나 이념이나 법으로 승격된다), 그에 따라 이데올로기화되거나 이념화되거나 법제화된 정치적 언어를 통해 경제의 형태가 형성된다. 또는 경제로부터 출발할 수도 있다. 경제적인 어떤 큰 변화(가령 과학과 기술의 발전에 따르는 생산력의 비약적 증가)가 있을 수 있고, 그에 따라 정치적 변화가 요구되고 실현될 수 있다. 그러나 어떠한 경우에도 경제적 변화가 정치적 변화로 이어지기 위해서는 반드시 강력하고 보편적인 언어(또 다른 어떤 이데올로기나 이념, 그게 아니라면 적어도 또 다른 어떤 법)가 필연적으로 요청된다. 그러나 이러한 점을 강조해야 하는데, 그러한 보편적인 언어는, 설사 어느 정도 합리적이고 어느 정도 정의로운 정치·경제 체제를 구성할 능력이 있는 언어라 할지라도 진리(초월적 진리)와 무관하다. 왜냐하면 그러한 언어는 다른 모든 언어와 마찬가지로 존재를 직접 포착할 수 없으며, 어떠한 경우라도 오직 인간들 상호 간에만 정립될 수 있는 의미들에만 접근할 수 있고, 다른 어떠한 언어보다도 인간관계에 더 긴밀하게 의존해 있으며, 인간관계를 더 분명하게 드러내고, 인간관계에 더 강력한 영향을 끼치기 때문이다. 그 언어는 어떤 경우, 나아가 적지 않은 경우 인간관계 너머에서, 인간들 위에서 인간들을 지배하는 지배적인 비인칭적 체계로 승격되며, 그때 우리는 그 언어를 무의식적으로, 역설적이게도 '진리'라고 여기게 된다. 그에 따라 우리의 존재를 추상화시키고 소외시키는 사회적·일반적 기준들이 정립되고, 그로부터 '전체주의적'이라고 불릴 수 있는 사회가 구축된다. 그러한 일신론(좁은 의미에서의 일신론이, 즉 유일한 절대적 신을 가정하는 유대교나 기독교나 이슬람교가 아니라, 절대적이라고 여겨지거나 적어도 지배적인 어떤 가치 체계에 대한 집단적 믿음)에 기초해 관리되는 사회는 어디에선가 존재했었고 지금도 존재한다.

신자유주의: 개인주의로서의 전체주의

적지 않은 사람들이 현재의 신자유주의 사회를 전체주의 사회라고 규정하거나 적어도 전체주의적이라고 평가한다. 그 사회에서 자본이, 돈이 거의 유일하고 보편적인 상징적·사회적 가치이자 기준으로, 사회의 근본적이자 대표적인 권력으로, 따라서 일신론적인 신으로 군림하고 있다. 이 신자유주의적 사회는 자본에 대한 믿음이 신에 대한 믿음과 다르지 않다는 점을 예시적으로 증명한다. 두 믿음은 크게 다르지 않은데, 왜냐하면 양자 모두 자아(원자화된 개인)의 자기 보존의 욕구에, 자아를 손에 쥐고 확인하고 싶어 할 뿐만 아니라 전시하고 싶어 하는 나르시스적 욕구, 물질적 필요에 따르는 단순한 자연적 욕구가 아닌 언어적·상징적 질서에 의해 구조화된 욕구에 근거하기 때문이다. 자본에 대한 숭배는 물론 물질 자체(우리의 기본적이고 '자연적인' 욕구들을 충족시켜주는 것)에 대한 것이 아니고, 자아가 자기 자신에게 들러붙어 있기를 원하는 하나의 형식이다. 자아와 자기 자신의 동일성에 대한 숨겨진 근원적 믿음과 집착의 한 형식, 그러나 그러한 자기 동일성에 대한 믿음과 집착이 바로 신에 대한 믿음 배면에 감추어져 있는 비밀이다. 우리의 이 신자유주의 사회는 개인의 자신에 대한 자기 동일성의 요구가 사회적 자기 동일성의 요구(사회의 강요)와, 자본의 요구와 구분되지 않는다는 점에서, 즉 전체의 요구가 개인(이 사회의 원자화된 개인)의 요구로 치환된다는 점에서 전체주의적이다. 신자유주의는 개인주의가 전체주의의 반대항이 아니라는 사실의 증거인데, 그것은 개인주의에 근거한 역설적인 전체주의적 체제이다. 개인의 고독에 근거하고, 개인에게 고립을 강요하는, 자아가 자기 자신이기만을 강요하는 전체주의적 체제, 사람들을 고독에 빠뜨림으로써만, 그들 사이의 소통을 저지시킴으로써만, 그들 사이의 어떤 반자본적 공동 영역을 빼앗아버림으로써만 그들을 전체에 통합시키는 체제. 그러나 '자연적인' 물질적 토대 위에 서 있기는커녕, 자본 밖에, 즉 자아밖에 없다고, 너 자신이 바로 자본 자체라고, 타인들도 관계도 존재하지 않는다고 끊임없이 언어적·상징적 질서를 강요하고 유포시키면서 역설적으로 고독을 인간관계의 원형과 같은 것으로 만들어버리는 체제, 그러나 이 경우 사실상 우리는 고독 가운데 평안하고 무사하게 거주할 수 없다. 고독은 또 하나의 인간관계의 형식, 정확히 말해 인간관계의 지배적 형식(바로 이 신자유주의 사회의 지배적 형식)인 것이다. 고독은 우리가 관계 내에서 주고받는 상처인 것이다. '서로 상관없음'은 각자를 부드럽고 쾌적한 고독 안으로 안기게 하는 평화 조약이기는커녕 절망적인 인간관계의 형태에 지나지 않는다. 인간관계의 파괴조차 또 다른 종류의 인간관계일 수밖에 없다.

신자유주의적 고독 또는 고립

신자유주의에서의 고독의 역설적인 보편적 언어가 우리의 인간관계를 지배하고 있다. 다른 전체주의적 언어들과 마찬가지로 그 언어는 진리와 무관하며, 다만 인간관계에 근거하고 인간관계를 구축할 뿐이다. 그러나 과거의 전체주의적 언어들은 각각 경제 그 너머에 있는 것처럼 보였던 궁극적 의미(도덕적이거나 종교적이거나 철학적 가치, 가령 신, 군주, 국가, 민족, 노동, 프롤레타리아)를 가리키면서, 하지만 사실은 한 집단의, 보다 정확히 말해 한 집단에서 선택된 자들의 정치적·경제적 권력을 증대시키고 그들을 중심으로 조직된 정치적·경제적 질서를 유지시키고 공고히 하기 위해 '절대적' 매개항으로서 인간들 사이에 군림했다.

그러한 근거이자 목적인 것처럼 보였던 전체적 의미들이 모두 고갈되어버린 이 시대(흔히 말하듯 역사의 종말의 시대)에 신자유주의의 고립을 명령하는 보편적 언어는 이전의 전체주의적 언어들과 마찬가지로 인간들 사이를 지배적으로 매개한다. 그 언어는 과거의 전체성의 언어들과 마찬가지로 사회에서 구성된 정치적·경제적 권력과 거기에서 정립된 정치적·경제적 질서를 뒷받침하지만, 그것들과는 달리 고립된 원자가 되어야만 보편적 기준(자본이라는 기준, 자본이 요구하는 기준)에 부합하는 인간이 될 수 있다고 말한다. 그 언어가 갖는 역설은, 이처럼 '내'가 그것이 제시하는 보편적 기준에 종속될 때 마지막 귀결점은 보다 더 고독해지는 것이라는 데에 있다. 개인성(주관성)과 집단성(보편성)의 기이한 결합, 병적인 고독과 병적인 사회성의 불행한 연계, 그러나 그러한 사실은 현재의 이 신자유주의적 사회가 고립된 원자들의 집합일 뿐이라는 사실을 정확히 반증한다. 결국 남는 것은 정치적·경제적 권력과 질서에 종속된 사회 체제(사회적 위치들·기능들)와, 그 체제에 종속된 개인적 의식들밖에 없다. 그러한 결과로 우리를 이끄는 것은 정치적·경제적 움직임 배면의 언어적 권력이다. 개체적 의식들을 사회적 의식으로 동일화시키는 동일성의 권력, 자기를 의식한다는 것과 타인들을 의식한다는 것을 같게 만들어버리는 매개의 권력, 니체의 "신은 죽었다"라는 말이 종교적 차원에서보다는 사회적 차원에서 이해되어야 한다는 것이 옳다면,[3] 즉 그 말이 기독교적 신의 절대적 의미가 한계에 이르렀다는 사실보다는 사회가 인간들에 대해 초월적인 어떠한 원리 위에도 서 있지 않은 동시에 '나'는 근본적으로 사회의 어떠한 보편적 의식에도 동일화될 수 없다는 사실에 대한 선포라는 점이 옳

3 "신은 죽었다"라는 니체의 유명한 말이 직접적으로 표명된 곳은 『즐거운 학문』 108항이다. "부처가 죽은 후에도 수세기 동안 사람들은 동굴 안에서 엄청나게 크고 두려운 그의 그림자를 보여주었다. 신은 죽었다. 그러나 인간의 방식이 그렇듯이, 앞으로도 그의 그림자를 비추어주는 동굴은 수천 년 동안 여전히 존재할 것이다"(니체, 『즐거운 학문』, 『전집』, 12, 안성찬·홍사현 옮김, 책세상, 2005, p.183). 이어지는 『즐거운 학문』 109항에서 니체는 신의 죽음을 종교의 측면에서 해석하지 않고, 다만 그것을 집단적으로 용인되는 지배적 관념들의 종말이라고 해석한다. 키스 안셀 피어슨Keith Ansell Pearson은 그러한 관념들의 예들로 "우주를 살아 있는 유기체로 보는 것, 사실은 (인간적) 필요만이 존재하는 우주에 법칙이 있다고 생각하는 것, 죽음의 예외적 상황일 뿐인 삶을 죽음에 대립되는 것으로 보는 것" 그리고—우리의 문제와 관련이 깊은 것인데—"신에 대한 허구를 물질에 대한 숭배로 대체하는 것"(키스 안셀 피어슨, 『니체』, 서정은 옮김, 웅진지식하우스, 2007, pp. 58~59) 등을 들고 있다.

다면, 신은 아직 여전히 죽지 않았다. 물질 자체와 결코 동일시될 수 없는, 언어적·상징적 질서에 따라 등극한, 자본이라는 신이 여전히 살아 있다.

이데올로기로서의 신자유주의

스스로 말하면서 이 사회를 지배하는 것은 바로 자본이라는 지배적·신적 언어이다. 신자유주의 사회에서 중요한 것은 물질 자체가 아니라 자본이다. 또는 자본이 부여하는 의미들과 가치들에 의해 윤색된, 언어적으로 상징화된 물질이다. 하나의 이데올로기인 신자유주의는 물론 단순한 물질 제일주의가 아니며, 모든 이데올로기들과 마찬가지로 처음에는(1960년대 후반) 하나의 소수파 담론이었다가 지배 그룹들(대학들, 학회들, 교회들, 전문가 협회들 그리고 무엇보다 기업들과 국가)의 지지를 얻어 그 자체가 제시했던 가치들(시장교환 원리의 우선성, 사유재산의 신성화, 개인 또는 기업의 자율성과 자유의 극대화, 교육·복지·문화·의료와 같은 공적 영역들의 사적 영역화 또는 자본화, 경쟁 선호주의, 모든 것의 금융화 등)을 전면적으로 유포시키면서 사회의 주도적 가치들로 전환시킬 수 있었다.[4] 신자유주의는 모든 이데올로기들과 마찬가지로 그 자체가 확산되고 광범위하고 확고한 힘을 갖게 되는 데에 필요한 경제적·정치적 권력은 말할 것도 없고 이론적 권력도 보유하고 있다. 하나의 중심 이데올로기가 군림하는 모든 사회에서와 마찬가지로 신자유주의 사회에서 지배적 사고는 지배계급(즉 자본의 귀족들)의 사고이다.[5] 신자유주의는 지금까지 융성했던 모든 이데올로기들의 적나라한 실상과 최종 귀착점을 보여준다. 지금까지의 모든 지배주의적 이데올로기들이 각각 겉으로는 고상하거나 숭고한 어떤 집단적·공동체적 이상理想을 표방했을지라도 궁극적으로는 각각 한 지배계급의 부와 권력을 창출하고 유지시키는 데에로 귀결되었다면, 신자유주의는 사실상 신비화된 어떠한 이상에도 의존하지 않고—아니면 오직 자본이라는 신비화된 이상 또는 우상偶像에 의존해서—, 노골적이고 직접적으로 계급적 부와 권력을 옹호하는 이데올로기이다. 그것은 모든 지배주의적 이데올로기들의 결론이었던 것을 향해 치장하지 않고 곧장 달려간다.

신자유주의의 다른 하나의 측면에 주목해보자. 신자유주의적 언어 체계에 들어앉아 있는 자본은 의미·가치의 기준들을 만들어내지만, 그 기준들은 단순히 우리를—거기에 부합되는 자들과 그렇지 못한 자들로—구분하는 드러난 경

4 데이비드 하비, 『신자유주의』, 최병두 옮김, 한울, 2007, pp. 15~16.
5 같은 책, p. 145.

계선으로 작동하기보다는, 또는 그 이전에 우리 각자를 자기에게 스스로 묶이도록 강요하는 자아의 동일성의 형식으로 작동한다. 신자유주의 사회에서 자본의 언어는 드러내놓고 우리를 구별하기보다는, 또는 그 이전에 우리 각자의 내면에 어떤 것이 '너'에게 좋고 그럴듯하고 아름다운가를 가르치려고 한다. 그 언어는 우리 각자에게 자기와 일치하는, 정확히 말해 일치하는 것처럼 보이는 관념들을 제공하는데, 그러한 점에서, 즉 우리 내면으로부터 **우리 모두**를 지배하려 한다는 점에서 그것은 '신적'이다. 그것은 각자의 내면을 관리하지만, 정확히 그러한 한에서 **우리 모두**를 비인칭적인 힘으로 통제하고자 한다.

자본의 언어에 대항하는 변증법적 투쟁

지배적 또는 지배주의적 자본의 언어를 거슬러서 투쟁을 벌여야만 한다. 그러나 그 투쟁은 물질주의에 대항하는 어떤 정신주의의 투쟁이 아니고, 보편을 가장한 채 군림하는 그 언어를 거부하는 또 다른 언어들의 투쟁이다. 압제적인 그 언어가 만들어내는 관념들이 사회의 정치적·경제적 토대를 **실제로 현실적으로** 구성하고 있다. 또한 그 자본의 언어는 주인 없는 익명적 권력의 장소를 만들어내는데, 왜냐하면 누구도, 어떠한 권력자도 그곳을 지배하는 주인이 될 수 없고, 바로 그 지배적 언어가, 지배주의적 관념들이 그곳의 주인이기 때문이다. 따라서 그 언어에 저항하는 투쟁은 단순히 어떤 지배자 또는 지배자라 간주되는 어떤 자에 대한 투쟁이기 이전에, 우리 각자에게 힘을 행사하고 있는 우리 안의 관념들에 대한, 따라서 우리 자신에 대한 투쟁이어야 한다. 또한 **또 다른 언어들의 의식적이고 변증법적인** 투쟁이어야 한다. 정치·경제·이론·철학·윤리·습성의 여러 차원에서 또 다른 언어들을 내세워 싸워야만 한다. 침묵은 언제나 압제를 용인하는 가장 확실한 방법이며, 전체주의적 언어에 대립하는 또 다른 언어들의 변증법적 투쟁(주도적 의식에 대항하는 또 다른 의식들의 투쟁, 보편적이라고 여겨지는 명제들과 대치하는 또 다른 명제들의, 일반적인 믿음을 거부하는 또 다른 믿음들의 투쟁)은 반드시 필요하며, 그 이전에 필연적이다.

그러나 자본만이 모든 것의 가치 기준이 되고, 우리 각자가 자본의 지배로부터 벗어나는 출구를 찾지 못하고 있으며, 자본이라는 척도에 부합되는 것이 고독한 자아로서 사회 안에 갇히는 것과 동일하게 되어버린 이 시대에, 무력해 보이고—늘 반복되는 표현에 의하면—'쓸모없으며', 사실상 어떠한 정립된 진리도 내세울 능력이 없는, 따라서 **비변증법적인** 이 문학적 언어라는 것은 왜 필요한가? 무슨 소용인가? 자본이라는 규범을 거부할 능력도 용기도 없는 채 똑같은 자아에 매여 있는, 그러나 그 자아를 전시해 보여주고 싶어 하는 어느 작가를 우리는 이제 더 이상 믿을 수 없을 것이다. 소외된 채 소심하게 웅크리고 앉아 서정抒情을 추구하는, 그러나 자신을 소외시킨 세상에 복수의 원한감정을 품고 있는 어느 시인에게 우리는 이제 충분히 식상해 있을 것이다. 아니면 마치 자신이 세상을 바꿀 수 있는 자라도 되는 것처럼 문학이라는 이름으로 이러저런 사회적 문제들을 고발하고 비판하며, 문학을 발판으로 정의와 평등과 양심을 외치는 어느 문인과 그의 말은 정당화될 수 있는가? 이 모든 이들 각자의 진실을 향한 의지는 진실한가? 우리 각자가 자신에 대해 갖는 이미지가 분명한 것일 수 없는 것처럼, 우리가 이 모든 이들 중 어느 누구에 대해 내리는 판단도 전적으로 확실한 것이 아니거나 피상적인 것일 수 있다. 여기서 우리는 그들 중 어느 누구도 판단하기 이전에 문학적 언어에 대한 물음으로 되돌아가보고자 한다.

자본의 언어 내의 구멍

자본 제일주의, 자본을 근본적이자 유일한 공통의 척도로 받아들이는 관점, 고독과 고립의 원리, 나르시시즘이라는 규범과 같은 정의들로 요약될 수 있는 신자유주의적 이데올로기도 의심의 여지없이 초월적이거나 초주관적이거나 객관적(초사회적) 진리가 아니고 인간관계에 근거한다. 그러나 그 이데올로기가 정치적·경제적 권력과 맞물려 전개되면서 일반적인 집단적 합의를 통해 굳어진 사회적 기준이, 결국 인간관계를 좌지우지하는 비인칭적인, 우리의 표현에 의하면 '신적인' '진리'가 되어버린 것이다. 그 이데올로기가 단순한 가상이라는 것이 아니다. 그것은 인간들을 통제·관리하고 인간관계의 형태를 규제하는 강력하고 실제적인 힘이다. 그럼에도 불구하고 그것은 불변의 진리는 아니며, 정확히 말하자면 오직 정치적·경제적 권력을 등에 업고 실현되기 때문에 인간들을 지배할 수 있는 언어적 권력, 역사에서 우리를 지배했던 봉건주의·왕권신수설·(현실)공산주의·파시즘 등과 같이 '진리'로 군림하고 '진리'라고 여겨지는 권력이다. 초월적인 어떤 것이 아니라, 인간관계에 근거하지만, 인간관계를 넘어서, 그러나 여전히 인간관계에 의존해서 유포되는 언어적 힘, 정치·경제를 현실적 권력으로 구축하기 위해 전제되어야만 하는 관념적인 권력. 신이라고, 또는 신적인 것이라고, 절대적인 것이라고 사회적으로 집단적으로 공인받은 모든 것은 신에 의해 **실제로** 주어졌던—**실제로** 절대적이었던—적이 한 번도 없으며 모두 인간들이 만들어낸 것이다.

이데올로기적 언어는 여러 사물·현상·사건의 많은 측면들을 재현해낼 수 있지만, 그에 따라 그 언어가 생산해내는 의미들과 가치들은 오직 인간들에게, 인간들 사이에 놓여 있다. 그러나 바로 인간들 사이에 이데올로기적 언어가 완전히 틀어막을 수 없는 구멍이 존재한다. 거기에 존재 전체의 규정과 질서화를 목표로 삼을 수도 있는 언어적 힘이 메울 수 없는 언어의 틈새가 자리 잡는다. 그러나 다른 한편 그 언어의 틈에 오직 언어가 발설되고 쓰이는 데에 따라 움직이기 시작하는, 언어의 발원지이기에 언어가 가리킬 수 없고 어떠한 명제로도 재현할 수 없는 언어의 중심이 놓여 있다. 문제가 되는 것은, 언어와 무관하지 않지만 언어가 의식에 분비해내는 의미들과 관념들에 의해 장악될 수 없는 '사이의 사이', 의식 이전 또는 이후의—즉 변증법적으로 매개될 수 없는—사이, 언어의 틈새이다. 인간들 사이의 통로를 만드는 구멍, 그 구멍은 어떠한 의식도 설사 이데올로기적 언어를 통해서라도 메울 수 없는데, 왜냐하면 그것은 의식과 차원을 달리하는 몸이라는 통로의 구멍이기 때문이다. 그 구멍에 모든 의미와 모든 관념 이전에 작동하는 언어의 중심이 있다. 문학적 언어가 있다면, 그것은 의식들의 매개를 통해—무의식적으로, 즉 의식들에 대한 무의식적 매개'물'인 명제들을 통해—사회에 통합되는 인간들 사이를 헤집고 그 '사이의 사이'를, 언어의 중심을, 의식들의 사이가 아닌 몸들의 사이를 현시시키는 언어이다. 이데올로기적 언어가 어떤 절대가 아니라 인간들 사이에 근거하고 있다면, '사이의 사이'는 어떠한 명제보다도 앞서며 어떠한 명제로도 포착되지도 고정되지도 않는다. 그 사실을 문학적 언어는 증명한다. 다시 말해 그것은 이데올로기적 명제들이 자리 잡고 있는 의식들의 사이의 구멍으로 파고 들어가 그 사이의 전의식적인 벌거벗은 양태를 드러내 보여준다. '사이의 사이', 명제들의 구속과 압제로부터 벗어난 사이, 그것은, 존재를 의식 내에로 함입시키는, 이데올로기적 명제들의 내재화의 운동으로부터 우리가 벗어나게 되는 동시에 존재를 향해 튀어 나가는 몸의 움직임을 추진시키게 되는—또는 우리가 그 몸의 움직임 자체로 전환되는—과정에서 열린다.

자본의 언어에 저항하는 비변증법적 투쟁: 문학적 언어 또는 몸의 언어

어떻게 문학적 언어는 그러한 과정을 전개시킬 수 있는가? 언어 자체가 의식화·사회화의 매개물이기 이전에 몸이 확장된 것이다. 말하자면 언어 자체가 몸의 감각기관들에 실제로 들어오는 구체적 감각들과 맞물려 작동하며, 그에 따라 우리는 언어 때문에 사물들을 더 잘, 더 섬세하고 더 다층적으로 느낄 수 있게 된다. 언어는 어떠한 구체적 감각도 실제로 받아들이지 못하지만 구체적 감각들이 정념(느낌)으로 수렴되는, 즉 그 감각들이 정서적 내면의 보이지도 들리지도 않는 추상적 리듬으로 전환되는 경로를 틔울 뿐만 아니라 역동적이고 복합적으로 만든다. 동시에 언어는 어떤 사람이 자신의 외부ex로 향해 나아가는 궤적과 방향(탈존Existenz의 방향)을 그려내고 지시한다. 몸과 연관된 언어의 두 가지 작용이 있다. 즉 한편으로는 그 언어는 사물들의 이미지화를 추진하며, 다른 한편으로는 몸의 현전으로 나타나는 탈존을 촉발시키고 전개하거나 받아들이게 한다. 다시 말해 한편으로 그것은 눈앞에 어떤 것이 실제로 보이게 하지는 않지만(언어는 어떠한 감각도 실제로 수용하지는 못한다) 우리로 하여금 사물들의 여러 측면들을 만질 수—느낄 수, 정념으로 받아들일 수—있게 하며, 다른 한편 어떤 사람의 몸—나아가 삶—을 드러내거나 마치 볼 수 있는 것처럼 감지하게 한다.

나는 언어 때문에 사고하게 되고, 그에 따라 존재를 나의 의식 안으로 끌어당기면서 사회 내에—좋은 쪽으로든 나쁜 쪽으로든 좋지도 나쁘지도 않은 쪽으로든—붙들리게 되지만(언어의 구심력 운동, 언어가 추진하는—의식의 차원에서의—내재화), 그 이전 또는 이후에 언어에 의존해서 존재를 향해 밖으로 나아가게 되고 몸의 탈존을 공동의 영역으로 가져온다(언어의 원심력 운동, 언어가 추진하는—몸의 차원에서의—외재화). 문학적 언어는 보이거나 들리는 단어들의 집합이 아니고, 단어들 배면에서 추진되는 작용이자 단어들 위에서 나타나는 효과이며, 단어들의 조합을 통해 가능하게 되는 동일화의 원리(보편타당하다고 여겨지는 명제들의 구성과 정립, 또한 그에 따르는 의식들의 사회적 통합)의 근거로 돌아가거나 그 원리를 와해시키는, 몸의 행위이다. 문학적 언어, 또는 몸의 언어는 단어들에 근거해 이루어지는, 의식들을 종속시키는 어떤 일반적 기준의 성립 과정을 역추적하면서 의문에 부치는—단순히 부정한다는 것이 아니라, 긍정과 부정 이전의 몸들의 접촉 영역을, 즉 그 의식적 기준의 성립 근거를 다시 열어 드러내는—동시에 몸들을 이어주고 소통시키는 리듬(들리지 않는 리듬, 보이지도 들리지도 않는 공동의 탈존 또는 공동의 영혼의, 정념의 움직임)이다.

창조적 언어: 음악으로서의 문학적 언어

내가 언어의 내재화에 머무를 때, 나는 나 자신의 의식을 사회의 일반적인, 나쁘게 말하면 '진부한' 의식에 매개시키는 관념들 안에 갇히게 되는 반면, 내가 언어의 외재화를 따라갈 때, 나는 관념들이라는 그 매개물의 규정 작용 또는 고정 작용을 멈추게 하는 동시에 직접적으로 세계(사물들의 공간)와의 관계의 길을 놓으면서(존재로의 열림) 또한 타인과의 관계 안에 놓이게 된다(타자로의 열림). 이는 바로 "공간은 시간이 되고 마찬가지로 몸은 영혼이 된다"[6]고 보았던 노발리스가 "언어는 관념들을 연주하는 악기이다. 시인, 연설가와 철학자는 문법에 따라 연주하고 작곡한다"[7]라고 쓰면서 분명히 하기를 원했던 바이다. 말을 마치 음악처럼 울려퍼지게 하는 것, 단어들을 추상화된 비가시적 감각인 리듬으로 생성시키는 것, 바로 거기에 언어를 일반적으로 사용하는, 보다 정확히 말해 언어에 의해 '진부하게' 이용당하는 방식과는 다른 창조적인 언어 사용 방식이 있다. 감각들을 종합하는 하나의 계기인 언어를 몸처럼 사용해서 세계와 타인에게 덧씌워져 있던 의식적 매개물을 걷어내면서 세계와 타인을 직접적으로 만지는 동시에 세계와 타인에 의해 마찬가지로 직접 만져지는 것이 관건이다. 세계와 타인에 대한 관념적 규정(고정화)이 아닌, 세계와 타인으로의 음악적 열림, 주객 비분리 지대에서의 소통. 언어의 창조적 사용의 귀결점은 세계와의 관계의, 타인과의 관계의 전前의식성·전관념성으로, 즉 몸의 차원으로 되돌아가는 데에 있다. 어떤 말이, 어떤 외침이, 어떤 절규가, 어떤 시작詩作이 발설되거나 씌어진 단어들을 수단으로 삼아, 그러나 결국 그것들을 지우면서—명제들의 규정 작용을 무화시키면서—, 따라서 침묵 속에서

6 Novalis, *L'Encyclopédie*, Minuit, 1966, p. 129.
7 같은 책, p. 299.

우리를 만지고 만져짐의 동일성을 통해 관계 내에 위치시키는 것이다. 무매개적이고 창조적인 언어 사용은 궁극적으로는 묵언黙言을, 표현의 진공 상태가 아닌, 관계의 역동성과 다르지 않은 묵언을 '말하는' 것이다. 니체의 정확한 지적대로 "개념의 조야한 재료들이 거의 사라지는 한에서"[8] 묵언을 '울리게 하는' 것이다.

언어의 외재화 작용과 문학적 언어

언어를 통한 외재화와 그 내재화는 언제나 함께 전개된다. 그러나 세계에 대한 것이든 하나의 사물에 대한 것이든 타인에 대한 것이든 관계(내가 어떤 것이나 어떤 자와 마주하는 상황)가, 그 관계로부터 파생된 관념들보다 선행하기

8 니체, 『전집』, 4, 최상욱 옮김, 책세상, 2001, p. 61. 인용된 이 표현 바로 앞에서 니체는 언어(개념적 언어)의 한계를 지적하는 동시에 "말-언어"가 그 원초적 형태에서 음악("소리내는 것")이라는 사실을 강조한다. "음악은 무한한 의미화가 가능한 언어이다. / 언어는 단지 개념을 통해 의미를 갖는다. 따라서 사상을 매개로 공감이 생겨난다. 이것이 공감의 한계를 설정한다. / 이것은 단지 객관적인 문자 언어에 적용될 뿐, 말-언어는 소리 내는 것이다: 그리고 간격, 리듬, 템포, 강도와 강조들은 모두 묘사하는 감정 내용에 대해 상징적이다. 그러나 감정의 대부분은 말을 통해 표현되지 않는다. 그리고 또한 말들은 바로 다음과 같은 것을 암시한다: 말하자면 거칠게 심연으로 몰아대는 바다에 비해, 말이란 움직이는 바다의 표면이다"(같은 책, pp. 60~61).

에, 내재화에 대해 외재화가 일차적이라고 말할 수 있다. 언어가 그 관계를 개인적이자 사회적·집단적인 의식 내로 포섭시키는 내재화를 진행시킬 때, 언어는 개인들 사이의 매개물로 작동하면서 한 개인과 다른 한 개인을, 또한 개인들과 사회를 동일한 가치들과 기준들에 묶어놓는다. 그 경우 언어는 개인들 모두에게 동일한 방향과 지점을 가리키는 표식과 같이 작용하면서 그들 모두에게 동일한 관념들을 제공한다. 그 관념들은 사회를 구성하는 데에 필연적으로 요구되며, 언제나 존재해야만 하고 어디에서나 존재한다. 그러나 하나의 특정 관념(과거에 그것은 도덕이나 종교나 정치라는 옷을 입고 나타났던 반면, 현재는 경제 뒤에 숨어 있다)이 다양한 여러 영역에서의 다른 관념들을 좌지우지하고 그것들 위에 특권적으로 군림할 때 전체주의의 위험이 있다. 그러한 지배적 관념이 사회를 전체주의적으로 만들며, 전체주의적 사회는 한마디로 그러한 주도적 관념이 진행하는 내재화에 의해 지배적으로 관리되는 장소이다. 모든 사회가 내재화에 의해서만 구축되고, 개인 일반에게서, 따라서 모든 사회에서 내재화가 외재화에 대해 언제나 우세하다는 점은 사실이다. 하나로 통합되지 않는, 다수적이고 다양할 수밖에 없는 외재화의 목소리들이 고정된 동일성의 지배적 관념에 의해 애초부터 무시되고 억눌려 있는 곳, 그러나 거기에서도 외재화의 움직임이 완전히 중단될 수 없고 중단되지 않는데, 바로 그 중단 불가능성에 문학적 언어가 개입해서 그 불가능성을 불가능한 것으로 유지시킨다. 만약 외재화의 움직임이 끝나버린다면, 이는 어떠한 정치적 저항도 변혁도 완전히 불가능하게 된다는 것을 의미한다.

전체주의적 사회(현재의 경우 우리가 '신자유주의 사회'라 부르는 그곳)에서조차 문학적 언어가 완전히 죽은 채 움직이지 않는다고 단언할 수 없다면, 그 이유는 우리가, 아니면 우리 가운데 소수의 사람들이 어떠한 강력한 장애물이 앞을 가로막고 있다 할지라도 자신들에게 고유한 불굴의 시적 정신이나 정의나 사랑이나 박애의 정신을 부여잡고 밀고 나갈 수 있기 때문이 아니다. 그 사회 역시 하나의 사회인 이상 언어 위에 놓여 있고 언어로 짜여 있으며, 우리 자신이, 우리 모두가 언어적 존재, 영원히 언어로부터 벗어날 수 없는 존재이기 때문이다. 내재화를 전개시키고 지속시키는, 사회적 매개물로서의 언어가 아니라, 그 매개하는 언어의 작동을 중지시키는, 외재화를 추진하는 또 다른 언어로부터, 즉 몸의 언어로부터 우리가 완전히 벗어나기 불가능하기 때문이다. 그러나 언어적·의식적 매개를 중지시키고 몸을 드러내고 현시시키는 그 언어는 그 마지막 귀결점에서 무엇을 발견하는가? 무엇과 마주하고 마주치는가?

내재화로 나아가는 경우 언어는 사회와 서로 밀접하게 연관되어 있다. 언어의 구축과 사회의 구성은 함께 진행되며, 사회의 근거에 언어가 있고 언어의 근거에 사회가 있다. 그러나 외재화로 향해 있는 경우 언어는 한편 세계(사물들의 공간)와의 관계의 길이 되는 방식으로 작용하고, 다른 한편 타인과의 관계를 여는 방식으로 작용하지만, 첫번째 작용은 두번째 작용으로 수렴된다. 왜냐하면 우리가 각자 세계나 하나의 사물과의 관계에 놓이면서, 즉 존재로 열리면서 만약 그 자체에 만족할 수 있다면—첫번째 작용이 그 자체로 우리에게 충분한 것일 수 있다면—우리는 '말할' 필요가, 우리 자신을 언어에 의뢰해놓을 필요가 없을 것이기 때문이다. 아주 단순한 하나의 언명조차, 나아가 어떠한 타인도 재현하거나 묘사하지 않는 하나의 언명조차—가령 사물 하나에 대한 묘사에만 몰두하는 하나의 언명조차—이미 타인의 존재를 예상하고 있으며, 타인을 향해 발설되는 것이다. 내가 존재로의 열림을 '말한다면', 타인으로 열리면서, 또한 나 자신을 타인에게 위탁해두면서 나와 타인의 공동 영역에 있을—우리는 여기서 다른 표현을 찾을 수 없는데—'인간'을 증언하기 위해 '말하는' 것이다. 존재로의 열림이 '말해질 수' 있는 조건은 바로 타인이 있다는 사실이다. (마르틴 하이데거는 언어에 대한 탐색으로 전개되는 자신의 후기 사상에서 언어를 통한 존재로의 열림을 끈질기게 강조했지만, 그는 오직 존재와 마주하는 고독한 현존재인 '나'와 그 복수형인 민족에만 주의를 기울일 뿐 타자로 향해 있지도 접근하지도 않는다.[9])

사회 내에서, 심지어는 전체주의적 사회 내에서 이러저런 방식들로, 이러저런 영역들에서 통용되는 어떤 명제들에 대해 판단중지(환원, '에포케')를 감행했을 때, 즉 그것들의 의미들을 탈각시켜 지워지게 만들 때, 우리는 그것들이 규정되고 제시되기 위해 필연적으로 요구되는 조건과, 즉 너와 나의 공동 영역에 들어가 있지만 너와 나 모두에 대한 타자와, 어떤 '우리'와 마주하게 될 것이다. 우리가 이 사회 내에서 유통되는 여러 명제들을 그냥 맹목적으로 믿고 따라가는 '자연적 태도'로부터 뛰쳐나올 때 우리가 부딪히게 되는 자는, 우

9 시와 예술에 대한 하이데거의 성찰이 이르게 된 결론들 가운데 하나가 대지와 민족의 밀접한 연관성이다. 이는 하이데거가 18세기의 헤르더로부터 이어져오는, 예술에서 민족적 동일성을 찾는 동시에 정립시키려는 독일적 전통과 무관하지 않음을 보여준다. "이 열려진 연관들이 편재하는 넓은 터전die waltende Weite dieser offenen Bezüge이 이러한 역사적 민족의 세계이다. 이러한 세계로부터 그리고 이러한 세계 속에서만 비로소 이 민족은 자신의 사명을 완수하기 위해 자기 자신에게로 되돌아간다"(마르틴 하이데거, 「예술작품의 근원」, 『숲길』, 신상희 옮김, 나남, 2008, pp. 54~55). 『숲길』의 옮긴이 신상희는 하이데거의 이러한 말에 주석을 달면서(같은 곳) 여기서 문제되는 민족은 "국가사회주의(나치즘)를 추종하는 게르만 민족"이 아니고 "그리스 민족"이라고 분명히 밝혔는데, 근현대의 독일 철학과 독일 문학에서 독일 민족의 정체성을 추구했던 거의 모든 시도가 그리스와 그리스 민족을 전범으로 삼아 전개되었다는 점을 기억해둘 필요가 있다. 즉 그 시도에서 가정된 것은 독일 민족이 그리스 민족의 적자嫡子라는 점이다. 여기서 우리는 하이데거와 나치의 관계를 기억하기 이전에, 다만 하이데거에게 어떠한 형태로든 민족이라는 범주가 중요했다는 점을 지적해두고자 한다. 그러나 그렇게 지적하면서 우리는 하이데거와 나치 사이의 연관성을 간과하지 않고자 한다.

리를 놀라게 하는 자는 생각하는 나(데카르트적 '에고 코기토ego cogito', 나는 생각한다)가 아니고 정치적·경제적(사회적) 관계와는 완전히 다른 '너'와 '나'의 관계의 단초를 마련하는 타자이다. 왜냐하면 언어가 사유에 앞선다고 본다면, 인간이 생각하는 존재이기 이전에 말하는 존재라면, 고독한 자율적인 사유하는 주체 또는 개인이기 이전에 언어에 묶여 말하면서 스스로를 내어주는 쪼개진 자라면, 인간의 그 쪼개진 틈 사이로 어떤 자가 이미 언제나 미리 도래하고 있기 때문이다.

문학적 언어의 저항

문학적 언어가 있다면, 그것은 발설하거나 듣거나 쓰거나 읽을 수 있는 고정된 단어들 그 자체로 구성되지 않으며, 다만 언어의 외재화를 극단까지 추구하는 언어 작용이 가져오는 효과일 뿐이다. 단어들과 명제들에 개입하는 언어적 효과, 그러나 그것들 모두를 그 자체와는 다른 것이 되게 만드는 반전反轉, 나아가 그것들 모두를 중지시키는 언어적 움직임, 따라서 어떤 것을 재현하고 규정(동일화)하는 의식을 단절시키고 무화시키는 정념의 솟아남, 한 권의 책 위로 솟아나는 정념의 명멸. 의식을 가동시키며 의식에 호소하고 관념들을 제공하고 유통시키는 언어가 한 권의 책 뒤로 물러나는 시점에서, 애초에 감각들을 깨어나게 했고 운반했던 언어는 감각들이 수렴되는 보이지도 읽히지도 않는 추상적 지점을 어떤 자의, 어떤 몸의 현전으로 현시시킨다. 몸짓의 투척, 몸짓이 그려내는 필치, 다가오는 숨결과 박동의 들리지 않는 소리, 한마디로 어떤 탈존의 표출, 하나의 작품을 읽으면서 단어들이나 명제들이 아니라 그 위에서, 책 위에서 감지할 수 있는 누군가의 다가옴, 주어져서 읽을 수 있는 어떠한 단어와도 어떠한 명제와도 일치하지 않는 문학적 언어는 바로 어떤 자가 접근해 들어오는 통로이다.

어떤 자의 현전, 문학이 마지막으로 마지막에 말하고자 하는 것, 어느 시인이나 소설가가, 그 이전에 한 남자나 한 여자가 말하기를 원하지만 의식적이거나 의도적으로 말할 수 없는 그것, 문학 이전에 언어 자체를 가능하게 하는 조건인 관계의 실상이자 언어 자체가 수렴되기를 원하는 시점, 모든 단어와 모든 명제가 중지되는 데에 따라 남는 암점, 에포케 이후에 남겨진, 무無가 아닌 지점, 거기서 모든 단어들과 모든 명제들의 유통 공간이자 그것들이 구성하는 사회가 무화된다. 사회 그 자체를 떠받치고 있던 언어를 통제하던 권력이 중지됨에 따라 또한 언어가 정당화시켰던 정치적·경제적 사실들 사이에 뚫린 구멍이 드러난다. 즉 사회는 자신을 지탱하고 있던 관념적 뼈대만을, 언어의 동일화의 형식만을, 아무것도 실제로 존재하지 않고 어느 누구도 거주할 수 없는 죽음의 관념적 공간만을 드러낸다. (사회의 탈현실화, 정치적·경제적 사실들이 중요하지 않다거나, 그것들이 강요하는 여러 무거운 문제들을 해소하거나 해결하기 위해 정치·경제·문화·이론·담론의 각 차원에서 투쟁을 할 필요가 없다는 것이 전혀 아니다. 모든 사회가 언어 위에 구성되어 있는 한 사회는 비실재적인 관념적 근거 위에 놓여 있다는 것이며, 특히 전체주의적 사회는 언어가 만들어내는 어떤 지배적 이데올로기의 극단적 관념성에 따라 구성되고 유지될 수밖에 없다는 것이고, 만약 이 '쓸모없는' 것에, 즉 문학에 할당된 역할이 있다면, 그것은 언어적 관념성으로 인해 입 벌리게 되는 구멍을 드러내고 그 구멍 속에서, 그 구멍을 통해 '말하는' 데에 있다는 것이다. 그 구멍 속에서 언어 자체의 문학소文學素가, 문학적 언어가 솟아날 것이다.)

사회적 현실의 탈현실화, 사회의 와해, 그것을 전제하지 않는 한 어떠한 문학도 진정한 것이 될 수 없다. 글 쓰는 자가 사회 그 너머의 어떤 초월적 세계에 들어갈 자격이 있음을 보여주는 초대권을 소지해야만 한다는 것이 아니다. 그가 다른 사람들보다 더 정신적이고 더 고상하며 진정한 사랑이나 정의나 박애의 인간이어야만 한다는 것도, 또 그래서는 안 된다는 것도 아니다. 다만 그가 사회 그 아래로, 그 밑바닥으로 내려가야만, 즉 언어의 밑바닥까지 탐색하면서 동시에 언어의 발원지로 엄밀히 되돌아가 단어들과 명제들이 와해되는 순간을 목도하고 그 순간을 표출시켜야만 한다는 것이다.

문학적 언어: '사이의 사이'를 드러내기

시詩는 결국 악수를 건네는 행위일 뿐이다(파울 첼란이 한스 벤더Hans Bender에게 했던 말). 시는 불가피하게 적지 않은 단어들과 명제들을 제시할 수밖에 없을지라도 결국 악수를 건네는 몸짓으로 환원될 것이다. 물론 실제로 악수나 한번 하자는 것은 아니고, 그 모든 것에도 불구하고, 모든 언어가 무너져 내리는 동시에 사회를 이루고 있는 굳건한 사실들이 환상으로 변하고 사회 자체가 스스로 불모의 사막으로 변하는 죽음의 시점에서조차, 특별히 그 시점에서 악수의 몸짓을 현시시켜야 한다는 것이다. 그렇기에 시에 눈으로 보이게 읽을 수 있게 주어져 있는 단어들은 결국 할 말이 없다는, 또는 말할 수 없다는 사실의, '실어'의 표현에 지나지 않게 된다. "시는 보여줍니다. 이건 착오의 여지가 없습니다. 강한 실어失語에의 경향을요."[10]

10 파울 첼란, 「자오선」, 『죽음의 푸가』, 전영애 옮김, 민음사, 2011, p. 239.

하나의 시가 그 안에 설사 많은 단어들을 담고 있다 할지라도 위상 격차(언어의, 언어에 의한 '에포케')를 일으켜 그것들을 바깥으로, 책 바깥으로 수렴시키지 못한다면, 그것은 시가 될 수 없을 것이다. 책 바깥의 그 지점에, 파울 첼란에 의하면, 타자(첼란이 자신의 시 하나에서 밝혀주겠지만, "어느 누구도 아닌 자niemand", 시인도 독자도 아닌 자, 어느 특정 개인일 수 없는 자)가 "서 있다stehen". "시는 하나의 타자에게로 가려 합니다. 타자를, '마주 섬'을 필요로 하지요. 시는 그걸 찾아갑니다. 자신을 그것에게 줍니다."[11] 시에서 관건은, 특정 타인이 아니고, 하나의 타자일 것이다. 보다 정확히 말해 어느 누구와, 또는 "어느 누구도 아닌 자"와 "마주 섬", 가리킬 수 있는 어떤 자가 아닌 "마주 섬"이라는 사건 자체, 언어에 의한 소통의 사건, 단어들과 명제들이 뒤로 물러나 지워지면서 중립화되어버리는 무無 위에서의, 따라서 사회 외부에서의 사건, 그러나 사회의 빈 중심을 드러내는 사건일 것이다. 타자를 위해, 타자와 마주해 함께 서 있기 위해 시는 적지 않은 단어들을 소비하면서 사물들이나 사람들을 재현하면서 말했던 것이다. 시는 사물들에 대해 말할 때조차 타자를 위해 말한다. 사물들의 어떠함을 드러냄으로써 사물들과 함께 거주할 수 있는 사회 내적 공간을 확보하기 위

11 같은 책, p. 240.

해서가 아니다. 시에서 사물들은 타자를 거주 불가능한 폐허 위에서 나타나게 할 뿐이다. 사물들은 타자의 대리자일 뿐이다. "타자를 향해 있는 시에게는 사물 하나하나가, 사람 하나 하나가 그대로 타자의 형상"[12]일 뿐이다.

허공의 상흔傷痕
그림자 속에 서 있음.

어느 누구도 아닌 자, 무無**를 위해 서 있음.**
알려지지 않게,
너만을
위해.

그 안에 공간을 차지한 모든 것과 더불어,
언어도
없이.[13]

타자, "어느 누구도 아닌 자", 아무도 아니고 다만 언어의 최후의 지향점이자 귀결점으로서의 공동 영역이 열린다

12 같은 곳.

13 파울 첼란, 「서 있음」, 『아무도 아닌 자의 장미』, 고위공 옮김, 혜원출판사, 2000, pp. 184~185.

는 사건 자체, 시가 타자를 말해야 한다는 것은 시가 궁극적으로 그 사건을 유도해야 한다는 것을 의미한다. 타자의 현전의, 즉 '우리'라는 사건의 실행, 그것이 시가, 문학적 언어가, 그 이전에 언어 자체가 도달해야 할 진실이다. 사실과 관념의 일치로서의 인식해야 할 진리가 아닌 **행위해야 할** 진실, 언어는, 우리가 인간들 사이가 아니라 그 사이의 '사이'에, 즉 타자가 현시되는 '사이'에 놓여 있음을 증거해야 한다.

언어가 행위해야 할 진실의 행위, 단어들이 지워지는 데에 따라 그려지는 필치(문학소, 몸처럼 작동하는 언어의 보이지 않고 다만 감지되는 움직임)가 향해서 가리키는 타자, 어쨌든 그 타자가 주재하는 '사이'는 바로 언어가 그 자체로 에포케를 실천하는 데에 따라 마지막에 이르게 되는 지점이다. 언어에 들러붙어 있던, 사회 내에서 일반적이거나 지배적으로 통용되어왔던 매개물인 의미들과 더불어 특히 정치와 경제가 탈각되어 나가는 시점, 우리는 그 시간과 맞부딪히기가 불가능하다고 말해서는 안 된다. 그 불가능성이 절대적이 되는 곳에서 어떠한 정치적 저항도 어떠한 정치적 변혁도 불가능할 수밖에 없다. 물론 그 시간을 붙잡는다고 자동적으로 어떤 혁명이 촉발될 수는 없겠지만, 그 시간에 들어가지 못하면 어떠한 저항도 어떠한 혁명도 시작될 수조차 없을 것이다. 어떠한 저항도, 어떠한 혁명도 '말' 없이, '말'을 전제하지 않고 촉발될 수 없다. 중요한 것은, 진부하지만 강고한 지배적 의미들에 짓눌려 있는 우리가 아니고, 반대로 그 본성이 선하고 정의롭고 고귀해서 그 모든 것들로부터 초연할 수 있는 우리도 아니고, 다만 언어 자체이다. 언어 자체가 끝까지 진행되면서 그 자체의 반전('에포케')에 이르러 우리를 타자를 향해, 타자를 위해 뒤집어놓는다면, 그 타자는 바로 언어 자체의 전제 조건을 가리킬 것이다. 즉 복수의 인간들을, 타자라는 공동 영역에 들어간 '너'와 '나'를, 또한 그들을, 그러나 그 경우 우리든 그들이든 결코 언어적 매개를 통해 사회 내로 완전히 통합되어 흡수되어버린 자들이 아니고, 언어가 그 자체의 성립 조건으로 제시하는, 사회 이전 또는 사회 외부의 인간들일 것이다. 또는 스스로를 사회의 최후의 조건으로 드러내는 자들일 것이다.

문학의 미종말未終末
—몸, 공空의 자리

그러나 깨어난 자, 깨달은 자는 이처럼 말한다.
나는 전적으로 몸일 뿐, 그 밖의 아무것도 아니며,
영혼이란 것도 몸 안에 있는 그 무엇을 가리키는 말에 불과하다.
〔……〕
형제여, 너의 생각과 느낌 배후에 더욱 강한 명령자,
알려지지 않은 현자가 있으니—그것은 자기自己라 불리는 것이다.
자기는 너의 몸에 자리 잡고 있으며, 너의 몸이 자기인 것이다
—니체, 「몸을 경멸하는 자에 대하여」, 『차라투스트라는 이렇게 말했다』

문학의 종말: 문학을 통한 사회적 주체성의 불가능성

가라타니 고진에 의하면, 여러 사실들에서, 우리가 잘 아는 예들을 들어보면, 작품들의 출판량과 독자 수의 감소, 작가의 사회적 영향력의 하향세, 여러 시각 매체의 득세에 따르는 문학에 대한 사회적 관심의 저하 등에서 드러나는 문학의 퇴조는 일시적인 현상이 아니며, 문학 자체의 종말이라는 근본적인—문학 내재적인—사건을 가시화하고 있다. 왜냐하면, 가라타니가 보기에, 문학은, 근대 문학은(문학littérature은 근대적인 것, 즉 근대 문학이며, 그러한 일반적 견해를 가라타니는 받아들인다) 그 자체의 본질적 과제를

수행할 수 있는 능력을 상실해왔으며, 이제 '완전히' 상실했기 때문이다. 그에 의하면, (근대) 문학의 핵심적 과제는, 어떤 새롭고 급진적인 내면성을 형상화形象化해서 사회가 공유할 수 있는 사회적 주체성으로 확장시키는 데에 있었다. 그의 문학의 종말에 대한 논의는, 개인적 내면성을 사회에 매개시킨다는 문학의 궁극적 과제가 이제 실현될 수 없다는 사실을 공표한다. 그와 동시에 그는 자신이 『근대문학의 종언』에서 인용했던 장-폴 사르트르의 "문학은 영구혁명 중에 있는 사회적 주체성이다"[1]라는 명제의 유효기간이 끝났음을 확인한다. 분명 주체의 내면성의 사회적 매개라는 문학적 과제는 정치적이다. 문학의 정치적 과제, 가라타니에게서 문학의 핵심적 과제는 정치적이며, 문학의 핵심은 정치에 있다. 가라타니가 주목하지만 이제 더 이상 실현 가능하지 않다고 판단하는, 주체의 내면성을 사회적 주체성으로 확장시키고 고양시키는 문학의 정치적 과제는 보다 정확히 어떠한 것인가? 작가가 하나의 감정을 독자들에게 공감 가능한 것으로 제시함으로써 사회 내에서 공유될 수 있는 어떤 도덕적 메시지로 정식화하는 것이다. 가라타니가 설정하고 있는 문학의 궁

1 장-폴 사르트르, 『문학이란 무엇인가』, 정명환 옮김, 민음사, 1998, p. 213. 이 명제를 가라타니 고진은 『근대문학의 종언』에서 주목하면서 인용하고 있다. 가라타니 고진, 『근대문학의 종언』, 조영일 옮김, 도서출판b, 2006, p. 45.

극적 과제는 문학이 유통시키는 감정적 요소와 도덕적·지적 요소의 상호작용을 통해 이루어질 수 있으며, 그의 말대로 "문학이 지적이고 도덕적인 것을 넘어선다는 것은 역으로 끊임없이 지적이고 도덕적이어야 하는 짐을 지는 것이기도"[2] 하다. 다시 말해 문학은 "지적이고 도덕적인 것을 넘어"서는 감정적 요소에 근거하고 있지만, 이는 역으로 문학이 그 마지막 귀결점인 지적이고 도덕적인 것에 이르기 위한 조건일 뿐이다.

그러한 가라타니의 입장은 문학의 여러 장르 가운데 소설에 입각해서 정립된 것이며(이후에 우리가 살펴보게 될 장-폴 사르트르의 문학에 대한 입장 역시 시가 아니라 소설로 대변될 수 있는 산문에 투과되어 형성된 것이다), 가라타니가 선언하는 문학의 종말은 근대(또는 근현대, 그는 근대와 현대를 구별하지 않으며, 그에게 근대는 소설이 지식인 계층에서 주목받는 동시에 사회적으로 중요한 문화 형식으로 등장하게 된 19세기 초부터 현시점에 이르는 시간인데, 따라서 '이 시대'를 포함하는 시간이다)를 대표하는 문학인 소설의 종말을 의미한다. 개인의 주체적 내면성(주체성)을 사회적 주체성으로 종합하는 문학의 정치적 과제는 문학의 감성적 요소와 지적·도덕적 요소의 종합을 통해 실현될 수

2 가라타니 고진, 『근대문학의 종언』, p. 52.

있었다는 가라타니의 견해는, 소설을 중심에 두고 보아야 한다면, 이렇게 보다 분명하게 제시될 수 있을 것이다. 소설은 감정·감성의 차원에서—하나의 사물도 풍경도 아니고—바로 한 인간의 내면(인간성)을 이미지화하면서 독자들로 하여금 강렬하게 느끼고 모방(미메시스)하게 해서, 이를 바탕으로 어떤 도덕적 이념을 그들 각자의 의식 속에 각인(즉 지성화·의식화, 또한 사회화)시켰으며, 그러한 과정을 통해 바로 문학의 정치적 과제의 수행이 가능했다. 그러나 현재에서의 그 불가능성이 가라타니가 우리를 향해 단언하는 근대 문학의 종말일 것이다. 문학 자체의 불가능성.

머리만 남은 인간: 동물화된 인간

가라타니는 자신의 종말론을 뒷받침해줄 수 있는 두 사례로, 문학을 그만두고 『녹색평론』을 내면서 생태운동에 매진하는 김종철과 데뷔 소설이 큰 호응을 불러일으켜 작가로서 유명해졌지만 이제 소설을 더 이상 쓰지 않고 여러 직접적인 정치적 투쟁(댐 건설 반대 운동, 반전운동 등)에 투신하고 있는 인도의 작가 아룬다티 로이Arundhati Roy를 제시한다.[3] 이 두 사람을 거론하면서 그는 문학보다 정치가 훨씬 더 중요하다는 점을 전제하고 있는 것처럼 보이며, 또한 문학이 과거에 스스로 감당했던 정치적 역할(사회적 주체성의 구성)을 포기하게 되면서 문학의 정치가 불가능하게 되었다는 점을 다시 확인해주고 있다. 그와 동시에 그는 인간의 주체성이라는 물음 자체를 내던져버린다. 그에게 이제 정치에서 중요한 것은 다만—김종철과 로이의 두 사례를 통해 알 수 있는 것처럼—직접적 행동들이나 발언들 그리고—그 자신이 끊임없이 주목하고 있는 '세계 공화국'이라는 전망에서 암시되어 있듯이—제도의 변화(체제 변화)일 뿐이다. 그 사실을 우리는 그가 다시 한국의 사례(잘 알려진 대로 그가 문학의 종말을 결정적으로 확인하게 된 장소는 한국이다)를 들어 "보통 정치운동이나 노동운동이 가능하게 되면, 학생운동은 쇠퇴하게 마련"이며, "학생운동과 같은 위치"에 있는 문학도 쇠퇴할 수밖에 없다고 단언하는 데에서[4] 확인할 수 있다. 한국에서 1980년대 정점에 올랐던 학생운동이, 체제가 정치운동과 노동운동을 용인하게 됨에 따라, 쇠퇴하게 되었던 동시에 문학도 하향 곡선을 그리게 되었다는 것이며, 이는 학생운동과 문학 같은 내면성(주체성)에 근거한 정치적 움직임들이 변화된 어떤 외적 체제하에서는 정치적 중요성을 상실할 수밖에 없다는 사실을 의미한다. 결국 가라타니는 정치

3 김종철의 경우, 같은 책, pp. 48~50 참조. 로이의 경우, 같은 책, pp. 63~64 참조.

4 같은 책, pp. 48~49. 이러한 단언도 장담할 수 있는 것은 아니다.

에서 내면의 영역(인간의 주체성)과 외면의 영역(정치 체제, 사회)이 접점을 찾을 수 없을 정도로 분리되어 있다는 전제 위에 서 있거나, 아니면 적어도 두 영역의 연관 관계를 고려하지 않게 된다. 체제의 변화라는 물음 앞에서 인간의 '정치적' 주체성이라는 물음은 폐기된다.

물론 정치에서 체제(법·기구·기관·정당)의 문제는 매우 중요하며, 가라타니가 문학의 종말을 선언하면서 염두에 두고 있고 우리 역시 여기서 검토해보고자 하는, 극점을 향해 가는 현시점의 자본주의(일반적 표현에 따르면 '신자유주의')는 체제의 문제가 아닐 수 없다. 그러나 그것은 보다 근본적으로 본다면 이데올로기의 문제이다. 즉 체제의 문제인 동시에, 체제의 문제인 한에서 인간 일반의 내면성의 문제, 체제를 구성하는 동시에 내면화하는 인간 자체의 문제. 두 문제는 동일시될 수도 없지만 분리되어 있지도 않다. 「근대문학의 종언」(『근대문학의 종언』의 표제작이자 이 책에서 가장 중요해 보이는 텍스트)에서 가라타니는 알렉상드르 코제브를 참조하면서 타인들과 사회에 의해 주입된 욕망만을 욕망하는—타인들과 사회가 일반적으로 인정하는 가치들만을 뒤쫓는—"강한 자의식은 있지만 내면성이 전혀 없는" 현시대의 인간을 '동물화'되었다고 비판한다.[5]

5 같은 책, p. 73.

그렇다면 문화적·사회적으로 지극히 세련되었지만 실존의 진정성 같은 것(가령 마르틴 하이데거의 표현에 의하면 '본래성Eigentlichkeit')을 상실한 그러한 '동물화'된 인간의 문제는 다만 체제만의 문제인가? 그러한 황폐화된, 나아가 무화無化된 내면성은 방기해버려도 좋은 것인가? 사실 가라타니는 "내면성이 전혀 없는", '동물'과 마찬가지로 실존의 주체성에 대해 전혀 묻지 않는 이 시대의 인간을 비난하지만, 그러한 인간의 주체성이 다시 문제로 대두될 계기들에 대해 스스로 문제 삼고 있지 않으며, 분명 그 계기들 가운데 하나일 수 있는 문학에 대해서도 다시 묻지 않은 채 다만 종말을 선언할 뿐이다. 그의 문학의 종말에 대한 논의 자체가 심화된 것이 아니며 피상적이다.[6] 그는 다만 문학에 적대적인, 자주 거론되고 잘 알려진 여러 사회 현상(정보산업의 경제적 지배, 텔레비전에 이은 멀티미디어의 문화적 지배, 한마디로 경제적인 것을 모든 것의 척도로 만들어버리는 자본주의의 창궐)과 곳곳(미국·일본·프랑스와 한국)에서 뚜렷이 나타나는 문학의 퇴조 현상을 우리에게 다시 환기시키는 동시에 체제 변화에 직접적인 효과를 가져올 수 있을 것 같아 보

6 그럼에도 불구하고 우리가 가라타니의 (근대) 문학 종말론에 대해 살펴보고자 한다면, 그가 문학의 종말을 우리에게 가장 공개적으로 표명했기 때문이며, 그보다 먼저 문학의 종말이라는 문제 자체가 현시점에서, 즉 가라타니 바깥에서도 문제가 되기 때문이다. 따라서 이후의 문학의 종말에 대한 논의는 반드시 가라타니의 관점 내에만 머무르지 않게 될 것이다.

이는 정치적 행동들과 발언들을 옹호할 뿐이다. 그러나 문제는 문학이 사회 내에서 얼마나 주목받고, 얼마나 큰 권력을 행사하고 있는가라는 것도, 문학이 체제 변화에 얼마나 효과적인 방법인가라는 것도 아니고, 다만 문학이 **이 사회 내에서** 왜 하나의 필연적 행위일 수밖에 없는가라는 것 아닌가? 왜 문학이 여전히 **이 사회 내에서** 필요한가라는 것, 왜 문학을 할 수밖에 없는가라는 것, 왜 문학이—나에게가 아니라—**우리에게** 필연적이라는 것 아닌가? 그것이 정당한 동시에 정확한 문학의 정치성에 대한 물음일 것이다.

현재의 인간적·사회적 주체성

가라타니가 우리가 익히 알고 있을 이러저런 사회적이거나 문학적인 현상들을 나열하고 재조명하는 것에서 벗어나 문학에 대해 근본적으로 묻는 경우는 아마 스스로 "문학은 영구혁명 중에 있는 사회적 주체성"이라는 사르트르의 명제를 반성할 때일 것이다. 그가 개인적 내면성과 사회적 주체성의 관계를 정식화하는 사르트르의 이 언명에 주목할 때, 문학적 근대성(현대성) 자체에 대한 물음이 우리 앞에 대두된다—아래에서 우리는 사르트르의 그 언명 자체가 아니라 그것에 대한 가라타니의 해석에 근거해서 논의를 전개하고

자 한다.

가라타니가 반복적으로 표명하는 것처럼 근대 문학은 소설에 의해 대표되며, 소설의 첫번째 과제는 새로운 감성을, 어떠한 사물도 풍경도 아닌 한 인간의 형상화를 통해 응결된 어떤 강렬한 감정을 표출하는 데에 있다. 그 효과는 독자들로 하여금 미지의 한 인간성을 느끼게 하고 모방하게 하는 것이다. 그러나, 그가 강조하듯, 소설은 그러한 감성적 차원에 머물러서는 안 되고 그 차원을 거쳐서 본질적인 두번째 과제로 넘어가야 하는데, 그것은 어떤 도덕적 메시지(가령 사랑이나 정의나 희생이나 진실과 같은 도덕적 가치)를 의식적意識的으로 정식화 가능한 것으로 만들어서 사회에 유포시키는 데에 있다. 소설의, 근대 문학의 그 궁극적인 과제는 가라타니의 경우 도덕적·지적 과제이다. 문학적 근대성의 마지막 관건은, 모델로서의 한 전형적인 인간의 이미지화를 거쳐서 공동체(사회)의 근거를 이루는 어떤 도덕적 이념을 의식적(지적)으로 구성하는 데에 있다. 그러한 문학적 근대성의 도덕주의와 주지주의主知主義는 독일 낭만주의자들을 감성적이고 추상적(주관적) 차원에 머물러 있다고 비판한 헤겔의 견해를 반복해서 다시 번역한다. 헤겔에게서 문학작품은 공동체를 위한 어떤 도덕적·인륜적 이념을 그 자체 내에서는 아닐지라도 사람들의 의식 일반 내에서 명제의 형태로 객관화·언어화시킬 수 있어야 했다.[7] 사람들이 매혹되어 모방해야 할 하나의 주체가 도덕적이자 지적(의식적·언어적) 차원을 통과해 나가면서 사회적 주체로 승격된다는 그러한 헤겔의 문학에 대한 견해는 가라타니의 근대 문학의 종언의 전제를 제공하지만,[8] 가라타니는 그러한 개인성으로부터 사회성으로의 문학적 지양止揚의 불가능성을 부각시킨다. 왜냐하면 현시점에서 인간의 주체성(내면성) 자체가 너무도 약화되어, 사회적·의식적 주체성으로 상승되기는커녕 거의 무화되기에 이르렀기 때문이다. (그러나 우리는 그러한 주체성의 무화를 가라타니가 문학의 종말을 선언하는 동시에 방기해 버린다고 보고 있으며, 문학이 또 다른 주체성을, 의식의 내면성과는 근본적으로 다른 어떤 주체성을—의식 내에서 구성하는 것이 아니라—망각으로부터 꺼내 오는 일종의 '정치적' 움직임이 되는 장면을 이후에 조명해보고자 한다.)

7 알렉상드르 코제브는, 과거의 전통적 철학이 정신을 어떤 의식 작용이라고 보았던 것과는 달리, 헤겔이 그것을 철저하게 언어에 구속된 개념적 '담론discours'과 동일하게 생각한 것은 사상적으로 중요한 진일보라고 평가한다(A. Kojève, *Introduction à la lecture de Hegel*, Paris: Gallimard, 1947, p. 539). 정신의 활동들 가운데 하나인 문학의 경우에서도 문학작품은 인간 일반 내에서 언어화·담론화될 수 있어야 한다.

8 헤겔의 '예술의 종말'과 가라타니의 '근대 문학의 종언' 사이의 유사점에 대한 김홍중의 지적을 참고할 것. 김홍중, 「근대문학 종언론에 대한 비판적 고찰」, 『사회와 역사』, 제83집, 2009, pp. 230~233.

근대의 문학적 고독

가라타니와는 달리 사르트르는 문학이 주체의 주체성을 사회적 주체성으로 매개할 수 있는 가능성의 계기라는 사실을 믿었다. 그 문학적 가능성을 다시 한 번 타진하고 공표하기 위해 사르트르는 『문학이란 무엇인가』에서 문학에서 표명되었고 문학을 추진시켰던 그 근대적 주체의 주체성의 기원과 본성을 탐색한다. 가라타니도 "근대문학이라는 것은 왠지 내면적이고 고립된 개인이 하는 것으로, 타인과 함께 활동하는 것을 타락으로 간주하는 이미지가 지금도 있습니다"[9] 라고 말하면서 그 근대의 문학적 주체성의 가장 두드러진 특성이 고독이라는 사실을 확인하는데, 사르트르는 보다 더 심도 있게 그 고독의 역사적·정치적 맥락을 추적해 들어간다.

가라타니가 지적한 대로 우리에게는 '지금도' 문학이라는 행위 자체와 작가라는 존재 자체가 주는 고독의 이미지가 남아 있다. 그 이미지는 '지금에는' 있다 할지라도 아마 쉽게 간과되거나 무시되는 대상에 지나지 않겠지만, 어느 시점 전까지는 적지 않은 사람에게 관심과 존중의, 나아가 신비의 대상이었다. 문학에 깊이 스며들어갔던 신비한 고독, 이 세상으로부터 벗어나 있다는 초탈의 징표가 되는 초월적·심미적

9 가라타니 고진, 『근대문학의 종언』, p. 241.

고독, 그러나 사르트르는 그 고독이 일종의 현실적(역사적·정치적) 산물이라는 사실을 간파했다.

이 세상을 지배하는 권력(정치권력뿐만 아니라 사회의 이러저런 위계질서에 따라 발생하는 수많은 분류·차별·배제의 역학)관계와 이해관계로부터 벗어나 이 세상 배면이나 그 너머의 어떤 공간과 접촉하는 내면의 인간의 고독, 우리는 그 매혹적인 고독의 음영을 진정성의 여러 '시적詩的인' 인간에게서 목격했지만, 사실 그 고독의 기원은 근대에 새로운 계급인 부르주아지가 득세했다는 역사의 사실에 있다. 사르트르에 의하면, 문인의 그 고독은 근대의 여명기에 과거의 지배 세력인 봉건 귀족계급과 신흥 세력인 부르주아지 사이에 '양다리'를 걸치고 어디에도 속하지 못한 경계인이 될 수밖에 없었던 자의 고독이다.[10] 그렇다면 **첫째로** 그것은 봉건 세력처럼 토지를 소유하지도 못하고 그렇다고 부르주아지처럼 산업 생산물을 생산하거나 거래하면서 지배하지도 못한 채 물질로부터 소외되어 순수한 '정신'이, 보다 정확히 말해 관념이 되기를 원했던 자의 고독이다(**물질적 차원에서의 소외**). 그러나 두 세력이 각자의 방법으로 장악하고 있었던 물질을 초월하는 자유의 '정신적' 공간이라는 것은 환상이며, 사실상 존재하지 않는다. 왜냐하면 **사회 내에서** 어떠한 관념

10 장-폴 사르트르, 『문학이란 무엇인가』, pp. 142~143.

적 요소도 개입되지 않은 순수한 물질이라는 것은 존재하지 않기 때문이며, 물질적 지배는 관념적(이데올로기적) 지배를 주재하고 그 역도 마찬가지이기 때문이다. 물질적 지배와 관념적 지배의 상호 근원성, 물질적 지배는 그 자체가 지배인 한에서 물질이 아닌 사람들(사회)을 궁극적 대상으로 삼을 수밖에 없고, 사람들에 대한 지배는 강력하고 보편적인—사회 내에서 일반적으로 통용되는—하나의 관념 체계를 통해 실현될 수밖에 없다. 그러한 관념 체계는 봉건 귀족들의 경우 종교적이자 도덕적인, 어쨌든 '형이상학적인' 것이었고, 부르주아들의 경우 과학·기술의 이데올로기였다. 물질적 차원에서의 문인의 '정신적' 고독은, 그 소외 또는 무력無力은 그의 **두번째** 고독과, 즉 관념적 차원에서의 고독과 밀접하게 연관되어 있다. 사실상 문인은 봉건 지배자들과 새로운 시대의 지배자들과는 달리 사회의 의식 일반을 실질적으로 장악할 수 있게 하는 어떠한 관념 체계도 창출해내지 못했으며, 그에 따라 관념적 차원에서도 경계인에 지나지 않았다(**관념적 차원에서의 소외**).

사르트르는 그럼에도 불구하고 근대 전반에서 문인의 고독이 존중되었던 이유를, 즉 그가 사회를 지배하지는 못했을지라도 사회의 일정한 주목을 받을 수 있었던 이유를 그가 부르주아지에 기생寄生할 수 있었다는 사실에서 찾는다.[11] 산업·상업·과학·기술과 같은 물질과 연관된 '형이하학적' 분야들에 매여 있던 부르주아들은 자신들을 정신적·미학적으로, 한마디로 '형이상학적'으로 위장하고 치장할 필요가 있었고, 문인이 마련해준 탈세속적 고독의 공간은 그들 계층의 '형이상학적' 정당성을 대변해줄 안식처였다—그 고상한 문학적 공간은 철학보다도 시보다도 대체로 낭만적 연애에 초점이 맞추어져 있거나 배경을 두었던 소설이 제공했고, 소설은 부르주아들의 '형이상학'이자 '미학'이었다.

부르주아지와 물질: 근대 문인의 소외

사르트르의 근대 문인의 고독에 대한 신랄한 성찰은, 우리가 현시점의 문학적 상황을, 즉 자본의 귀족들의 지배하에서의 문학의 상황을 되돌아보는 데에서 매우 시사적이다.

부르주아지가 문인을 내치지 않았을 뿐만 아니라 환대하고 후원했던 이유는, 봉건 세력이 이미 구축해놓았던 집단적 사회 체제와 이데올로기에 대항하여 개인(주체)을 내세울 필요가 있었던 부르주아지에게 문인이 도움이 되었기 때문이다. 문인이 그려내는 개인의 심미적 탈속의 고독이, 봉건 세력의 집단적 구체제에 대립해서 개인의 자유와 자율성을

11 같은 책, pp. 170~172 참조.

확보해야 하는 부르주아지의 구미에 맞았기 때문이다.

명성을 얻고 세속적 성공을 충분히 거둔 경우 문인은 또 하나의 부르주아로 여겨질 수도 있었다. 그러나 문인의 개인주의와 부르주아지의 그것 사이에는 결코 좁힐 수 없는 거리가 애초부터 존재했다. 전자는 자아의 자기 관계 내에만 머무른 채 단지 자아가 스스로를 '느끼고(자기 감응)' 축성하는 것을 귀결점으로 삼는 나르시스적이고 '낭만적인' 것이었던 반면, 후자는 자아의 자기 확장을 위한 물질(생산물, 상품)에 개입하고 물질을 지배하는 동시에 그러한 한에서 사람들을 지배(사회적 지배, 일종의 정치적 권력)해야 하는 자본주의적인 것이었다. 두 개인주의는 어느 지점에서까지는 서로 화합할 수 있었지만, 본성상 서로 달랐고 결국 갈라질 수밖에 없었다. 부르주아지의 자본주의적(물질적) 개인주의는 근본적으로 투쟁적인 것이었다. 그것은 한 개인이 자신의 경제적인—경제적인 한에서 사회적인—득세를 위해 다른 개인들을 무너뜨려야 한다는 이념이었고, 고독 속에서의 자기 관계라는 문학이 표방한 '낭만적' 가치 같은 것을 제거해야만 하는 시점에 이를 수밖에 없었다—자본주의가 정점을 향해 가는 이 시대가 바로 그 시점이다.

봉건 귀족계급은 토지를 지배했던 동시에 적어도 구체제의 이데올로기의 숙주宿主였고, 그러한 한에서 타인들을, 사회를 지배했다. 그 과거의 계급은 물질의 주인이었던 동시에 관념의 주인이었고, 그러한 한에서 사회 자체의 온전한 주인이었다. 그러나 근대의 부르주아지가 지배할 수 있었던 것은 물질(생산물)밖에 없었고, 근대의 그 신흥 계급은 축적된 물질적 부를 통해서만 어느 정도 사회의 인정과 존중을 얻어낼 수 있었다. "[……] 부르주아들은 이 세계의 재물財物의 오래된 소유가 자기들을 기막히게 숙성熟成시켜주었으며, 이 숙성이 바로 지배력과 지배권의 근거라고 생각했다."[12] 그들은 관념적(그들의 왜곡된 표현에 따른다면 '정신적') 차원에서 지배력을 가질 수 있는 근거가 없었고, 그렇다고 과거의 지배자들의 관념적 토대였던 종교로 되돌아간다는 것은 진부한 반복에 지나지 않았으며, 자신들을 대변해주거나 치장해줄 대리인을 찾았다. 그 대리인은 드문 경우 협소한 범위 내에서 철학자일 수도 있었지만, 많은 경우 문인이었다.

그러나 그들은 귀족계급으로 승격되기를, 스스로 새로운 귀족계급을 구축하기를 원했다. 본래 귀족은 물질적 지배에 만족하지 못하고, 물질적 지배와 관념적 지배가 등가에 이르는, 그에 따라 완전한 사회적 지배가 실행되는 높이에 올라야 만족하는 법이다. 그 높이에 이르고 머무르기 위해 귀족은 다른 사람을 대리인으로 내세우지 않고 자기 고유의 이데올로기를 정립해야만 한다. 물질만 소유하고 지배해

12 같은 책, p. 158.

서는 안 되고, 스스로 보다 '진리'에, '신神'에 더 가까운 존재가 되어야 한다. 귀족은 근본적으로 관념적 차원에서 지배해야만 한다. 그리고 우리는 과거 근대의 부르주아 계급이 신흥 귀족계급으로, 자본의 귀족들로 등극한 시대의 한복판에 놓여 있다.

자본의 나르시시즘과 '거대 실증주의'

현시점에서 우리는 이미 자본의 귀족들이 쳐놓은 이데올로기의 그물망 안에 포박되어 있다. 그 이데올로기는 한마디로 이러저런 상징들이 만들어낸 관념적 공간으로 세계와 사물들의 존재가, 또한—특히, 결국—인간 존재가 환원될 수 있다는 믿음에 있다. 현시대의 그 이데올로기의 발원 지점은 근대 부르주아지에게서 찾을 수 있는데, 그 계급에 속한 자들의 "본질적인 과업은 낱말, 숫자, 도식, 도표와 같은 추상적인 상징들을 다루어서" 모든 것을 "하나의 관념 체계觀念體系로 환원"시키는 것이었다.[13] 그들의 그러한 관념적 환원 가능성에 대한 믿음은 가장 근본적인 것이었다. 과학·기술도 사실 그 부르주아적 믿음에 가장 잘 부응했기에

13 같은 책, p. 156.

환영받았고, 사실상 문학도 세속의 모든 것이 무화되는 자유·초월·고독의 관념적 공간을 제시하면서 그 믿음을 무시하지 않았기에 용납되었다. 하지만 과학·기술을 통한 관념적 환원은 그 자체가 자본으로 환산될 수 있었던 한에서 현실적인 사회적 권력을 유지하고 확장시킬 수 있는 계기였던 반면("[……] 부르주아들은 이 세계의 재물財物의 오래된 소유가 자기들을 기막히게 숙성熟成시켜주었으며, 이 숙성이 바로 지배력과 지배권의 근거라고 생각했다"), 무無로의 문학적 환원은 근본적으로는 무용無用한 것이었다. 애초에 과학·기술에 근거한 환원은 결국 자본으로의 환원으로 귀결되었으며, 현시점에서 천명되는 문학의 종말은 결국 문학적 환원을 통해 얻었던 주체의 자유·자율성과 고유성·주체성의 종말과 다르지 않다.

바로 현시점에서 지배적 권력 집단으로 등극한 자본의 귀족들이 모든 가치가 자본의 가치로 환원될 수 있다는 이데올로기를 주도하고 있으며, 그 이데올로기는 사회 전반에 유포되어 문학이 근거했던 주체의 주체성이 폐기되는 지점을 가리키고 있다. 그 자본의 이데올로기(우리는 현재 그것을 흔히 '신자유주의 이데올로기'라고 부른다)는 세계와 사물들의 존재 그리고—과거 근대에 비해 볼 때 특히 더 집중적으로 더 집요하게—인간 존재를 강력하게 "낱말, 숫자, 도식, 도표와 같은 추상적인 상징들"의 그물망으로 포박해 들어가고 있다. 한 인간을, 인간 일반을 단번에 규격화하기 위한 각종 단어(이름, 타이틀, 가령 브랜드, 국가도 일종의 브랜드일 수밖에 없을 것이다)와 도식·도표(성장지수, 분포도, 순위 변화를 가리키는 좌표) 그리고 각종 숫자(자본의 힘의 대소를 나타내는 그 핵심적 상징)가 나의 세계와 사물들에 대한 관계뿐만 아니라 나의 타인들에 대한 관계 그리고 나의 나 자신에 대한 관계를 규정하고 있다. 내가 놓여 있는 그 모든 관계에서의 이상理想은 **확실성**이다. 나는 도식화·도표화된 이미지 하나에 적합한 한 자리를 차지함으로써, 이름 하나, 숫자 하나를 소유함으로써 자본을 더 많이 더 **확실하게** 소유하며, 즉시 세계를 **확실하게** 소유하는 동시에 나 자신을 소유한다. 즉 소유한다고 착각한다. 그 소유의 나르시시즘은, 모든 것이 자본의 **확실한**(실증적인) 소유로 가늠되는 '거대 실증주의'(한 개인의 내면에 뿌리박혀 있을 뿐만 아니라 사회 자체에 전반화된 실증주의)는 그 자체로 하나의 이데올로기이다. 자본의 귀족들의 의식을, '정신성'을 대변하는 이데올로기, 그것은 분명 일종의 이데올로기인데, 한 인간의 내면적 공간과 사회 자체를 통합시켜 동일화하기 때문이다. 인간의 실존적 자유의 영역을 근본적으로 인정하지 않기 때문이다. 어떻게 깊이 있는 어떠한 의의意義도 담고 있지 않은 각종 이름·도표·숫자와 같은 상징들에 근거한 그러한 체계가 이데올로기가 될 수 있는가라는 반문이 있을 수 있지만, 아무거나, 거기에 권력과 부의 부하負荷가 일방적으로 과도하게 걸리게 되면 이데올로기가 될 수 있다. 짚신 한 짝도 이데올로기가 될 수 있다. 하나의 계층에 집중된 부가 한 사회 내에서 집단적으로 통용되는 지배적 관념들을 창출해내고, 그 관념들이 집단적 동의나 용인이나 무지無知의 비호 아래에서 다시 권력과 부로 환산되면 그것들은 신을 대변하든 어떤 도덕을 정립하든 물질을 신성화하든 그 내용과 무관하게 절대화된다.

'거대 실증주의'라는 그 이데올로기는 모든 존재를, 단어·도식·도표·숫자라는 상징들에 여과시켜 우리 각자의 의식 내에 내면화시키지만, 문학이 내세우는 내면성(한 주체에게 고유하다고 여겨지는 주체성)과 같은 것을 무화시키기에 이른다. 그 '범汎 실증주의'는 우리 각자를 내면에, 의식에 틀어박히도록 몰아가지만 우리의 어떠한 실존의 독자성도 원칙적으로 용인하지 않는다. 그것은 우리 각자를 고독에 내팽개쳐둠으로써만, 그러한 한에서만 전체주의적이 된다. 완고한 개인주의를 유포시키는 전체주의, 역설적 전체주의, 과거의 어떠한 전체주의와도 닮지 않은 전체주의.

자본의 관념의 지배: 전면적 대상화

근대 부르주아지가 진정으로 믿었던 관념들은 과학적·기술적인 것들이었을 뿐이고, 문학적이지 않았다. 근대의 이 신흥 계급에게 과학·기술은 적자嫡子였고, 문학은 자신의 존재에 그다지 중요하지 않은 서자庶子에 지나지 않았다. 왜냐하면 이 계급의 존재 근거가 '형이하학적인' 물질에 있었으며, 이 계급은 과학의 영역에서든 기술의 영역에서든 과학과 기술이 결합되어 권력으로 환산되는 자본의 영역에서든 물질을 통제하고 지배할 수 있는 능력으로 자신의 존재를 증명해야만 했다. 근대 서구 문명과 마주했던 비서구 지역에서, 가령 동양에서 우리는 바로 그 부르주아지의 능력에 압도되었고, 중국이든 한국이든 일본이든 여기저기서 '정신적'이거나 '형이상학적·도덕적' 영역에서는 자국의 전통을 지키고 물질의 '형이하학적' 영역에서는 서양을 받아들이자는 주장이 표출되었다. 그러나 '정신적' 또는 '형이상학적·도덕적' 영역과 '형이하학적' 영역이 각각 별도로 존재하는 것도 아니고, 개인이나 민족·국가의 '정신'이라는 것이 하나의 실체로, 모든 것의 토대로 존재하는 것도 아니다. 하나의 관념이 '형이상학적인' 것이든 '형이하학적인' 것이든 우리의 모든 삶이 펼쳐지는 공간들에, 즉 나와 세계와의 관계에, 또한 나와 타인들과의 관계와 나와 나 자신의 관계에 영향을 준다.

과학·기술의 관념들 역시 전통적인 '정신적' 관념들과 마찬가지로 나와 우리에게 영향을 주며, 그것들은 근대의 여명기에서부터 인간 각자와 사회의 지배적 가치의 근거를 형성해왔다—경제적 권력(부)에 이르는, 그에 따라 사회적 권력(사람들의, 사회 구성원들의 인정과 존중, 그들에게 끼치는 영향력)과 통하는 중앙 통로로서 작용해왔다. 문학이 제공할 수 있었던 심미적 관념들은 부차적인 것에 지나지 않았다.

과학·기술의 그 근대적 관념들의 본성은 세계와 사물들을 대상화하는 데에, 그에 따라 인간을 주체로, 세계와 사물들의 주인으로 정립시키는 데에 있었다. 그 객관적이자 합리적이라고 여겨지는 관념들의 지배가 여러 사상가에 의해 인간성 상실이나 '존재 망각'(마르틴 하이데거)의 원인이라고 간주되었지만, 넓은 의미에서 '실증주의적'이라고 볼 수 있는 그 관념들은 부분적으로 대상화할 뿐이고, 분명 우리에게 필요했으며 유용했다. 왜냐하면 그 관념들 덕분에 우리는 세계와 사물들에 거리를 유지하면서 흔히 말하는 '자연의 폭력'으로부터 벗어나 자신의 존재를 효과적으로 보존하고 유지할 수 있었기 때문이다. 물론 그 관념들이 과도한 지배력을 행사하게 되면서, 과도하게 세계와 사물들을 대상화하게 되면서 여러 문제(가령 우리가 현재 지속적으로 주목하면서 거론하는 환경 문제, 생태 문제와 핵 문제)를 가져왔지만, 이는 사실은 자본의 관념의 압력하에서 도출된 결과이다. 바로 자본의 관념이, 즉 이윤을 극대화하기 위해 모든 다른 가치들을 경제적 가치에 종속시키려는 그 관념이 전면적 대상화의 근거이다. 보다 큰 권력을 뒤쫓는 그 관념은 세계와 사물들보다도 사람들에게, 사람들 사이에 작동한다. 그것은 세계와 사물들보다도 사람들을, 사람들의 관계를 대상화하며, 그러한 한에서 경제의 차원을 넘어서서 정치의 차원에서 군림한다.

그 사실을 시몬 베유Simone Weil는 이렇게 지적했다. "자본주의는 인간 집단을 자연으로부터 해방하였다. 그러나 개인에 대하여 이러한 집단성[인간 집단의 집단성, 즉 자연으로부터 해방된 이후의, 인간 집단의, 사회의 집단성]은 이전에 자연이 행하던 억압적 기능을 이어받았다."[14] 그러나 인간을 자연으로부터, 즉 이미 주어져 있는 사물들의 세계로부터 해방한 것은 정확히 말해 자본주의라기보다도 과학과 기술이다. 과학과 기술을 통해 우리는 '원래 스스로' 주어져 있는 사물들에 매여 있는 상태에서 벗어나, 그것들을 우리 자신의 보존과 확장에 유리하도록 수많은 다양한 방법으로 재창조하거나, 우리 자신의 구도에 따라 '원래 그런 것이 아닌' 새로운 사물들을 창조할 수 있게 되었으며, 자본주의는 과학과 기술의 엄청난 능력에 따라 만들어진 그러한 생산물들을 유

14 시몬 베유, 『중력과 은총』, 윤진 옮김, 이제이북스, 2008, p. 132.

통시키는 하나의 경제적·사회적 규칙이었을 뿐이다. 근대로부터 현시점에 이르기까지 우리를 지배하고 있는—물론 '자연적'이지 않은—의식적·관념적 규칙, 과학·기술이 사물들의 세계를 제어하는 강력하고 정확한 관념들의 근대적 규칙이었다면, 자본주의는 사회를, 인간 집단을, 사람들의 관계망을 지배하는 전면적이고 정교한 경제적 관념의 근대적 규칙이었다. 보다 큰 이윤의 창출을 위한, 자본의 자기 증식을 위한 규칙, 그것이 인간을, 사회를 억압하고 지배한다. 우리가 근대 이전의 자연으로부터 받았던 압력으로부터 벗어났다면, 그 이후로부터 우리는 자본의 관념의 억압 아래에 놓여 있다.

인간에 대한 대상화: 자본의 관념과 노예화

자본주의가 근대에서의 과학과 기술의 비약적 발전과 그에 따르는 과거와 비교할 수 없는 생산력 증가를 기반으로 인간 집단을 자연의 억압(대표적으로 자연에 종속되어 있는 1차 산업인 농업이 갖는 생산력의 한계)으로부터 해방시킨 것은 사실이다. 그러나 자본주의는 인간·노동자(또한 자본주의와 합류했던 제국주의가 만들어낸 식민지 국가들의 대다수 인간)라는 또 다른 자연을 착취함으로써만 발달할 수 있었고(2차 산업에 근거한 산업자본주의), 인간 일반의 의식을 정보들(컴퓨터로 유통되는 각종 정보, 각종 미디어, 이미지들)로 관리함으로써 이 시대에 그 정점을 향해 나아가고 있다. 그러나 명백한 사실은, 자본주의는 그 자체가 발달하면 할수록, 또한 그 자체의 더 큰 발전을 위해 자연보다도 인간을 통제해야 한다는 것이다. 자본 자체의 자기 확장을 위해—자본주의에 차용되는 과학적·기술적 관념들(즉 자연을 조정하는 관념들, 자연에 대한 인간의 관념들)보다도 자본주의에 봉사하는 사회적 관념들(사회적 가치 평가의 근거들, 한 인간과 다른 인간을 구분지어 보게 하는 데에 따라 결국 모두를 동질화시키는 기준들)이 비교할 수 없을 정도로 더 중요해진다는 것이다. 인간을 관념이 아닌 다른 어떠한 것으로 조종하고 지배하겠는가? 베유가 목격하지는 못했지만, 현 시점의 자본주의는 의심할 바 없이 여러 경제 체제 가운데 하나가 아니고 동양과 서양을 아우르는 유일한 경제 체제이자 정치 체제, 즉 사회 체제이다. 그러나 베유의 지적과 예언대로, 자본주의 체제를 유지하고 공고히 하는 데에 봉사하는 관념들을 매개로 이제 '머리만 남은' 인간이, 과도하게 관념화된 인간이, 지배자들뿐만 아니라 인간 일반이, 인간 각자가 같은 인간에게 억압과 폭력을 가한다. 첨단 자본주의의 억압과 폭력, 물리적 억압과 폭력이 아닌 관념의, 시선의 억압과 폭력, 타인의 시선이 내가 나 자신을 보는 시선과 구별 불가능하게 되어버리면서, 우리 모두는 각자 사회의 노예가 되면서 자아의 노예가 되고, 동시에 자아의 노예가 되면서 사회의 노예가 되는 것이다. '머리만 남은 지극히 관념적인 동물들'(우리가 앞에서 말했던, 가라타니가 인용하는 코제브), 즉 '머리만 남은 노예들', 그들은 서로가 서로를 대상화하는 데에 몰두한다. 자연에 대한 대상화를 훨씬 초과하는 그들 사이의 전면적인 상호 대상화, 자본은 자연에 대한 대상화를 넘어서 인간에 대한 총체적 대상화에 이르며, 거기에 자본의 '정치'가 있다.

우리 모두의 고독

우리는 자본의 '거대 실증주의'의 테두리 안에 '지금 여기서', 현시점에서 갇혀 있으며, 우리 각자에게 주어지는 그 마지막 결과는 우리 각자가 우리를 대상화하고 있다는 것이다. 고독이라는 마지막이자 실제적인 결론, 우리 각자는 어떤 관념에 매몰되어, 그 관념이 시키는 대로 우리를 대상화하고, 그 관념을 기준으로 우리에 의해 대상화된다. 고독으로, 즉 자본의 관념이 가져온 전면적인 대상화 아래에서 우리 모두가 동질화되는 데에 따라 우리 각자가 모래알처럼 분리되는 역설적인 바로 그 **모두의** 고독으로 근대 부르주아지가 문인들을 내세워 스스로를 치장했던 심미적(문학적)·특권적 고독(사람들 앞에서 마치 세속으로부터 유리되어 세속을 초월한 듯 고개 숙이고 침묵하는 것이 부르주아들의 전형적인 우아한 자태가 아니었던가!)이 귀결된다. 이제 어떠한 종류의 다른 고독도 존재하지 않는다. 이 거리 저 거리에서, 이 사무실 저 사무실에서, 이 작업장 저 작업장에, 이 지하철 차량 저 지하철 차량에, 이 방 저 방에 아무도 주목하지도 존중하지도 않는, 쓰레기처럼 곳곳에 널려 있는, 전혀 신비하지 않은—모두의 것인 한에서 각자의 것일 수밖에 없는, 정치적이자 문학적인 관점에서 중요한—단 하나의 고독만이 존재한다. 메마르고 쓰릴 뿐인 그것만이.

우리 각자는 모두의 고독이자 각자의 고독인 그 고독에 빠져들어갈수록 자본이 지배하는 사회 체제의 전체성에 더 깊이 빠져들어가게 된다. 자아의 우리('나'의 복수형인 '우리'가 아니라 동물들이 사육되는 울타리, 예를 들어 돼지들을 관리하고 통제하는 우리, 돼지우리pigsty![15]) 내에 갇혀 있는 '머리만 남은 관념적인 동물'은 자기와만 관계할수록(고독) 사회 체제(자본에 근거한 경제 체제이자 정치 체제)의 우리의 더 깊은 곳에 갇혀 있게 된다. 역도 마찬가지이다. 현재의

15 이후에 돼지에 대해, 돼지가 되어버린 인간에 대해 한 시인의 언명을 참조해서 살펴볼 것이다.

사회 체제가 요구하는 가치들과 기준들을 따라가면 따라갈수록 더 고독해진다—적지 않은 경우 고독에 빠져 있는 줄도 모르는 채, 그러한 만큼 더 고독해진다. 완고한 개인주의에 근거한 역설적 전체주의, 완고한 전체주의에 근거한 역설적 개인주의, 가라타니가 주장하는 문학의 종말은 그러한 역설적 전체주의-개인주의 앞에서 문학이 내세울 어떠한 종류의 예외적(심미적·문학적) 고독도, 어떠한 종류의 주체의 주체성도 존재하지 않거나 의미 없다는 것이다. 허위라는 것이다. 그렇다면 주체성에 대한 물음 자체를 폐기해야 하는가? 자아의, 주체의 주체성이 아닌 다른 종류의 주체성을 어쩔 수 없이(어쩔 수 없이!) 말할 수밖에 없지 않은가? 모든 문학이 과연 가상假象의 주체성에, 즉 사회 체제로부터의 허위적인 분리가 전제된 부르주아적 주체성에 포박되어 있는가?

인간의 내적 영역은, 그것이 어떠한 것이든, 사회와의 관계하에 놓여 있다. 그 분명한 증거가, 거의 무無가 되어버린 현재의 인간 내면조차—설사 무로 전락하기 위해서였다 할지라도—현재의 사회와의 관계를 전제하고 고독에 매몰되어온 것이라는 사실이다. 모든 경우, 시대와 체제의 형태를 막론하고 인간과 사회는 관계 내에 있다. 그 인간과 사회의 관계는 어느 시대에나 어떤 이데올로기에 의해 제약되지만, 현시점에서의 그 관계는 일종의 전체주의(완고한 개인주의에 기초한 역설적 전체주의) 이데올로기 위에 놓여 있다. 현재의 그 전체주의 이데올로기는, 다른 모든 전체주의 이데올로기와 마찬가지로, 인간과 사회를 공속 관계 위에 놓아두고 양자가 동일화되는—사회로부터 독립된 인간의 어떠한 영역도 인정되지 않는—지점을 향해 있다. 그 자본주의적 '거대 실증주의'에 입각해서 사회 체제는 그 자체로서 완성되기를 기획하고 동시에 자아(그 관념적 공간)는 그 자체로서 완결되기를 열망한다. 사회 체제의 울타리와 더불어 자아의 울타리가 어떠한 외부에 대해서도 스스로 완전히 폐쇄되어가고 있다.

자아의 울타리: 사회 체제의 울타리

물론 문학은 현재의 사회 체제의 울타리에 **직접적으로** 대응할 수 없다. 그 울타리를 직접 부술 수도 다른 새로운 것으로 대체할 수도 없다—가령 기존의 제도와 법을 갱신할 수도 정치·경제를 포함하는 사회의 현존하는 기관들에 직접적으로 변혁을 가져올 수도 없는데, 당연하다. 다만 문학은 우리를, 우리 각자를, 나를 둘러싸고 있는 자아의 울타리를 정면으로 마주하게 하고 직시하게 한다. 문학이, 가라타니를 비롯해 적지 않은 사람이 보았던 대로, 나와 나 자신의 관계(나의 자기 관계)에 몰두해왔던 것은 사실이다. (그러나 우리가 이후에 가라타니에게 다시 물어야 할 물음은 이러한 것이다. 나와 나 자신의 그 관계는 자아와 자아 자신의 '의식적' 또는 '자기 의식적' 관계로 축소될 수 있는가? 그것은 궁극적으로는 나와 어떤 타자와의 관계로 귀결되지 않는가?) 그러나 문학이 그렇게 나의 자기 관계에 집중하는 이유는, 어떤 경우, 의식적 차원에서 자아의 울타리가 완성되고 폐쇄되어 사회 저 너머의 가상의 초월적 영역 하나를 구축하기 위해서가 아니다. 그 자기 관계는, 어떤 경우, 사회와 현실의 보이는 모든 것과 구체적으로 경험되는 모든 대상이 환원되는 또 다른 현실이, 모든 경험의 중심이자 그 실상이 드러나는 장소가 된다. 문학을 통해 자기 관계에 들어간다는 것은, 어떤 경우, 가령 낮에 보고 들었던 모든 것이 뒤로 물러나고 한밤에 홀로 자신과 대면하고 있는 고독한 상황에 들어가는 것과 유사하다. 사실 문학뿐만 아니라 모든 예술에서도 탁월한 하나의 작품은 사회 또는 현실 세계를 괄호 치는(**에포케**) '추상적인'—관념적이지도 의식적이지도 않은, 다만 보이지 않는 것이 마치 음악처럼 출몰해서 접근해 들어오고 사라져가는—상황을 연출한다. 그 상황은 사회와 단절되는 상황도 어떠한 초월적 상황도 아니며, 다만 사회와의 관계를 진정으로, '몸소' 자기 관계로 경험하는 상황이다. 다른 사람들이 가르쳐주는 대로 따라가지 않고 실상을 경험하는 상황, 그러나 문학은 다른 모든 예술보다 그 상황으로 들어가는 길(과정)

을 더 엄밀하고 더 사실적으로 보여준다. 현실 그 아래의 리얼리티의 무대화. 왜냐하면—사회와의 관계에서뿐만 아니라 자기 관계에서의—모든 경험은 언어를 바탕으로 직조되어 전개되고, 그 과정을 언어를 바탕으로 삼는 문학이 가장 가까운 거리에서 추적해 들어갈 수 있기 때문이다. 설사 문학이 궁극적으로는 언어가 중단되고 언어를 초과하는 침묵의 지점을 향해 있다고 보더라도 그렇다.

현시점에서의 나의 자기 관계는 고독에 지배되고 있다. 이는 분명 자본의 권력이 정점을 향해 가고 있는 현재의 사회 체제의 울타리에 내가 갇혀 있다는 사실과 무관하지 않다. 설사 내가 자본의 권력에 직접적으로 봉사하는 일을 하고 있지 않더라도, 자본의 권력으로부터 가장 소외된 지점에서 고립되어 있더라도 그렇다. 현재의 사회 체제의 울타리는 바로 나의 의식의, 고독의 울타리이다. 그 동일성이 바로 현시점에서의 전체주의를 증명한다. 따라서 그 전체주의 이데올로기에, 사회와 나를 하나로 묶어두고 양자를 지배하는 이데올로기로서의 전체주의에 저항하기 위해서는 사회 체제에 직접적으로 가해지는 거부와 변혁의 작용들(법의 개혁과 재구성, 의회의 재조직, 정당의 변화, 각 정치적 사안에 따르는 시민들의 대응과 응전, 한 개인의 독자적이고 급진적인 어떤 움직임, 시민사회와 개인들의 사회에 대항하는 공개적인 비판의 언어들과 직접적 활동들)뿐만 아니라, 사회 일반의 고독이기도 한 나의 의식적 고독의 울타리에 뚫려 있는 구멍을 직시하는 움직임이 반드시 요청된다. 견고하게 폐쇄된 자아의 그 울타리 한가운데 뚫린 구멍을 통해 의식적이지도 나에게 속해 있지도 않은 또 다른 주체성의 영역으로 열려야만 한다—어떠한 주체성인가? 하나의 전체주의 이데올로기는, 그것이 어떠한 형태이든, 체제의 문제인 동시에 인간의, 인간 주체성의 문제일 수밖에 없으며, 그것을 거부하고 변혁의 흐름을 사회 내에 가져오기 위해서는 인간 내부에서의 어떤 변혁의 움직임이 반드시 가동되어야만 한다.

몸의 고독, 고독의 포르노: 돼지는 말한다

자아의 울타리에, 자본주의의 울타리에 난 균열과, 그 구멍과 정면으로 대면해야만 하고, 거기로 빠져나가 다른 어떤 곳으로 열려야만 한다. 자아와 현 사회의 자본주의적이자 전체주의적인 공속 관계를 깨뜨려야만 하며, 그 행위는 사적인 것도 주관적인 것도 아니다. 우리가 갈라지면서 하나로 묶이는, 또는 우리가 하나로 묶이면서 갈가리 찢기는 그 기이한 울타리에 뚫린 구멍으로 나가서 우리가 마주하게 되는 것은 또 다른 고독일 뿐이며, 그 고독 역시 나에게 속해 있지도 나만의 것이지도 않고 다만 우리 모두의 것일 뿐이다. 우리의 의식적이지 않은 또 다른 고독, 몸의 고독, 비非주관적인 동시에 반反사회적인 익명적 고독, 우리의 몸은, 우리 각자의 몸은 의탁할 곳을 상실해버렸다. 생물학적이지도 기계적이지도 않으며, 감각기관들의 단순한 총합이 아니라 감각기관들의 실존적 수렴점인 그 정념의, 탈존의 몸은 자신이 탈존할—자신을 자신 외부에 둘—지점을 상실하거나 찾지 못하고 있다. 탈존의 방향성을, 또한 그 상관항을 잃어버렸다. 몸의 고독, 한 어린아이의 울음과 절규가 어른들이 서로서로, 서로가 서로를 위해 공모한 침묵 속에 묻혀버렸다. 자본주의 울타리 내부에서의 의식의 고독과 그 외부에서의 몸의 고독은 별개의 것들이 아니고 동전 하나의 앞뒷면과 같다. 의식의 고독이 우리 모두의 것이라면, 몸의 고독 역시 우리 모두의 것이다. 정확히 말하자면, 몸의 고독은 의식의 고독의 한계, 그 초과이다.

현시점에서 가장 정당하게 문학에 부여될 수 있는 과제는, 누구도 강요할 수도 의지에 따라 떠맡을 수도 없는 그 과제는 몸의 고독을 급진화하는 것이다. 자본주의의 강고한 울타리(우리) 내에서 사육되고 있는 우리에게 문학을 통해 위로를 주겠다는 것은 이제 무소불위無所不爲의 그 독재자와 아무런 합당한 대가도 받지 않고 비굴하게 타협하자는 권고가 되어버렸고, 어떤 희망을 제시하겠다는 것은 우리를 계속 자본과 유희를 벌이고 자본에 봉사하라고 부추기면서 그 독재

자의 횡포를 보지 못하도록 우리의 눈에 눈가리개를 씌우는 허위가 되어버렸다. 오직 몸의 고독을 급진화하는 것만이 이제 유일하게 남은 급진적 소통의 요청이다. 나아가 그 자체로 소통 그 자체이다. 나는 그러한 급진적 소통을 위해 문학이 작동하는 하나의 장소로 이러한 시를 제시한다.

아무래도 돼지를 십자가에 못 박는 건 너무 자연스러워, 의미 없어

나는 선방에 와서 가부좌하고 명상을 하겠다고 벽을 째려본다

있지, 지금 고백하는 건데 사실 나 돼지거든. 있지, 나 태어날 때부터 돼지였어
더러워 나 더러워 진짜 더럽다니까. 영혼? 나 그런 거 없다니까

그러나 머리는 좋지 아이큐는 포유류 중 제일 높지 청결을 좋아하지
난 화장실 넘치는 꿈 제일 싫어해 그 꿈 꾸고 나면 아이큐가 삼십은 빠져

나는 더러운 물속에서 아침잠을 깬 사람처럼 쿨적거린다
코를 풀고 싶지만 선방엔 휴지가 없다 스님들은 콧물 안 나오나?

있지, 너 돼지도 우울하다는 거 아니? 돼지도 표정이 있다는 거?
물컹거리는 슬픔으로 살찐 몸, 더러운 물, 미끌미끌한 진흙

내가 로테르담의 쿤스트할레에서 얀 베닝이라는 사진가가 일제 식민지 치하
수마트라 할머니들 찍은 사진을 봤거든 그런데 그 사진 속 표정은 딱 두 종류였어

불안 아니면 슬픔, 그래서 난 걸어가면서 그 주름 얼굴들에게 이름을 붙여줬지
당신은 불안, 당신은 슬픔, 슬픔 다음 불안, 불안, 슬픔, 슬픔.

나의 내용물, 슬픔과 불안, 일평생 꿀꿀거리며 퍼먹은 것으로 만든 것
슬픔과 불안, 그 보리밭 사잇길로 뉘 부르는 소리 있어 돼지 한 마리 지나가네

그런데 돼지더러 마음속 돼지를 끌어내고 돼지우리를 청소하라 하다니
명상하다가 조는 돼지를 때려주려고 죽봉을 든 스님이 지나간다

아무래도 돼지를 십자가에 못 박는 건 너무 자연스러워, 의미 없어
아무래도 돼지가 죽어서 돼지로 부활한다면 어느 돼지가 믿겠어?
아무래도 여긴 괜히 왔나 봐, 나한테 템플스테이는 정말 안 어울려

있지, 조금 있다 고백할 건데 나 돼지거든 나 본래 돼지였거든

(「돼지는 말한다」[16])

이 시는 현시점에서 인간이 어떠한 상황 가운데 놓여 있는가를 어떠한 타협도 없이, 독자의 입장에서 보면 민망할

16 김혜순, 「돼지는 말한다」, 『피어라 돼지』, 문학과지성사, 2016. 이후로 『피어라 돼지』에서 시를 인용할 경우, 시의 제목만을 괄호 안에 표기한다.

정도로—포르노적으로—적나라하게 폭로한다. 인간의 '본성'이, 인간이 '본질적으로' 돼지라는 것이 아니라, 인간이 자신이 놓여 있는 현 상황에서, 즉 현 사회와의 관계에서, 또한 자기와의 관계에서 돼지와 동일화될 수밖에 없다는 것이다. 의식적 판단에 따르는 동일화 이전의 정념의 차원에서의 일체감, 막다른 골목에서의 '출구 없음'에 대한, 보고 싶지 않아도 볼 수밖에 없는 명백한 한계에 대한, 일종의 죽음에 대한 감지感知, 자신이 싸놓은 배설물이 바로 자기 자신이라는 사실을 본 후 엄습하는 체념의 경악, 단두대에서 내려올 칼날을 기다리는 한 사람의 내부에 내리 꽂히는 무無. "구름과 땅 사이 펼쳐진 거대한 검은 봉지 / 어둠이 우리를 담아 들고 출렁출렁 춤추는 밤 // [……] 몸에서 그림자를 끊어주겠다고 저 멀리서 초승달 빛나는 칼날이 다가오는 밤"(「어두운 깔깔 클럽」). "이번엔 초승달이 당신 몸속을 난도질하며 지나간다 / 이 세상에 당신이 소화시키지 못할 것은 없는데 / 당신은 이제 칼날을 소화시키느라 qq qqq 서녘 하늘 붉은데"(「Pink Pigs Fluid」). 자기의 아무것도 아님, 아니 아무것도 아님 그 이하, 아무것도 아님 그 이외의 아무것도 아님, 결국 도살장에 끌려온 돼지 한 마리가 아무것도 아닌 채로, 어떠한 물음도 대답도 없이 텅 빈 공허를 거쳐 그냥 고기 몇 덩어리가 될 수밖에 없는 **끝**. "새끼는 하루 종일 먹을 거 먹을 거 하고 // 나는 아는데 내 배 속의 끼룩끼룩 늘 배고픈 돼지는 모르는 것/**그것은 나의 끝**/썩은 굴처럼 문드러질 나의 목젖”(「키친 컨피덴셜」).

“명상하다가 조는 돼지를 때려주려고 죽봉을 든 스님”, 이러한 말은 물론 불교를, 하나의 종교를 비판하고자 제시된 것이 아니다. 이 시 자체가 불교나 종교적 명상에 대해 말하기 위해 제시되지 않았다. 문제되는 것은, 현재의 상황 그 위나 그 너머에 자신이 위치한다고 스스로 공개적으로 또는 암암리에 전제하는 모든 종류의 의식意識, 우리가 의문에 부쳐왔던 근대 문학에서의 부르주아적 주체의 주체성을 포함하는 모든 종류의 소위 탈세속적 정신성精神性이다. 따라서 이 시가 “죽봉을 든 스님”에게 불만을 토로할 때 진정으로 말하고자 하는 바는, 처형당할 돼지 한 마리의 상황과 같은 상황에 내몰린 우리에게 그 상황이 부정할 수 없는 실상(리얼리티)이며, 그 상황 위나 너머를 상정한다는 것은 그 자체로 어떠한 대화도 더 이상 하지 못하게 입을 막는 위선이거나 허위라는 것이다. 적지 않은 근대 문인이 부르주아지에게 아부하기 위해 애지중지하면서 쓰다듬어왔던 문학적 주체성이라는 겉치레와 근본적으로 다르지 않은 위선 또는 허위, 그렇다면 이 시는 일종의 ‘유물론적’ 전망 위에,—설사 김혜순이 의도하지 않았다 할지라도, 또는, 만약 의도하지 않았다면, 의도하지 않았기 때문에 역설적으로—일종의 ‘정치적’ 전망 위에 놓여 있다.

(다시 한 번 강조하자면 인간은 본질적으로 돼지일 수 없으며, 다만 어떤 상황 가운데 돼지로 전락할 수 있다. 이는 궁극적으로 인간이 그러한 상황으로부터, 돼지가 되는 상황으로부터 벗어나야만 한다는 당위를 의미한다. 그러나 그 상황으로부터 벗어난다는 것은 그 상황을 묻어두거나 외면하지 않고 그 상황의 실상을 직시하는 것을 전제로 한다.

그러나 다른 관점에서 보면, 인간은 돼지와 동일시될 수 없지만, 어떠한 상황에서든, 하나의 동물이라는 점에서 돼지와 공유하는 공동 영역을 갖고 있다. 어떠한 경우라도, 인간과 돼지가 공유하는 공동 영역이 무화될 수 없다. 그 사실에 김혜순이 주목한다면, 그 사실이, 자본주의가 극점을 향해 가는 현재의 시점에서 우리의 공동성·소통의 취소될 수 없는 최소·최저 조건이기 때문이다.)

아무것도 아닌 것을 나누기

김혜순은 돼지를 비하하지 않는다. 그렇다고 축성祝聖하지도 않는다. 돼지를 비하하거나 축성하기에는, 시인은, 우리는 너무나 돼지에 들러붙어 있다. 돼지가 우리 속에 너무 깊이 들어와 있다. 시인은 돼지일 수밖에 없는 인간이라고, 인간이 돼지라고 그냥, 어쩔 수 없이 고백하는 것이다. 인간이 그렇다고, 그럴 수밖에 없다고 모든 규정 이전에, 모든 판단 이전에 신음을 토해내는 것이다. 나는 『피어라 돼지』의 저자가, 이 시집이 그 안의 모든 글자들이 증발해버린 채 돼지 한 마리의 구역질나는 냄새와 꿀꿀거리는 울음(사실 이 시집에서 'qqq', '꿀꿀꿀'이라는 표현이 몇 차례 반복된다)만으로 변형되는 불가능한 상황을 분명 원했을 것이라고 믿는다.

시인은 인간이 바로 돼지라고 냉소도 없이 자조도 없이 절규한다. 그러나 동시에 그 인간-돼지가 최소한의, 최저의, 최후의 인간 공동의 존재라고 절규로 '말한다'. 즉 침묵한다. 그러나 그 인간-돼지라는 아무것도 아닌 것 그 이하의, 그 밑바닥의 것을 나누는 것은 결코 아무것도 아닌 것이 아니다. "나는 내 오물을 나의 독자들에게 나눈다."[17]

17 나는 돼지
노출증 환자 돼지

나는 내 오물을 나의 독자들에게 나눈다

만져봐 이보다 더 부드러울 수는 없어

내가 쓴 것을 돼지처럼 공중에 매달아주세요

뚱뚱보 독재자를 광장에 매달듯이

(「요리의 순서」).

최저의, 최하의, 최후의 그것이 우리 각자의 내부 안에, 우리 사이에 박혀 있으며, 그것을 나누는 것은 무화無化되지 않는 무無를, 결코 봉합되지 않는 치명적 상처 하나를, 우리 각자 안에 뚫려 있는 구멍을, 우리 사이의 공空을 나누는 것이다. 설사 시인에게 자신이 썼던 단어들에 대해 오물 그 이상이라고 말할 의도가 없어도 그렇다. 보다 정확히 말해 오물 그 이상이라고 말할 의도가 없기 때문에 그렇다. 오물이, 의식화될 수도 사회화될 수도 없는 어떤 것이, 추방되어 빈 곳으로만 남아 있는 어떤 것이 우리 사이에 놓일 때 어쩔 수 없이, 필연적으로 오물 아닌 것이 된다. 그것이 텅 비어 있기 때문에, 공이기 때문에 공동의 것이 된다. 모든 도덕 또는 윤리로부터 가장 멀리 멀어져가기 때문에, 모든 도덕이나 윤리와도 가장 무관한 것이 되기 때문에, 보다 정확히 모든 도덕·윤리 이전의 것이기 때문에, 존재론적으로 자연에 가장 가까이 다가간 죽음과 같은 것을 '말하기' 때문에 우리 공동의 것이 된다. 이는 일종의 사드적 글쓰기가 우리에게 남기는 마지막 효과이다. 그 글쓰기가 가장 부끄러운 치부를, 모두가 알고 있지만 아닌 척해야만 하는 것을 위악적이지 않은 방법으로(왜냐하면 위악도, 타인들의 시선과 사회를 의식하는 그 태도도 하나의 도덕이나 윤리로 떨어질 수 있기 때문이다) 어쩌지 못하고 배설하듯 폭로함으로써 가장 급진적인 소통 한가운데로 가져오는 것이다. 가장 고립된 것이, 우리의 가장 내밀한 공동의 영역에 놓이게 되는 것이다.

몸의 주체성

돼지에게서라 할지라도 하나의 주체성이, 마지막 남은 그 주체성이, 근대 부르주아들과 그 아래에서 기생했던 적지 않은 문인들이 의식적으로 정립하기 원했던 주체의 주체성과는 완전히 다른, 우리가 아무리 우리 내부에서 뽑아내려 해도 뽑히지 않는 그 주체성이 깨끗한 무로 귀착되지 않는다. 우리 각자가 돼지에 지나지 않는다 할지라도, 우리가 나누는 몸의 주체성이 무화되지 않는다.

그 인간-돼지의 몸은 구체적인 감각들의 차원에서는 악취를 풍기거나(후각) 더할 나위 없이 흉해 보인다 할지라도 마지막에 보이지도 들리지도 냄새나지도 않는 암점으로 변형되어 공동의 공의 자리를 마련한다. 무 너머로까지 나아간, 무를 초과하는 공을 무화시킬 수 없다. "**그것은 나의 끝**"이다. 나의 끝 이후의 우리의 끝, 결코 끝나지 않는 끝. 몸, 공의 자리, 공동共同의 공동空洞, 닫히거나 완결된 무의 장소가 아닌 그곳은 아무것도 아니지만, 그곳은, 그 보이지 않는 사이는 바로 우리의 사이이다.

몸의 주체성, 그것은 왜 주체성인가? 몸 자체가 사회 일반 또는 일반 사회로부터, 인간 일반으로부터, 사회적 기준들 일반으로부터 벗어나 고립되어 있기 때문이다. 몸 자체가 그 모든 일반에 저항하기 때문이다. 돼지의 울음, 돼지의 고독, 즉 몸의 고독이 몸의 주체성을 '말하며', 공의 자리에서의 텅 빈 고독일 수밖에 없고, 그 공은 바로 사회 일반과 자아 일반의 의식적·관념적 울타리 한가운데 뚫린 구멍[空]일 수밖에 없다.

몸의 주체성은 의식적으로 정립될 수도 의도적으로 구성될 수도 없으며, 따라서 의식의 주체가 의식할 수도 없는 것이다. 그 주체성은 근대적 '자기 의식'의 위치와 반대편에 놓여 있다. 우리가 과거에 근대적 '자기 의식'의 높은 위치로 상승하고자 애썼다면, 이제 우리는 한 번도 원한 적도 없는데 몸의 주체성의 최저 지점으로 전락할 수 있을 뿐이다.

몸의 주체성은 의식·관념의 차원에서 의도적으로 구성될 수도 정립될 수도 없고, 인간(돼지가 아닌 그 인간!)의 어떠한 구도와도 상관없이 스스로 망각으로부터 되돌아올 뿐이다. 가라타니 고진이 "문학이 지적이고 도덕적인 것을 넘어선다는 것은 역으로 끊임없이 지적이고 도덕적이어야 하는 짐을 지는 것"이라고 말하면서 이제 문학은 그러한 짐을 질 수 없다고 판정할 때, "문학은 영구혁명 중에 있는 사회적 주체성"이라는 사르트르의 명제를 따라가면서 이제 문학은 그러한 사회적 주체성을 정립할 수 있는 능력이 없다고 결론

내릴 때 그는 자신이 비판하는 '머리만 남은 동물'의 의식적·관념적 위치와 완전히 다른 위치에 놓여 있는 인간-동물의 몸에 문학이 그 전체에서 접목되어 있다는 사실을 간과하고 있다. 가라타니는 인간-동물의 몸이 놓여 있는 최저 위치로 전혀 내려가보지 못한 채, 이제 자본의 관념에 완전히 장악되어버렸기에 사실상 유의미한 어떠한 지적인 것도 어떠한 도덕적인 것도 발견되지 않는 의식·관념의 위치에서만 문학을 **내려다본다**. 동시에 그는 문학의 종말을 선언하면서 그 높은 위치 아래에서 여전히 문학에 매달려 있는 사람들에게 문학의 시대적·사회적 한계(근대 문학의 종언)를 가리켜 보여주고, 암암리에 문학을 포기하기를 권하고 있는 것처럼 보인다. 문학을 내려다보는, 높은 위치에서의 그의 시선 자체가 근대적이다. 그의 시선 자체가 근대적이기에 근대 문학의 종말이라는 하나의 근대적 한계만 보는 것이다. 그의 시선 자체가 근대적인 한에서 무엇보다도 부르주아적이고, 부르주아적인 한에서 자본주의적이며, 자본주의적인 한에서 결국 '형이상학적'이다. 정점을 향해 올라가고 있는 현시점의 자본주의가 바로 이 시대의 '형이상학 자체'가 아닌가?

인간-동물의 몸은 인간 의식 외부로부터 인간 의식의 외부로, 그러나 인간의 전前의식적 내부로 스스로 망각을 뚫고 되돌아온다. 그 몸의 현전은 미래에 도달해야 할 것으로 남아 있지만, 이미 과거로 떠나버린다. 과거로 이미 떠나버린 것이 현재에 아직 오지 않은 것으로 남는다. 미래에 도래해야 할 것이 벌써 과거를 향해 떠났다. 미래에 도래해야 할 것은 과거에 이미 그려졌고, 과거를 향해 이미 떠나 있던 것이 미래에 그려질 것이다. 다시 말해 아직 도래하지 않은 것이 이미 과거 속으로 사라졌다. 그 몸은 동일한 현재가 기준인, 일직선상의 불가역적인 시간의 질서를 뒤틀면서, 의식의 그물망을 찢고 빠져나가면서 회귀한다.

그렇게 인간-동물의 몸은 회귀하면서 의식의 외부에서, 자아의 외부에서, 결국 사회의 외부에서 시인에게 글쓰기를 명령하고, 시인은 그 몸의 명령에 답한다. "도대체 넌 누구야? / 글은 왜 쓰는 거야? / 너 지금 나보고 죽자는 거야? / 아님 나보고 먼저 죽으라는 거야? / 타인의 고통을 먹고 사는 년아"(「철근 콘크리트 황제 폐하!」). 김혜순은 자신의 자아를, 즉 사회에서 정립되어야 할 이상적理想的인 하나의 인간 모델을 따라가면서 의도적 계산하에서 쓰는 것이 아니라, 자신 내부에 침입한 자아의 타자인 몸의 호소를 듣고 쓰는 것이다. 보다 정확히 말해 **쓰지 않을 수 없는 것이다**. 보다 더 정확히 말해 그 호소를 **쓰지 않을 수, 옮겨 적지 않을 수 없는 것이다**. 왜냐하면 그 호소가 터져 나오는 발원지인, 그녀 안의, 우리 안의 돼지를 죽이고 다시 죽여도, 그녀와 우리가 죽고 다시 죽어도 그 돼지는 결코 죽지 않기 때문이다. 현재 우리는 각자 안의 돼지가 죽지 않는 무서운 밤 한가운데 내팽

개쳐져 있다.

> 파란 하늘에서 내장들이 흘러내리는 밤!
> 머리 잘린 돼지들이 번개치는 밤!
> 죽어도 죽어도 돼지가 버려지지 않는 무서운 밤!
> 천지에 돼지 울음소리 가득한 밤!
>
> 내가 돼지! 돼지! 울부짖는 밤!
>
> (「피어라 돼지」)

우리 각자 안의 돼지가 완전히 죽지 않고, 돼지우리의 울타리(자본주의의 울타리!) 안 전체를 점령한 얼어붙은 밤에 울부짖고 있기 때문에, 문학이 깨끗이 끝나지 않는다.

반면 문학의 종말을 선언하는 가라타니 고진의 시선은 의식의 내면으로만, 자아의 내면으로만, 즉 사회의 내부로만 향해 있다. 그의 시선은 인간 의식의 내면성(주체성)만을, 사회의 내면성(주체성)만을 파헤치고 있을 뿐, 결코 의식·사회의 내면성 그 이하의 밑바닥에 박혀 있는 몸의 주체성으로 내려가지 않는다. **그는 위만 바라보고 있다.**

가라타니의 문학을 바라보는 시선은 의식이라는 몸의 위·상부上部 또는 표층부로만, 사회라는 몸의 외부로만 쏠려 있다—사르트르의 경우도 마찬가지이다. 가라타니는 하나의 주체성(의식적 주체성)을, 또한 문학과 사회에서의 그 중요성을 강조하지만, 결국 문학과 근본적으로 결부되어 있는 또 다른 주체성(구성될 수도 정립될 수도 없고, 다만 우리 각자에게 박히는, 망각되더라도 다시 돌아와 또다시 깊이 박히는 몸의 주체성) 위의 사회만을 올려다보고 있다. 곧이어 그는 자신이 올려다보았던 그 높은 위치에 스스로 올라가서, 그곳을 지배하는 것이 문학도 철학도 아니고, 바로 현시점의 '형이상학 자체'인 자본주의라는 사실을 절감하고 "문학으로 사회를 움직일 수 있는 것처럼 보이던 시대가 끝났다"[18]라고 결론내릴 수밖에 없게 된다. 그러나 그러한 결론은 인간이, 몸이, 문학이 애초에 사회에 종속되어 있다는 사실을 전제하지 않고서는 나올 수 없는 것이다. 자본주의가 점령한 그 높은 위치에서(과연 의심의 여지없이 자본주의는 인간의 상층부를, 인간의 의식을, '머리'를 완전히 점령했다) 가라타니는 압도적인 자본주의의 권세를, 가령—문화의 영역을 두고 본다면—문학을 남김없이 잠식해 들어온 것처럼 보이는 텔레비전·비디오·컴퓨터·인터넷의 막강한 영향력[19]을 목도할

18 "문학으로 사회를 움직일 수 있는 것처럼 보이던 시대가 끝났다고 한다면, 이제 진정한 의미에서 소설을 쓴다는 것도 소설가라는 것도 불가능합니다"(가라타니 고진, 『근대문학의 종언』, p. 64).

19 사실 가라타니는 『근대문학의 종언』에서 주로 시각에 의존하는 그러한 매체들 앞에서 이제 문학이 무력할 수밖에 없다는, 틀에 박힌 견해를 끊임없

수밖에 없으며, 그러한 자본주의의 권력에 압도당해서 거기에—문학 자체는 원한 적이 없음에도 불구하고—문학을 강제로 굴복시켜버린 것이다.

이 내놓고 있다. 예를 들어 그는 이렇게 말한다. "그러나 소설의 상대는 영화뿐이 아닙니다. 영화 그 자체를 궁지로 몰아넣는 것이 나왔습니다. 그것이 텔레비전이고 비디오이고 더욱이 컴퓨터에 의한 영상이나 음성의 디지털화입니다. 이런 시대에 활판인쇄의 획기성이 부여한 활자문화 또는 소설의 우위가 없어지는 것은 당연하다면 당연합니다"(같은 책, p. 62). 또한 그는 마찬가지로 진부하고 표피적인 관점에서 우리에게 이렇게 권고한다. "정치적인 목적이 있다면, 소설을 쓰는 것보다 영화를 만드는 쪽이 빠르겠죠. 혹은 만화가 좋을 것입니다. 요컨대 활자문화가 아니라, 시청각으로 하는 편이 좋습니다"(같은 책, p. 63). 과연 문학은 하나의 정치적 목적하에서만 '정치적인 것'이 되는가? 과연 문학이 갖는 '정치적인 것'이란 무엇인가? 가라타니가 여기서 말하는 '정치적 목적'이라는 것은 보다 정확히 말하자면 '사회적인 큰 영향력에 대한 갈망'에 지나지 않지 않는가?

문학을 포기하거나 다른 것을 하라는 그러한 권고에 아주 간단히 응답하자면(왜냐하면 이곳은 거기에 응답하는 자리가 아니기 때문이다), 가라타니는 인간의 경험 일반과 사회의 현실 일반이 어느 정도까지 언어를 중심으로 구축되는지를, 또한 문학이 그 구축의 과정을 역추적해 들어가 그 모든 일반의 실상을 폭로하는 가장 탁월한 방법이라는 점을 간과하고 있다. 가라타니가 부각시키는, 텔레비전·비디오·컴퓨터·인터넷을 통한 시각 중심 문화의 영향력이 현재 아무리 강력해 보인다 할지라도, 우리의 경험 일반과 사회의 현실 일반의 토대가 되는 것은 여전히 언어가 만들어내는 고체적·관념적 의미 체계일 수밖에 없다. 시각 중심 문화가 무소불위의 힘으로 군림하는 것처럼 보인다고 해서, 우리와 사회의 근거에서부터 우리와 사회를 언제나 지배하고 있는 언어와 그 관념적·규정적 힘(현재의 시점에서 보면 자본주의를 떠받치고 있는 가장 근본적인 힘)이 결코 무화되지 않고, 그 힘을 아무 생각 없이 외면한다는 것은 어리석은 일이다. 여전히 문학이 문제된다. 문학만이, 언어를 통해, 언어가 작동하는 궤적을 추적할 수 있고, 언어의 한계를 적시할 수 있을 뿐만 아니라, 언어 그 너머(그 배면)를 암시할 수 있다.

문학과 인간의 최저점

문학이 인간의 주체성을 구성해서 사회 내에 심어놓음으로써 사회적 주체성을 축조해야 한다는 가라타니의 관점(그것은 물론 사르트르의 관점을 나름대로 이어받은 것이다)은, 문학이 전형적인 하나의 인간 모델을 사회 내에 정립해야 한다는 당위를 의미한다. 즉 문학을 통해 '지적이고 도덕적인' 어떤 이상理想이 사회적인 것으로 확장되는 동시에 승격되어야 한다는 것이다. 그러한 당위가 이제 불가능성으로 귀착되어버리고 말았다는 것이 가라타니의 결론인데, 그의 그러한 결론은 그 자신의 전제들과 현재의 사회적 상황에 비추어 본다면 당연한 것이다. 문학의 '지적이고 도덕적인' 이상적인 것이 올라가 있어야 할 사회의 높은 위치를 이미 이 시대의 진정한 주인인 자본주의가 점령해버렸다. 문학이 자신의 몫을 할당받아야 마땅했을 사회의, 의식의 고상한 관념적 공간을 자본의 관념이 장악해버렸다. 인간 일반의 개인적이자 사회적인 의식 일반에 자본의 관념 이외의 것이 남아 있을 여지가 없게 되어버린 것이다.

그러나 문학은 아래로 내려가야 한다. 인간의 최저점(밑바닥)으로 하강해야 한다. 이상理想의 높은 위치로, 위로 올라가서 한 인간 모델을 전형화함으로써—즉 가라타니-사르트르의 표현을 다시 한 번 빌리자면, "사회적 주체성"을 구축함으로써—, 우리로 하여금 우리 자신 외부의 그 모델을 따르고 반복하고 재현再現하게 하는 것이 아니라, 우리 자신 내면(의식의 내면이 아닌 몸의 내면, 여기서 사실 우리는 '몸'이라고 말하면서, 궁극적으로 이 '몸뚱아리'를, 감각기관들의 단순한 총합을 말하고자 하지 않았으며, 내면의 보이지 않는 몸을 강조하고자 했는데, 김혜순이 주목하는 돼지 역시 '느낄 줄 아는', 우울하고 표정 있으며 슬픔과 불안 가운데 놓여 있는 '돼지'임에 분명하다)을 스치고 지나가지만 거기에 각인되는 재현 불가능한 몸의 호소를 어쩔 수 없이 듣고 표출시켜야 한다.[20] 사회의 높은 위치의 반대 지점인 최저의 위치에 놓인 몸은, 그 인간-동물의 몸은 어떠한 지적인 것도 도덕적인 것도 이상도 제시할 수 없으며, 다만 하나의 한계를, 실존적 한계를 '말한다'. 즉 말하지 않고 침묵으로 되돌려놓는다. 즉 그 한계를, 무 그 너머로까지 치닫는 자신의 고독을, 공을 감지하고 우리로 하여금 감지하게 한다.

20 따라서 우리는 『피어라 돼지』를 문학이 현시점에서 따라야 할 하나의 전형이나 모델로 제시하려 하지 않는다. 문학이 따라야만 할 어떠한 전형도 모델도 존재하지 않는다. 다만 이 시집은 우리가 문학을 통해 말할 수 있는 몸의 주체성에 대해 선명하고 적나라하게 밝혀주고 있다.
또한 우리가 '몸의 주체성'이라 부른 것에 대해 탐색하는 작가들은 김혜순 이외에도 결코 적지 않을 것이다. 일단 몸의 문제에 천착했던 작가들로 이 책 『암점』에서 호명되었던 이성복, 김경주, 한강을 떠올려보자. 이 세 작가의 몸에 대한 탐구들 각각을 살펴보기 위해 이 책의 다음 텍스트들을 참조. 「시의 불꽃」, 「시차時差의 무대」, 「죽음과 마주하는 무감각」.

몸, 공의 자리, 그것은 우리 각자의 자아의 우리(돼지우리, 우리 각자가 사육당하고 있는 우리)이자 사회의 자본주의적 울타리(그 철옹성)에 난 미세한 보이지 않는 구멍이다. 그러나 그 한복판에 뚫린 구멍, 공, 보이지도—원칙적으로는—명제화될 수도 없는 어느 곳도 아닌 곳, 그러나 거기는 우리(일인칭 복수) 공동의 거기이다. 그곳, 거기, '우리는 하나'라거나 '우리가 하나 되어야 한다'는 당위의 장소가 아니라, 우리가 부인하고 싶고 죽여버리고 싶은 우리 공동의 돼지가 **어쩔 수 없이** 되돌아올 수밖에 없게 되는 필연의 장소. 문학의 과제는, 그 불가능한 과제는 우리를 의식적으로 의도적으로 구축하는 데에 있지 않고, 다만 우리를, 우리의 몸을 망각으로부터 되돌아오게 하는 데에 있다.

김혜순이 보았던 대로 "일제 식민지 치하 / 수마트라 할머니들" 역시 돼지우리에 들어가 있었다. 그러나 극단으로 치닫는 현재의 자본주의 치하에서 우리 모두가 식민화된 상태에 놓여 있지 않은가? 문제는 과거의 제국주의 세력하에서나 현재의 자본주의적 '거대 실증주의'의 지배하에서나 강고한 관념의 울타리가 쳐진 우리 하나 안에서 우리가 사육당하고 있다는 실상에 있다. 사회 일반을 통제하는, 사회의 높은 위치에서 찍어 누르는, 그에 따라 '진리'라고 여겨지는 어떤 관념적 의미 체계의 압력 아래에서 몸이 '고문당하고' 있다는 사실에 있다—관념이 몸을 '고문한다'. 문학의 종말을 선언하면서 가라타니 고진은 사회의 관념적 상층부를 질시의 눈으로 올려다보고 있을 뿐 몸(이 몸은, 다시 강조한다면, 생물학적인 몸으로도 기계적인 몸으로도 축소될 수 없는 실존의 몸, 느낌의 몸, 느끼는 몸, 모든 경험의 기저에 놓여 있는 동시에 모든 경험이 수렴되는 보이지 않는 결절점으로서의 몸이다)이 사회로부터 완전히 고립되어 극단적 고독에 내던져지는 식민지 상황(돼지의 상황)에 눈감고 있다. 식민지 경험을 겪었거나 겪고 있는 사람들(일제 식민지 치하에서의 대다수 조선 사람뿐만 아니라 그 "수마트라 할머니들", 또한 현시점의 자본주의의 철벽 같은 울타리 내에서—국적을 불문하고, 일본 국적이든 인도네시아 국적이든 한국 국적이든 미국 국적이든—신음하고 있는 수많은 '이' 사람들)에게는 자아의 자기 의식 일반과 그것과 동근원적인 사회적 의식 일반의 합리성과 정상성正常性 그 아래의 밑바닥으로 내려가는 힘이 있다는 것을 알아야 한다. 그 힘 또한 하나의 힘이라는, 자아가 아닌 어느 누구가 되어 감당할 수 없는 것을 감당하고 겪어내면서 동시에 그것에 저항하는 힘이라는 사실에, '우리'를 설명하지도 증명하지도 않지만 '가리키는' 힘이라는 사실에 주목해야 한다. 또한 그 힘이 문학의 역설적인 수동성의 힘과 다르지 않다는 사실에 눈길을 돌려야 한다. 그 힘은 또한 현 사회의 상층부(꼭대기)에 올라가 안주하려는 근본적 욕구를 결코 포기하지 않으면서 자본주의라는 썩은 밧

줄에 아슬아슬하지만 지적이고 세련된 포즈로 우아하게 매달려 있는 작가들에 저항한다.